Kurt Roeske
Patrick Schollmeyer

—

Von Troja bis Halikarnassos

Die Autoren:

Kurt Roeske, Dr. h.c., ist Klassischer Philologe. Er hat die Dilteyschule in Wiesbaden, die Deutsche Schule in Athen und das Rabanus-Maurus-Gymnasium in Mainz geleitet. Seit seiner Pensionierung ist er an der Volkshochschule tätig. Viele seiner Bücher, auch Hörbücher, sind bei K&N erschienen.

Patrick Schollmeyer, Dr., ist wissenschaftlicher Mitarbeiter am Institut für Altertumswissenschaften der Johannes Gutenberg Universität Mainz und Vorsitzender des Deutschen Archäologie-Verbands e. V.

Kurt Roeske
Patrick Schollmeyer

Von Troja bis Halikarnassos

Kleinasiens ägäische Küste
im Spiegel antiker Zeugnisse
von Homer bis zum Apostel Paulus

Ein kulturhistorischer Reiseführer

Königshausen & Neumann

Bibliografische Information der Deutschen Nationalbibliothek

Die Deutsche Nationalbibliothek verzeichnet diese Publikation in der Deutschen Nationalbibliografie; detaillierte bibliografische Daten sind im Internet über http://dnb.d-nb.de abrufbar.

Gedruckt auf säurefreiem, alterungsbeständigem Papier
Umschlag: skh-softics / coverart
Umschlagabbildung: © Fatih ÜLKER

Printed in Germany
ISBN 978-3-8260-7050-1
www.koenigshausen-neumann.de
www.ebook.de
www.buchhandel.de
www.buchkatalog.de

Denn es ist, ist immer,
möge des Volkes Redeweise
auch lauten: es war.
Thomas Mann

Inhaltsverzeichnis

Einleitung

Kleinasiens ägäische Küstenregion (Vorderasien) ist eine Landschaft, die im Verlauf der Geschichte von vielen großen Mächten erobert und beherrscht wurde, den Hethitern, Lydern, Persern. Alexander der Große hat sie in sein Reich integriert, nach seinem Tod ist sie zum Spielball seiner Nachfolger, der Diadochen, d.h. der Makedonen, Seleukiden und Ptolemäer, geworden. Dann hat das Herrschergeschlecht der Attaliden einen großen Teil des Gebiets beherrscht. Der letzte Repräsentant der Dynastie, Attalos III., hat sein Reich schließlich 133 v.Chr. testamentarisch den Römern vererbt. Sie machten es zur Provinz Asia.

Von Norden nach Süden reihte sich eine bedeutende Stadt an die andere. Griechen hatten sie in einem Gebiet, in dem ursprünglich Karer und Leleger siedelten, gegründet. Die Bevölkerung war gemischt, die Griechen bildeten die Oberschicht und verwalteten die Gemeinden mehr oder weniger autonom.

Die Küstenregion war reich. Sie verdankte ihren Reichtum nicht nur einem fruchtbaren Hinterland, sondern auch einem lebhaften Handel. Sie bildete eine Brücke zwischen dem Osten und dem Westen, dem Westen und dem Osten.

Kontakte verknüpften die Region mit den bedeutenden kulturellen Zentren, den Reichen der Assyrer, Babylonier, Perser und Ägypter. Sie trugen zu den großen, die Geistesgeschichte prägenden Leistungen bei, die mit Homer und der Geburt der europäischen Dichtung um 700 v.Chr. begannen und sich mit den Anfängen der Philosophie im 6. Jahrhundert fortsetzten.

Im 5. Jahrhundert übernahm der Westen, das griechische Mutterland, die Führung. Herodot, *der Vater der Geschichtsschreibung*, wie ihn Cicero nennt, wurde zwar zu Beginn des 5. Jahrhunderts an der ägäischen Küste, in Halikarnassos, geboren, schrieb sein Werk über die Perserkriege aber in Athen.

Kleinasien war ein Schmelztiegel der Religionen: Die olympischen Götter der Griechen und Römer wurden ebenso verehrt wie die kleinasiatische Göttin Kybele und die ägyptischen Gottheiten Isis und Osiris. Gegen sie musste sich das Christentum durchsetzen. Der Apostel Paulus wirkte im 1. Jahrhundert n.Chr. in der Troas, in Ephesos und Milet, in Ephesos fand 431 n.Chr. das 3. ökumenische Konzil statt, auf dem die Verehrung Marias als der *Gottesmutter* beschlossen wurde.

Patrick Schollmeyer lässt die antiken Stätten vor dem geistigen Auge des Lesers und Besuchers wiedererstehen. Er beschreibt sie und würdigt ihre Monumente. Viele Denkmäler sind einzigartig, z.B. der große Apollon-tempel in Didyma, die Rote Halle in Pergamon oder die eindrucksvolle Bibliothek ebenfalls in Pergamon. Die Darstellung fußt unter Berücksichtigung einiger neuerer Erkenntnisse weitgehend auf der konzisen Beschreibung von Wolf Koenigs, dessen Artemis-Cicerone-Reiseführer Türkei – Die Westküste von Troja bis Knidos – bis heute als der beste deutschsprachige Reisebegleiter für die gesamte Region gelten kann, sowie auf weiteren im Literaturverzeichnis genannten Spezialführern zu den einzelnen Stätten. Pläne und Abbildungen veranschaulichen die Texte.

Kurt Roeske zeichnet für die Informationen zur Geschichte verantwortlich. Darüber hinaus lässt er die Orte lebendig werden, indem er sie mit Texten antiker Autoren verbindet. Dichter wie Homer und Kallinos, Historiographen wie Herodot, Thukydides und Xenophon kommen zu Wort, und von bedeutenden Männern ist die Rede, von dem Philosophen Heraklit, der in Ephesos, und von Thales, der in Milet gelebt hat, von Aristoteles und Theophrast, die in Assos gelehrt haben, und von dem Apostel Paulus, dem christlichen Missionar und Gründer zahlreicher Gemeinden.

In dem Werk *Vom höchsten Gut und größten Übel* des römischen Redners, Philosophen und Politikers M. Tullius Cicero (106–43 v.Chr.) äußert sich ein junger Römer, der in Athen Platons Akademie besucht, über die Faszination, die historische Stätten auslösen, wenn sie mit der Erinnerung an Menschen verknüpft sind, die dort gewirkt haben und die in unserem kulturellen Gedächtnis präsent sind.

> *Ich frage mich, ob es uns von Natur gegeben ist oder ob wir uns täuschen, wenn wir bei dem Besuch von Orten, die, wie wir wissen, berühmte Männer oft aufgesucht haben, mehr bewegt werden, als wenn wir irgendwann etwas über ihre Taten hören oder etwas von ihnen Verfasstes lesen.* (5,1).

Es wird sowohl die benutzte als auch weiterführende Literatur angegeben, so dass, wer interessiert ist, seine Kenntnisse erweitern und vertiefen kann.

Ein dankenswerterweise von Frau Michelle Frost (Frankfurt am Main) erstelltes Register schließt das Buch ab. Viele Abbildungsvorlagen werden der hervorragenden Arbeit von Angelika Schurzig (JGU Mainz) verdankt.

Wir Autoren wünschen viel Freude bei der Vor- oder Nachbereitung der Reise. Wer Zeit hat, sollte den einen oder anderen Text vor Ort lesen und sich auf diese Weise in die Atmosphäre einer antiken Stadt hineinversetzen.

Wir bedanken uns bei Frau Angelika Arnold, die sorgfältig Korrektur gelesen und den Text formatiert hat, und nicht zuletzt beim Verlag Königshausen & Neumann, der das Buch in sein Verlagsprogramm aufgenommen hat.

Dr. Kurt Roeske und Dr. Patrick Schollmeyer

Sehr herzlich bedanke ich mich bei den beiden Klassischen Philologen, den Herren Dr. Lutz Lenz und Rolf Walther für ihre konstruktive Kritik, ihre Vorschläge und Anregungen, die dem Buch sehr zugutegekommen sind.

Dr. Kurt Roeske

1. Kapitel

Die Geschichte: Von der Mykenischen Zeit bis zu Attalos III.

1.1 Die Mykener und die Zeit der griechischen Kolonisation

Darüber, woher der Name *Asien* stammt, hat sich der griechische Historiker Herodot (ca. 485–ca. 425 v.Chr.) Gedanken gemacht. Er führt ihn auf Asie zurück, die Gattin des Prometheus (4,45,3), von der Hesiod (7. Jh. v.Chr.) weiß, dass sie eine Nymphe gewesen sei, genauer: eine Okeanide. (Theogonie, V. 358). Herodot weist zugleich aber darauf hin, dass die Lyder die Namengebung für sich beanspruchen.

Es bleibe nicht unerwähnt, dass Homer (um 700 v.Chr.) von einer Asischen Wiese (*Asíe leimón*) spricht. Er lokalisiert sie in der Ebene des Kaystros-Flusses, der südlich von Sardes entspringt und nördlich von Ephesos in die Ägäis mündet. (Ilias, 2, V. 365).

Tatsächlich stammt das Wort wohl ebenso wie *Europa* aus dem Assyrischen und meint das Gebiet, das in der Gegend des Sonnenaufgangs liegt, im Gegensatz zu dem Gebiet, das in der Richtung des Sonnenuntergangs liegt. Wir sprechen von Orient und Okzident. Die Griechen dürften den Namen durch die Vermittlung der Lyder kennengelernt haben. Sie haben unter *Asia* Kleinasien verstanden (Abb. 1).

Die Römer haben mit *Asia* im Allgemeinen ihre Provinz bezeichnet, die sie 129 v.Chr. eingerichtet haben. Davon haben sie die geographischen Namen Asia maior, den Erdteil, und Asia minor, Kleinasien, unterschieden.

Die Landkarte der kleinasiatischen Ägäisküste zeigte im 13. Jahrhundert v.Chr. folgendes Bild:

Die Troas im Nordwesten war von Thrakern bewohnt, die in der homerischen Ilias Dardaner genannt werden. In welchem politischen Verhältnis sie zu den Hethitern standen, die im 17./16. Jahrhundert v.Chr. in Zentralanatolien ein großes Reich gegründet hatten, ob sie ihre Vasallen oder ihre Bundesgenossen waren, ist in der Wissenschaft umstritten.

Südlich angrenzend siedelten Achäer, d.h. Griechen. Man nennt sie auch Mykener nach Mykene in der Peloponnes, eine ihrer bedeutendsten Burgen. Ihre größte Niederlassung in Kleinasien war Milet.

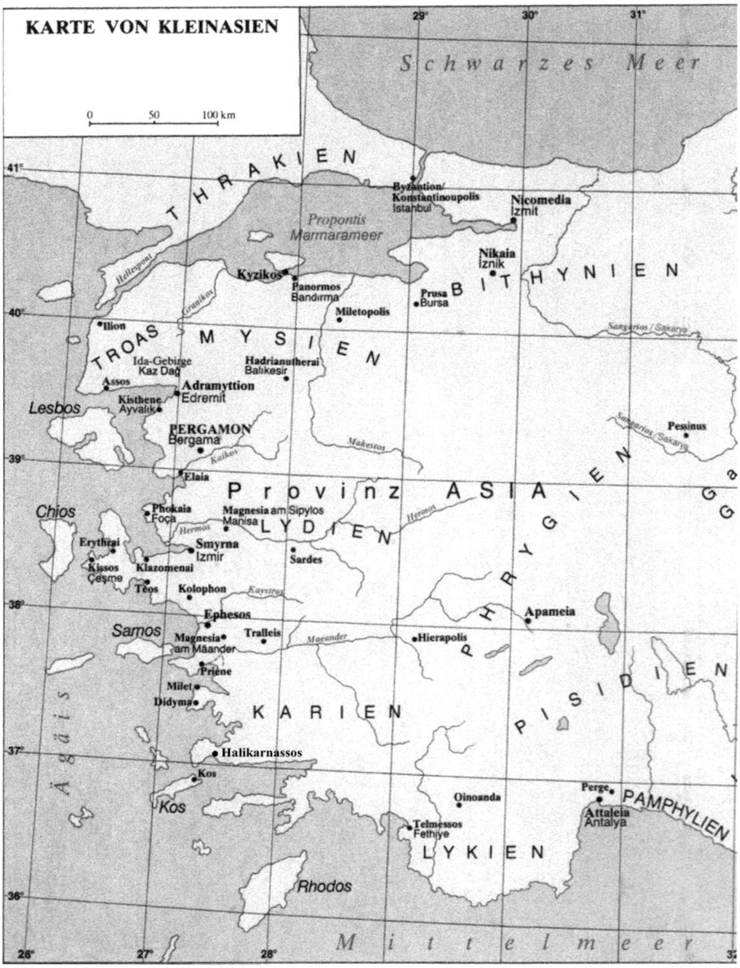

Abb. 1: Karte der westtürkischen Ägäisküste
mit Verzeichnis der wichtigsten Orte

Außer den Griechen bewohnten Karer in verstreut liegenden dörflichen Siedlungen die Küste, vor allem aber das Hinterland. Ihr Name und ihre Herkunft sind nicht eindeutig geklärt.

Das 1. Drittel des 12. Jahrhunderts v.Chr. war eine Zeit des Umbruchs. Das Hethiterreich brach zusammen, Kilikien und Zypern wurden verwüstet, Troja wurde zum wiederholten Mal zerstört, Ägypten bedroht. Die Ursachen sind bis heute noch immer nicht geklärt. Möglicherweise schwächten Naturkatastrophen wie Erdbeben, lang anhaltende Trockenheit, Missernten und soziale Unruhen die Mächte. Krieger und Piraten aus dem Mittelmeerraum nutzten die Situation zu Angriff und Eroberung.

Die Handelsrouten wurden unterbrochen, die Ressourcen verknappten, unter den Nachbarn brachen Konkurrenzkämpfe aus. Man fasst die Eindringlinge, sicher keine einheitliche ethnische Gruppe, unter dem Begriff der *Seevölker* zusammen. Das System der vielfach miteinander verflochtenen Staaten kollabierte.

In der Folge wanderten erneut Griechen aus unterschiedlichen Regionen in Kleinasien ein. Aus den schon bestehenden Siedlungen entwickelten sich größere Ortschaften. Äoler wohnten nun im Nordwesten zwischen der Troas und dem Golf von Smyrna, Ionier südlich der Äolis bis zum Mäander, Dorer in dem daran angrenzenden Gebiet. Dabei handelte es sich um Gemeinschaften mit einem je eigenen griechischen Dialekt. Aus der gemeingriechischen Sprache hatten sich im Lauf der Zeit, vielleicht schon in der Zeit des Gemeingriechischen, spätestens aber in der Epoche der Mykener, Dialekte herausgebildet. Ihre Unterschiede waren aber nicht so groß, als dass man sich nicht problemlos miteinander hätte verständigen können.

Jede der drei Dialektgruppen schloss sich schon bald zu einem Bündnis zusammen, dessen Mittelpunkt jeweils ein Heiligtum war. Dort traf man sich zu Festen, aber auch zu Beratungen über politische Themen. Aus der gemeinsamen Sprache und dem alle verbindenden Glauben an die Olympischen Götter entwickelte sich ein Identitätsbewusstsein.

Dass die Landnahme überall ohne eine feindliche Auseinandersetzung mit den Karern vonstattenging, wird man sich nicht vorstellen können. Für die Griechen waren die Karer Barbaren. Der griechische Historiker Herodot (ca. 485–ca. 425 v.Chr.) berichtet, dass Ionier Karerinnen geheiratet haben, deren Väter sie erschlugen (1,146). Allmählich arrangierten sich Griechen und Karer und lebten friedlich miteinander. Dabei bildeten die Griechen die Oberschicht.

Eine neue Epoche begann im 8. Jahrhundert v.Chr. Aus den griechischen Stadtstaaten wurden bedeutende Handelsmetropolen, die nun ihrerseits Kolonien gründeten: am Marmarameer, am Schwarzen Meer, in Ägypten, in Sizilien, Frankreich und Spanien. Man spricht von der *großen griechischen Kolonisation*. Bei den sog. Kolonien handelte es sich um Gründungen von Städten, die zwar mit ihrer Mutterstadt in enger Verbindung blieben, aber politisch unabhängig waren. Für derartige Koloniegründungen lassen sich verschiedene Ursachen benennen: Interesse am Handel, Bevölkerungswachstum, soziale Spannungen und Machtkämpfe in den Mutterstädten, Abenteuerlust. So entstand zwischen Kleinasien und der Iberischen Halbinsel ein enges Netz von Orten, die untereinander Kontakte pflegten. Eine wirtschaftliche Blüte war die Folge.

Einflüssen aus den hoch entwickelten Reichen im Osten und aus Ägypten verdankt sich ein Aufschwung der Kultur und Zivilisation. Die phönizische Buchstabenschrift wurde übernommen und der griechischen

Sprache angepasst. Damit war die Voraussetzung geschaffen, mündliche Überlieferung zu verschriftlichen. Um 700 v.Chr. entstanden im Grenzgebiet des äolischen und des ionischen Dialekts die beiden unter dem Namen Homers überlieferten Epen, die Ilias und die etwas jüngere Odyssee. Sie enthalten Reminiszenzen an die mykenische Epoche, spiegeln aber im Wesentlichen Probleme und Verhältnisse der Zeit ihrer Entstehung. Sie vermitteln uns Kenntnisse über Institutionen, über Wirtschaft und Handel: Wir erfahren, dass die Stadtstaaten zur Zeit des Dichters zwar von Aristokraten regiert wurden, dass aber die Bürger an wichtigen Entscheidungen mitwirken durften. Es entwickelte sich eine Bürgergesellschaft.

Im Verlauf der Geschichte gelang es sog. *Tyrannen*, sich der Herrschaft zu bemächtigen. Der Begriff ist wohl aus dem Lydischen übernommen worden, in dem er *König* meint. Mit ihm war keine negative Vorstellung verbunden.

1.2 Fremde Herren: Kimmerier, Lyder und Perser

Wenn sich die Machtstrukturen in Asien veränderten, blieben die kleinasiatischen griechischen Küstenstädte davon nicht unberührt.

Zu Beginn des 7. Jahrhunderts v.Chr. brach das phrygische Reich, das an die Stelle des hethitischen getreten war, unter dem Ansturm der Treren, eines thrakischen Stammes, und der Kimmerier, eines berittenen Nomadenvolkes, zusammen. Die Eroberer griffen auch nach Westen aus und verwüsteten die Griechenstädte. In Ephesos rief der Dichter Kallinos (geboren ca. 685 v.Chr.) in einer Elegie seine Mitbürger zum Widerstand auf, und er hatte Erfolg. Das Gedicht ist das einzige Werk, das von ihm erhalten ist.

Wollt ihr noch lange tatenlos liegen? Wann werdet ihr jungen
Männer Mut zum Kampf fassen? Schämt ihr euch nicht
vor euren Nachbarn, euch so feige gehen zu lassen?
Glaubt ihr, dass ihr noch mitten im Frieden seid,
während doch Krieg herrscht, der das ganze Land fest im Griff hat? ...
Ehrenvoll ist es und glanzvoll für die Männer, wenn sie
für ihr Land in den Kampf ziehen gegen den Feind,
Kinder und Ehefrau schützen. Der Tod wird jeden ereilen,
wenn das Schicksal es will. Hebt die Lanze auf,
haltet den Schild vor eure mutige Brust, und, sobald das
Schlachtgetümmel beginnt, stürmt ohne Zögern voran.
Niemandem ist es bestimmt, dem Todesgeschick zu entkommen,
mag auch sein Geschlecht göttlichen Ursprungs sein.
Oft entflieht zwar einer dem Grauen des Kriegs, dem Lärm der
Lanzen, jedoch der Tod trifft ihn dann im Haus.

Dieser Mann ist dem Volk verhasst, nach ihm sehnt sich keiner.
Wer aber tapfer fällt, den beklagt Arm und Reich.
Alle vermissen den entschlossenen Mann, wenn er tot ist.
Lebend wird er geehrt, wie es Halbgöttern ziemt.
Wie einen mächtigen Turm haben sie ihn vor Augen.
Er vollbringt allein vieler Männer Werk.

Kallinos schreibt das Gedicht nicht in dem homerischen Hexameter, sondern in Distichen, zweizeiligen Kurzstrophen. Für diese Art der Dichtung sind Antithesen charakteristisch: Krieg – Frieden, tapfer – feige, der lebende Held – der tote Held. Es geht Kallinos nicht nur um Ruhm und Ehre, sondern auch um die Verteidigung der Heimat. Die sittlich-politische Autorität der Gemeinschaft überwindet partikulare Interessen von Arm und Reich. Die Not, der Krieg, bringt eine bürgerliche Tugend hervor. Die Gemeinschaft ist der Raum, in dem Ehre gezollt und Ruhm über den Tod hinaus im Gedächtnis bewahrt wird. Die Polis konstituiert sich als Institution.

Die Treren und Kimmerier mussten sich den Lydern geschlagen geben, die nun zur beherrschenden Macht aufstiegen. Mit Gyges (ca. 680–ca. 650 v.Chr.) begann ihr Aufstieg. Er drang im Westen bis zum Meer vor und zerstörte die griechischen Städte.

Der griechische Historiker Herodot (ca. 485–ca. 425 v.Chr.) macht den letzten lydischen König, Kroisos (Regierungszeit ca. 560–ca. 547/530? v.Chr.), für die Unterwerfung der Griechen verantwortlich. Die Städte – außer Milet – mussten Abgaben entrichten und wurden zur Heeresfolge verpflichtet. In der Gestaltung ihrer inneren Angelegenheiten waren sie frei.

Kroisos war der erste Barbar, von dem wir wissen, dass er die Griechen Kleinasiens und der Inseln, die der Küste vorgelagert sind, teils unterworfen und zinspflichtig gemacht, teils durch Bündnisverträge an sich gebunden hat. Zu Abgaben hat er die Jonier, Äoler und Dorer in Kleinasien gezwungen, mit den Lakedämoniern *hat er ein Bündnis geschlossen. Vor der Herrschaft des Kroisos waren alle Griechen frei. Denn das Heer der* Kimmerier, *das in Jonien eingefallen war – das war vor der Zeit des Kroisos –, hatte die Städte nicht unterworfen. Es hatte sich auf Überfälle und Plünderungen beschränkt.*
Kroisos griff zuerst die Ephesier an. Als diese von ihm belagert wurden, weihten sie ihre Stadt der Artemis, indem sie den Tempel durch ein Seil mit der Stadtmauer verbanden. Der Abstand zwischen der alten Stadt, die damals belagert wurde, und dem Tempel beträgt sieben Stadien (ca. 1200 m). Gegen die Ephesier also wandte sich Kroisos zuerst, danach gegen alle jo-

nischen und äolischen Städte – eine nach der anderen. Wo möglich beschuldigte er sie schwerer Vergehen, manchen von ihnen warf er geringe Vergehen vor. (1,6,2/3 und 1/26).

Kroisos hat sich durch die Maßnahme der Ephesier nicht davon abhalten lassen, die Stadt zu erobern und zu zerstören.

Herodot erzählt von ihm, dass er in der Absicht, das Perserreich anzugreifen, bei dem Orakel in Delphi habe anfragen lassen, ob er siegen werde. Es sei ihm geantwortet worden, er werde ein großes Reich zerstören (1,53). Daran, dass es sein eigenes sein könnte, dachte er nicht.

Er überschritt den Halys, den Fluss, den Herodot als die Grenze zwischen dem Lyder- und dem Perserreich bezeichnet.

Er unterlag dem persischen Großkönig Kyros II.. Seine Hauptstadt Sardeis wurde erobert und zerstört. Die Datierung ist unsicher. Es wird ein Zeitraum zwischen 547 und 530 v.Chr. für möglich gehalten. Der König soll auf dem Scheiterhaufen verbrannt worden sein.

Die Griechen haben viel von den Lydern gelernt, vor allem in der Kunst der Metallverarbeitung. Sie haben ihnen die Erfindung des Münzgeldes zugeschrieben.

Mit dem Lyderreich kamen auch die Städte der Griechen unter persische Herrschaft. Einzig Milet handelte einen Bündnisvertrag aus. Die neuen Herren führten gegenüber den Lydern keine Veränderungen ein, legten allerdings Wert darauf, dass ihnen freundlich gesinnte, loyale Tyrannen die Herrschaft übernahmen.

In der Zeit, in der die Lyder und die Perser herrschten, florierte der Handel, es gab einen regen Austausch von Waren und Gedanken. Ionien wurde zur Geburtsstätte der griechischen Philosophie und Wissenschaft. Im 6. Jahrhundert v.Chr. wirkten in Milet die Naturphilosophen Thales, Anaximander und Anaximenes, lebte in Ephesos Heraklit. Sie entwarfen Theorien über den Kosmos, erklärten sein Wesen als ein System immanent wirkender Gesetze.

Hekataios aus Milet entwarf eine Weltkarte und unterzog die Mythen rationaler Kritik.

1.3 Der Ionische Aufstand gegen die Perser (500–494 v.Chr.)

Allmählich begannen die freiheitliebenden Griechen unter der Abhängigkeit zu leiden, unter dem Gebaren der perserfreundlichen Tyrannen, den Tributzahlungen, der Verpflichtung zur Heeresfolge. Der Anstoß der Auflehnung kam merkwürdigerweise aus Milet, der Stadt, die von jeher eine privilegierte Stellung innehatte. Sie stand unter der Herrschaft des Aristagoras. Der beriet sich mit seinen Anhängern und erläuterte ihnen seinen Plan. Für die folgenden Ereignisse gilt Herodot als ein zuverlässiger Zeuge.

> *Alle teilten seine Meinung und forderten, von den Persern abzufallen. Einzig Hekataios, ein Historiker, riet dringend davon ab, sich in einen Krieg mit dem Großkönig der Perser einzulassen. Er zählte alle Völker auf, über die Dareios gebot, und wies auf die Macht hin, über die er verfügte. Es gelang ihm nicht, die Befürworter des Krieges zu überzeugen. Da gab er dann den Rat, alles daranzusetzen, sich die Seeherrschaft zu sichern. Er sehe keinen anderen Weg, der zum Erfolg führe, denn er wisse, wie schwach die Macht der Milesier sei.* (5,36,2–3).

Aristagoras wusste offenbar nicht, worauf er sich einließ, dass er ein Reich herausforderte, das sich im Osten bis zum Hindukusch erstreckte, ein Reich, das straff organisiert war und mit Gewalt auf jeden reagierte, der Widerstand leistete.

Hekataios (ca. 560 – ca. 480 v.Chr.) hat die Situation realistisch eingeschätzt. Er ist einer der ältesten griechischen Prosaschriftsteller. Wir besitzen leider nur einige wenige Fragmente seiner Schriften, einer Erdbeschreibung und eines Geschichtswerks mit dem Titel *Genealogien*. Er gilt als ein bedeutender Vorläufer Herodots. Man folgte seinem Rat nicht. Herodot stellt lakonisch fest:

> *Der Aufstand wurde beschlossen. ... In den Stadtstaaten wurden die Tyrannen abgesetzt.* (5,36,4; 38,2).

Aristagoras versuchte vergeblich, Sparta als Bundesgenossen zu gewinnen. In Athen hatte er mehr Glück.

> *Es ist offenbar leichter, viele zu täuschen als einen. Denn Aristagoras war zwar nicht in der Lage, den einen Lakedämonier Kleomenes zu täuschen, wohl aber 30 000 Athener.* (5,97,2).

Die Zahlenangabe bedeutet so viel wie „sehr viele“. Mehr als einen bescheidenen Beitrag wollte allerdings Athen nicht leisten: zwanzig Schiffe.

Rückblickend urteilt Herodot:

> *Diese Schiffe erwiesen sich für Griechen und Barbaren als der Anfang der Katastrophe.* (5,97,3).

Meint der Historiker, dass es ohne die Schiffe womöglich gar nicht zum Krieg gekommen wäre? Vielleicht.

Außer Athen hat nur noch Eretria Hilfe geleistet, eine mächtige Stadt auf Euböa. Sie entsandte fünf Schiffe.

Aristagoras nutzte die Flotte, um seine Truppe nach Ephesos zu bringen. Von dort marschierte das Heer nach Sardeis. Die alte Hauptstadt des Lyderreiches fiel 498 v.Chr. kampflos in die Hände der Griechen. Sie wurde ein Raub der Flammen,

> *und mit ihr das Heiligtum der einheimischen Göttin Kybele. Das gaben die Perser später als Grund dafür an, dass sie die Heiligtümer in Hellas verbrannten.* (5,102,1).

Bei der Milet vorgelagerten Insel Lade erlitt die Flotte der Griechen 494 v.Chr. eine vernichtende Niederlage. Die Perser eroberten Milet.

> *Die meisten Männer wurden von den langhaarigen Persern getötet, die Frauen und Kinder versklavt, das Heiligtum in Didyma, der Tempel und die Orakelstätte, wurde geplündert und verbrannt.*
> *Die Athener zeigten deutlich, wie sehr sie die Eroberung Milets schmerzte, und zwar insbesondere auf folgende Weise: Als Phrynichos ein Drama schrieb und aufführte, in dem es um die Eroberung Milets ging, brachen alle Zuschauer in Tränen aus. Die Athener verurteilten den Dichter zur Zahlung von 1000 Drachmen, und sie verboten ihm, das Stück jemals wieder aufzuführen. Sie warfen ihm vor, an das Unglück erinnert zu haben, das sie betroffen hatte.* (6,19,3 und 21,2).

Mischte sich da in die Trauer Scham, weil die Stadt die Aufständischen nur ungenügend unterstützt hatte?

Bald nach dem Fall Milets war auch das Schicksal aller anderen kleinasiatischen Griechenstädte besiegelt. Die Küste war wieder fest in persischer Hand.

In den folgenden Jahrzehnten versuchten die Perser vergeblich, Griechenland zu unterwerfen. Die Namen Marathon (490), Salamis (480), Plataiai (479 v.Chr.) markieren ihre Niederlagen. Bei den Thermopylen ist ihnen zwar 480 der Durchbruch gelungen. Dem Gedächtnis hat sich jedoch der heldenhafte Widerstand der Spartaner und ihres Königs Leonidas eingeprägt.

Mit dem Rückzug der Perser aus Griechenland war der Krieg noch nicht beendet. Eine Flotte der Griechen stach mit dem Auftrag in See, einen erneuten Angriff zu verhindern. Bei Mykale, einem Gebirgszug an der kleinasiatischen Küste gegenüber der Insel Samos, brachten sie den Persern eine vernichtende Niederlage bei (479).

1.4 Übereinkunft zwischen Griechen und Persern: der Kalliasfrieden (449/48 v.Chr.)

Die kleinasiatischen griechischen Städte unterstanden formal weiterhin der persischen Herrschaft. Sie waren jedoch in ihren inneren Angelegenheiten, politisch, religiös und kulturell, autonom. Die Perser verzichteten auch darauf, die Tribute einzufordern. Sie waren von den Athenern in die Verteidigung gedrängt worden. Die meisten Städte suchten denn auch in dem Streben nach Unabhängigkeit Schutz bei Athen, das sich zu einer seebeherrschenden Macht entwickelt hatte. Sie traten dem 478/77 v.Chr. gegründeten Attisch-Delischen Seebund bei, der von Athen dominiert wurde. Die Perser erhoben offenbar keine Einwände, sie mussten es geschehen lassen. Die Mitglieder des Seebundes stellten Schiffe oder zahlten Geld. Sie verzichteten auf das Recht, selbstständig Krieg zu führen.

Athen übte unangefochten und druckvoll die Herrschaft in der Ägäis aus. Aber nach einigen Fehlschlägen kam es schließlich (449/48 v.Chr.) zu einer Übereinkunft mit den Persern. Der Großkönig beharrte auf dem Besitzrecht an den kleinasiatischen Städten, erkannte aber ihre Zugehörigkeit zum Seebund an. Die Küste wurde entmilitarisiert, so dass sich Athen die nächste Zeit nicht vor einer Aggression zu fürchten brauchte. Es verzichtete seinerseits auf weitere Unternehmungen gegen Persien. Die Vereinbarung ist unter dem Namen des vornehmen Atheners, der als Unterhändler in Susa fungierte, als *Kalliasfrieden* in die Geschichte eingegangen.

1.5 Wechselnde Allianzen und der Antalkidasfrieden (387/86 v.Chr.)

In den folgenden Jahrzehnten, zumal in der Zeit, in der Athen und Sparta im *Peloponnesischen Krieg* gegeneinander kämpften, unterstützten die Perser bald die Spartaner, bald die Athener.

Schließlich schien es dem Großkönig Artaxerxes II. (404–nach 356 v.Chr.) im Jahr 387/86 v.Chr. am klügsten, ein Angebot anzunehmen, das ihm die Spartaner einige Jahre vorher durch ihren Gesandten, den Ephoren Antalkidas, übermittelt hatten. Da Artaxerxes gerade mit den Spartanern sympathisierte, fand sich auch das Volk von Athen angesichts der Übermacht der Gegner zu einem Friedensschluss bereit.

Artaxerxes befand sich in einer so günstigen Position, dass er den Griechen seine Bedingungen diktieren konnte. Die kleinasiatischen Städte blieben unter der persischen Herrschaft. Die Griechen bekamen Frieden,

wenn man die Schmach und den Verrat einen Frieden nennen darf, wie der Grieche Plutarch (ca. 45–ca. 120 n.Chr.) in seiner Biographie des Artoxerxes sarkastisch bemerkt (Kap. 21).

1.6 Alexander der Große

Makedonien war im 4. Jahrhundert v.Chr. zu einer Großmacht aufgestiegen. Es hatte sich Thrakien angegliedert und kontrollierte Thessalien. Es hatte ein schlagkräftiges Heer aufgebaut. Mit ihm besiegte König Philipp II. (359–336 v.Chr.) 338 in der Schlacht bei Chaironeia in Böotien gemeinsam mit seinem Sohn Alexander (Abb. 2) einen von Athen gegründeten Bund.

Abb. 2: Kopf Alexanders des Großen im sog. Typus Erbach, Schloß Erbach (Gipsabguss Klassische Archäologie JGU Mainz)

Zu einem von ihm geplanten Feldzug gegen die Perser kam es nicht mehr. Er wurde 336 ermordet. Die Nachfolge trat sein 20-jähriger Sohn Alexander an, ein gebildeter junger Mann, der keinen Geringeren als den Philosophen Aristoteles (384–322 v.Chr.) zu seinen Lehrern hatte zählen dürfen. Er führte aus, was sein Vater geplant hatte. 334 überschritt er mit einem im Wesentlichen aus Makedonen bestehenden Heer den Hellespont, offiziell mit dem Ziel, die griechischen Städte in Kleinasien zu befreien. Tatsächlich strebte er die Herrschaft über Asien an.

Für Alexander war der Trojanische Krieg ein historisches Ereignis, waren Agamemnon und Achilleus Helden, die gelebt hatten. In Elaius an der Südspitze der Thrakischen Chersones brachte er am Denkmal des Protesilaos ein Opfer dar, der als erster an Land gesprungen war, als sich die Flotte der Achäer der Küste Ilions näherte. (Ilias, 2,V. 702). Anschließend opferte er in Ilion der Athena und den Heroen.

> *Die Grabstele des Achilleus salbte er mit Öl, veranstaltete dann, wie es Sitte war, mit seinen Freunden einen Wettlauf um sie herum und bekränzte sie. Er pries den Helden glücklich, weil er im Leben einen treuen Freund und nach seinem Tod einen großen Herold gefunden hatte.*
>
> (Plutarch, Alexander, Kap. 15).

Der Stadt Ilion, die er für die Nachfolgerin des homerischen Troja hielt, schenkte er die Freiheit.

Am kleinen Fluss Granikos, der in der Troas entspringt und in das Schwarze Meer mündet, errang er einen Sieg über die Perser. Sardeis fiel ihm kampflos in die Hände. Nun versperrte ihm kein Heer mehr den Weg in den Süden. Er befreite die griechischen Städte, verjagte die Oligarchen und Tyrannen und etablierte die Demokratie, ein geschickter Schachzug: kamen doch nun die bisher Unterprivilegierten an die Macht. Die Verpflichtung zu Tributzahlungen hob er auf. In vielen Städten wurde er als Befreier begrüßt, freilich nicht in allen. Milet musste er belagern und erobern, von Termessos zog er unverrichteter Dinge ab.

Bei Issos in Kilikien am gleichnamigen Meerbusen (nordöstlich von Zypern) trat der Großkönig Dareios III. (336–330 v.Chr.) persönlich Alexander entgegen. Er erlitt eine schwere Niederlage (333), zwei Jahre später eine weitere bei Gaugamela in Babylonien. Alexander war Herr über Asien, bald danach auch über Ägypten. In der Oase Siwa ließ er sich als Sohn des Gottes Amon-Re begrüßen, den die Griechen mit Zeus identifizierten. Vom *Sohn des Gottes* war es kein weiter Weg mehr zu *Gott*. In Städten Kleinasiens wurde Alexander denn auch kultisch verehrt. Den Palast des Großkönigs in der Hauptstadt Persepolis machte er dem Erdboden gleich. So rächte er die Zerstörung der griechischen Heiligtümer in den Perserkriegen im ersten Drittel des 5. Jahrhunderts.

Als er 323 v.Chr. starb, war der Indus die östliche Grenze seines Reichs. Die griechischen Stadtstaaten waren zwar in ihrer Verwaltung autonom, jedoch ohne jeden politischen Spielraum außerhalb ihrer Grenzen.

Nach Alexanders Tod zerfiel das Reich. Aus den Kämpfen der Nachfolger, der Diadochen, seiner Generäle und Vertrauten, gingen schließlich drei von Königen regierte Machtbereiche hervor: Makedonien und Thessalien unter den Antigoniden (bis 167 v.Chr.), Nordsyrien, Babylon und Teile Kleinasiens unter den Seleukiden (bis 63 v.Chr.) und Ägypten unter den Ptolemäern (bis 30 v.Chr.). Das Seleukidenreich war an die Stelle des Perserreichs getreten. Zypern und der Südwesten Kleinasiens gehörten zu Ägypten. Über die Städte Kleinasiens übten bald die Seleukiden, bald die Ptolemäer die Herrschaft aus.

Permanente Kriege zwischen den Mächten bestimmten den Gang der Geschichte. Sie schwächten sich gegenseitig. Einzig den Ptolemäern gelang es, ihrem Reich eine gewisse Stabilität zu vermitteln.

Einem Feldherrn, Philetairos, gelang es, die Rivalitäten zu nutzen und ein neues Reich zu gründen, das Pergamenische Reich (381/80 v.Chr.). Es fiel 133 v.Chr. durch das Testament des letzten Königs an Rom.

Rom richtete die Provinz Asia ein (129 v.Chr.) und erwies sich als eine friedenstiftende Ordnungsmacht. 102 v.Chr. wurde der östliche Teil Kilikiens eine zweite Provinz in Asien. 64/63 v.Chr. fügte Pompeius dem Reich die Provinzen Pontus, Kilikien und Syrien hinzu.

Inmitten der sich bekämpfenden Mächte und permanenten Herrschaftswechsel erlebten die griechischen Städte Kleinasiens eine Zeit der Blüte.

1.7 Das Pergamenische Reich

Dem Diadochen Lysimachos war die Herrschaft über Thrakien zugefallen. Es gelang ihm, sein Gebiet über Makedonien, Thessalien und Kleinasien bis zum Tauros auszudehnen. Es umfasste auch die dreizehn Städte des neu gegründeten Ionischen Bundes.

Intrigen am Hof des Lysimachos ermunterten Seleukos I. zu dem Versuch, die günstige Gelegenheit zu nutzen und das eigene Reich zu erweitern. Wichtigster Verbündeter des Lysimachos war Philetairos, der die königliche Schatzkammer in Pergamon verwaltete, in der 9 000 Talente aufbewahrt wurden, das sind ca. 200 Tonnen Silber.

Philetairos hatte eine paphlagonische Mutter. Ob sein Vater Attalos Makedone war, weiß man nicht sicher.

Die Ereignisse überschlugen sich: Philetairos fiel von Lysimachos ab, Lysimachos wurde in einer Schlacht getötet, der Sieger, Seleukos, ermordet (281/280 v.Chr.).

Philetairos ergriff die Chance: Er erkannte die Herrschaft der Seleukiden zwar offiziell an, schuf sich aber an der Westküste Kleinasiens ein eigenes Reich. Er machte Pergamon zu seiner Residenz, beließ der Stadt aber ihre autonome Verwaltung. Er starb 263 v.Chr. im Alter von 80 Jahren.

Nachfolger wurde sein Neffe und Adoptivsohn Eumenes I. Er regierte 263–241 v.Chr. Nachdem er den Seleukiden Antiochos I., den Sohn des Seleukos I., 262 bei Sardeis besiegt hatte, erklärte er sich für unabhängig.

Abb. 3: Sterbender Gallier (Rom, Kapitolinische Museen)

241 trat sein Adoptivsohn Attalos I. die Regierung an, ein Großneffe des Philetairos. Er schlug die Galater, 278 v.Chr. erstmals in Kleinasien eingewanderte Kelten, die mit ihren Raubzügen Angst und Schrecken verbreiteten, nahm den Königstitel und den Beinamen *Soter, Retter*, an. Den Sieg verherrlichte er mit den Monumenten *Der sterbende Gallier* (Abb. 3) und *Der Gallier und seine Frau* (Abb. 4, S. 28).

Römische Marmorkopien der verlorenen Bronzeoriginale befinden sich heute in Rom. Manche Archäologen haben die Darstellungen bewundert, weil sich selbst in den Zügen der Besiegten noch edle Größe spiegele, während andere in den Unterlegenen nur dem griechischen Ideal widersprechende Barbaren erkennen wollen.

Es sollte noch weiterer Schlachten bedürfen, bis die von den Galatern ausgehende Bedrohung endgültig gebannt war.

Nach Siegen über die Seleukiden umfasste Pergamons Herrschaftsgebiet zeitweise einen großen Teil des südlichen Kleinasiens. Rom befand sich während der Regierungszeit des Attalos im 2. Punischen Krieg (218–201 v.Chr.). 211 schlossen sich die Pergamener einem Bündnis an, das die Römer gegen Hannibal und Philipp V. von Makedonien geschmiedet hatten.

Abb. 4: Galliergruppe Ludovisi
(Rom, Palazzo Altemps)

205 half Attalos den Römern, einen heiligen Kultgegenstand aus den Tempel der Mater Magna in Phrygien nach Rom zu transferieren. Der König starb 197 v.Chr.

Unter seinem Nachfolger Eumenes II. Soter (197–159 v.Chr.) erstreckte sich das Pergamenische Reich über Kleinasien, Karien, Lykien, Pamphylien und Kilikien. Die Städte Smyrna, Ephesos und Milet wurden für frei erklärt. Sie zählten zu den bedeutenden Städten der alten Welt.

Eumenes hat das Pergamenische Reich groß gemacht, zugleich aber auch in die Abhängigkeit Roms geführt. Im Krieg gegen Philipp V. von Makedonien hat er an der Seite der Römer gekämpft.

Er hat mit Aus- und Umbauten das Stadtbild Pergamons geprägt. Mit seinem Namen sind der Bau der Bibliothek und die Errichtung des berühmten Zeusaltars verknüpft, den das Pergamonmuseum in Berlin beherbergt. Er war der Auftraggeber.

Attalos II. (159–138 v.Chr.) hat die Politik seines Vorgängers fortgesetzt.

Attalos III. (138–133 v.Chr.) war der letzte König des Pergamenischen Reichs. Er hat es testamentarisch den Römern vermacht. Er hatte keinen legitimen Nachfolger.

Nachdem der Aufstand eines Kronprätendenten niedergeschlagen worden war, wurde 129 v.Chr. ein großer Teil des Gebiets als die römische Provinz Asia eingerichtet. Pergamon wurde die Hauptstadt, der Statthalter residierte jedoch in Ephesos, der Stadt, der der altehrwürdige Tempel der Artemis eine besondere Aura verlieh.

Dass Attalos keinen Sohn hatte, war sicher nicht der einzige Grund dafür, die pergamenische Herrschaft zu liquidieren. Auf die Dauer hätte Pergamon dem Druck Roms sicher nicht standhalten können. Ein mächtiges und starkes Pergamon lag nicht im Interesse der römischen Politik. Möglicherweise veranlassten auch drohende soziale Unruhen Attalos zu dem Schritt. Die Attaliden waren nicht beliebt.

Für die Römer bedeutete die Einrichtung der Provinz Asia, dass sie in unmittelbare Verbindung zu Troja traten, der Stadt, aus der, wie Homer erzählt (Ilias, 20, VV. 302–308), ihr Ahnherr Aeneas einst gerettet worden war. Er war in Latium gelandet, um die aus der Heimat mitgeführten Götter dort heimisch zu machen und eine Stadt zu gründen, aus der schließlich *die hohen Mauern Roms* hervorgehen sollten (Vergil, Aeneis, 1, VV. 5–7). Mit der Einrichtung der Provinz erhielt das Bestreben der römischen Elite, Anschluss an die griechische Kultur zu finden, neuen Auftrieb.

1.8 Kultur und Zivilisation (4.–2. Jh. v.Chr.)

Die Herrschaftsform war die Monarchie. Die Macht der Könige stützte sich auf das Militär.

Durften sich die griechischen Städte auch formell selbst verwalten, so verdankten sie ihre Autonomie doch der Gnade der jeweiligen Herrscher, die ihren Einfluss beliebig geltend machen konnten. Art und Umfang der Einflussnahme wechselten ständig. Galten die Griechen einmal als frei, wurden sie ein anderes Mal wie Untertanen behandelt. Unterscheidungsmerkmal war im Wesentlichen die Frage, ob und ggfs. in welcher Höhe sie zur Zahlung von Abgaben verpflichtet waren.

Vorbild der Selbstverwaltung war die Verfassung mit den Gremien der Volksversammlung, des Rates und der ausführenden Beamten, die sich Athen am Ende des 6. Jahrhunderts v.Chr. gegeben hatte. Der Unterschied bestand darin, dass die gut situierten Bürger, die sich durch Wohltaten für die Stadt hervortaten, über einen erheblichen Einfluss verfügten. Ihre Wohltaten wurden ihnen durch Ehrungen reichlich vergolten. So konnten selbst Frauen städtische Ämter bekleiden.

Die Könige setzten sich in der Gründung neuer Städte ein Denkmal. Sie gaben ihnen ihre eigenen Namen oder den ihrer Frauen: Alexandreia, Antiocheia, Seleukeia, Apameia. Gleichzeitig wuchsen durch Geburten und Zuzug die Einwohnerzahlen in den alten Städten. Repräsentative öffentliche Bauten wurden errichtet: Theater, Buleuterien, Tempel, Märkte, die von Säulenhallen umgeben, und Prachtstraßen, die von ihnen gesäumt waren. Das bedeutendste Bauwerk ist der um 300 v.Chr. begonnene, nie vollendete Apollon-Tempel in Didyma. Wo es möglich war, realisierte man den von Hippodamos aus Milet (5. Jahrhundert v.Chr.) zwar nicht erfundenen, aber theoretisch begründeten schachbrettartigen Stadtplan. Man strebte nach Symmetrie. Privathäuser wurden luxuriöser und größer. Ein Beispiel vorbildlicher hellenistischer Stadtplanung bietet Priene.

Es entwickelte sich, die Dialekte übergreifend, wieder eine gemeingriechische Sprache, die Koiné. Sie orientierte sich stark an der Sprache Athens. Mit griechischen Soldaten, Händlern und Siedlern breitete sie sich aus. Wohlhabende Nicht-Griechen lernten sie und legten Wert darauf, ihre Söhne griechisch erziehen zu lassen. Gymnasien wurden gegründet, in denen nicht nur die jungen Männer ihre geistige und körperliche Ausbildung erhielten, sondern alle Bürger ihre Zeit und Muße verbringen konnten. Seit dem 2. Jahrhundert v.Chr. etablierte sich allmählich ein öffentlicher Unterricht.

Die mit dem Tod Alexanders (323 v.Chr.) beginnende und mit der Eroberung Alexandreias durch die Römer (30 v.Chr.) endende Epoche bezeichnet man *als Hellenismus*. Die Ausbreitung der griechischen Kultur bis weit in den Osten hinein ist das wesentliche Kennzeichen der Epoche des Hellenismus. Der Althistoriker Johann Gustav Droysen (1808–1880) hat den Terminus geprägt. Er hat sich in der Geschichtsschreibung eingebürgert.

In den Theatern wurden die Tragödien des Aischylos, Sophokles und besonders des Euripides aufgeführt. Diese Dichter stammten aus Athen und hatten im 5. Jahrhundert v.Chr. gelebt. Die *Neue Komödie*, deren Hauptvertreter Menander (ca. 342/1 – ca. 292 v.Chr.) war, spielte im bürgerlichen Milieu und brachte skurrile Typen auf die Bühne. Sie war im Gegensatz zur *Alten Komödie* des Aristophanes (geb. 450/445 v.Chr.) unpolitisch.

Die Philosophen, Stoiker, Epikureer, Kyniker und Skeptiker, wandten sich in der Nachfolge des Sokrates (469–399 v.Chr.) den Fragen der praktischen Lebensführung zu.

Der bedeutendste Philosoph war Aristoteles aus Stageira auf der Halbinsel Chalkidike. Er lebte 384–322 v.Chr. und wirkte 347–345 in Assos. Es gibt kaum ein Gebiet der Wissenschaft und der theoretischen und praktischen Philosophie, mit dem er sich nicht beschäftigt, über das er nicht geschrieben hat. Als er im 13. Jahrhundert n.Chr. im christlichen

Abendland erneut bekannt wurde, galt er als der Philosoph schlechthin. Er prägt das wissenschaftlich-methodische Denken bis heute.

Bibliotheken wurden gegründet, in Pergamon, in Alexandreia. Texte wurden gesammelt, vervielfältigt, kommentiert und ediert. Das Wissen der Vergangenheit und Gegenwart sollte der Nachwelt überliefert werden. Die Erfordernisse des Lehrbetriebs und die Archivierung führten schließlich unbeabsichtigt zum Verlust von Werken, die nicht in den Kanon aufgenommen wurden. Nach der Verschriftlichung ist die Archivierung der zweite große kulturhistorische Einschnitt.

Neue literarische Formen wie die Biographie und die Diatribe entstanden, die Biographie, weil nun der einzelne Mensch mit seinen besonderen Anlagen und Eigenschaften das Interesse auf sich zog, die Diatribe, ein popularphilosophischer Vortrag, weil das Bedürfnis nach moralischer Orientierung bestand, mit moralischem Anspruch die Laster der Zeit zu geißeln. In der Bibliothek in Alexandreia war Kallimachos (ca. 300–nach 246) tätig, der Archeget der hellenistischen Literatur. Er lehnte für seine Person das Epos ab und vertrat die Kunst der kleinen Formen. Er hat großen Einfluss auf den römischen Dichter Catull (ca. 84–54) ausgeübt.

Theokrit, ein gebürtiger Syrakusaner, kam zwischen 275 und 270 nach Alexandreia. Er begründete mit seinen Hirtengedichten das literarische Genus der Bukolik, das dann später Vergil (70–19) in Rom heimisch gemacht hat. Der Dritte im Bund war Apollonios Rhodios (ca. 350–nach 246), Prinzenerzieher und Leiter der Bibliothek, Verfasser eines Epos mit dem Titel *Argonautica*.

Besondere Bedeutung erlangte die Fachwissenschaft.

Um 300 wirkte Euklid in Alexandreia, dessen geometrisches Lehrbuch mit dem Titel *Stoicheia, Elemente*, Grundlage mathematischen Denkens bis heute ist. Eratosthenes von Kyrene (ca. 285–ca. 205), Prinzenerzieher und Bibliothekar in Alexandreia, berechnete den Erdumfang und verfehlte den tatsächlichen Wert nur um ein Weniges. In der Astronomie verfocht Aristarch von Samos (ca. 310–ca. 230) die Theorie, dass die Erde sich um die Sonne drehe. Archimedes (287–212), der große Theoretiker auf den Gebieten der Mathematik und Physik und Praktiker im Bereich der Mechanik, lebte und wirkte in Syrakus.

Die griechische Kultur breitete sich in das Binnenland aus, zu den Mysern, Lydern, Karern, Lykiern und Persern. Sie entwickelte aus sich heraus eine Anziehungskraft, nirgendwo wurde sie gewaltsam implementiert. Im Bereich der Wissenschaft vollzog sich der Transfer von Westen nach Osten. Nur die Astronomie profitierte von den Kenntnissen der Babylonier. Griechen erforschten unbekannte Länder, Händler drangen bis nach Indien vor.

Wie in der Biographie und der Neuen Komödie entdeckte man auch in der Bildenden Kunst das Private und Charakteristische. Statuen berühmter Männer – Dichter, Philosophen, Redner, Herrscher – wurden geschaffen. Man interessierte sich für das Außergewöhnliche: einen Blinden, einen entstellten Boxer (Abb. 5), eine trunkene alte Frau. Leiden und Leidenschaft, Pathetik und Verzweiflung, ja, das Grausame wurden Sujets: die Giganten des Zeusaltars in Pergamon, der sterbende Gallier. Manche Figuren wie der Sonnengott Helios von Rhodos erhoben sich ins Kolossale.

Abb. 5: Kopf des Boxers von einem hellenistischen Bronzeoriginal in Rom, Palazzo Massimo (Gipsabguss Klassische Archäologie JGU Mainz)

Griechische Künstler waren überall gefragt. Ein Bildhauer und Architekt wie Skopas (4. Jahrhundert v.Chr.), der von der Insel Paros stammte, arbeitete u.a. in Tegea in der Peloponnes am Neubau des Tempels der Athena Alea, am Mausoleum in Halikarnassos und am Artemision in Ephesos.

In der Religion gewann die Glücks- und Schicksalsgöttin Tyche an Bedeutung. Städte stellten sich gern unter ihren Schutz.

Die phrygische Göttin Kybele und Attis, ihr Partner im Kult, die ägyptischen Gottheiten Isis, Osiris und Serapis eroberten die Ökumene.

Der griechische Westen nahm die fremden Kulte willig auf. Orientalische und griechische Kulte verschmolzen miteinander. Dieser religiöse Synkretismus ist ein weiteres Charakteristikum der hellenistischen Epoche. Mysterienkulte gewannen an Bedeutung.

In dem Maß, in dem sich das Königtum etablierte, entwickelte sich der Herrscherkult. Die Initiative zur Herrscherverehrung ging bald vom Volk aus, bald von den Herrschern. Da die Könige auf diese Weise über die profane Welt der Menschen hinausgehoben waren, konnten auch demokratisch gesinnte Bürger ihre Vergöttlichung akzeptieren. Sie verehrten sie, nahmen dafür Wohltaten in Empfang und behielten ein gewisses Maß an Unabhängigkeit.

2. Kapitel

Die Römerherrschaft

2.1 Die Römer und die Griechen

Unter Provinzen verstanden die Römer Gebiete, die von ihnen beherrscht wurden. Sie wurden am Anfang von einem Konsul oder Prätor verwaltet, seit 81 v.Chr. von einem Prokonsul oder Proprätor, einem Amtsträger, der zuvor in Rom Konsul oder Prätor gewesen war. Der Statthalter war mit der Befugnis eines Konsuls ausgestattet. Anders als in der Hauptstadt stand ihm kein gleichberechtigter *collega* zur Seite, er herrschte unumschränkt. Er war der oberste Richter und der Befehlshaber der in der Provinz stationierten Truppen. Seine Amtszeit dauerte i.d.R. ein Jahr. Die Finanzverwaltung oblag Quästoren.

Die Provinz Asia wurde in der Kaiserzeit von einem Prokonul verwaltet, der vom Senat ernannt wurde. Die Provinz war befriedet und nicht gefährdet. Agrippa II. hat im Jahr 66 n.Chr. die Juden u.a. mit dem Argument zum Aufstand gegen Rom ermutigt, dass die 500 Städte der Provinz Asia von einem Statthalter beherrscht würden, dem keine Truppen zur Verfügung stünden. (Josephus, Der Jüdische Krieg, 2,16). Asia war eine *provincia inermis*, eine Provinz ohne römische Besatzung. Das hieß aber nicht, dass nicht Soldaten ausgehoben und Tribute für den Unterhalt des Heeres eingezogen wurden.

Die Städte durften sich weiter selbst verwalten, und sie durften ihre Sprache, Kultur und Religion behalten.

Schon in der 2. Hälfte des 3. Jahrhunderts v.Chr. hatten die Römer begonnen, von den Griechen zu lernen. Als sich Roms Außenpolitik im 2. Jahrhundert v.Chr. dem Osten zuwandte, verstärkte sich der Einfluss der griechischen Kultur und Zivilisation.

Gebildete griechische Sklaven kamen nach Rom und unterrichteten den Nachwuchs der römischen Aristokraten. Die Elite lernte Griechisch. Einen Höhepunkt erreichten die kulturellen Beziehungen der Römer zu den Griechen im 1. Jahrhundert v.Chr. Ein besonderes Verdienst in der Vermittlung kommt M. Tullius Cicero (106–43 v.Chr.) zu. Er hatte wie viele junge Römer in Athen studiert und in Kleinasien berühmte Redner gehört. 51/50 war er Prokonsul in der Provinz Kilikien. Sie war 102 v.Chr. als zweite Provinz in Asien eingerichtet worden. Als sein Bruder Quintus in der Provinz Asia Statthalter war, schrieb er ihm einen Brief (Ende 60,

Anfang 59), in dem er das besondere Verhältnis der Römer zu den Griechen charakterisierte:

> *Widme dich mit ganzem Herzen und Eifer dem Grundsatz, den du bisher angewandt hast; Bemühe dich darum, die Menschen, die der Senat und das römische Volk deinem Schutz und deiner Amtsgewalt übergeben und anvertraut haben, zu schätzen und auf jede erdenkliche Art zu schützen, und bemühe dich darum, dass du sie so glücklich wie möglich sehen willst. Wären dir Afrikaner, Spanier oder Gallier zugelost worden, rohe und barbarische Völker, so wäre es trotzdem ein Gebot deiner Menschlichkeit gewesen, auf ihren Vorteil bedacht zu sein und ihrem Heil und Nutzen zu dienen. Da wir aber über das Volk herrschen, das nicht nur die Menschlichkeit selbst verkörpert, sondern auch als ihr Ursprung für andere gilt, müssen wir sie am ehesten den Menschen vergelten, von denen wir sie empfangen haben. Ich scheue mich nicht, an dieser Stelle festzustellen, dass wir das, was wir erreicht haben, den Wissenschaften und Lehren verdanken, die uns in den Schriften und Einrichtungen Griechenlands überliefert worden sind. Ich sage das im Blick auf mein Leben und meine Taten, die auch nicht den geringsten Anlass dazu bieten, ihnen Untätigkeit oder Leichtsinn nachzusagen. Denn ich bin überzeugt davon, dass wir es – abgesehen von dem allgemeinen Schutz, den alle beanspruchen dürfen – insbesondere diesen Menschen schuldig sind, zu bezeugen, was wir von ihnen gelernt haben. Denn ihren Lehren verdanken wir unsere Bildung.*
>
> (Ad Quintum fratrem, 1,1,27/28).

Ciceros idealistische Ausführungen dürfen nicht darüber hinwegtäuschen, dass das Interesse der Römer an den Provinzen, ob sie nun von Griechen bewohnt wurden oder nicht, ökonomischer Natur war. Die Provinzialen waren steuerpflichtig. Die Erhebung der Steuern wurde den *publicani* übertragen, Steuerpächtern, die meistens aus dem Ritterstand stammten. Sie entrichteten dafür im Voraus eine Pacht, die erheblich geringer war als die Summe, die sie aus der Provinz erpressten. Von jedem Provinzialen wurde der Zehnte erhoben, dazu kamen Zölle für die Ein- und Ausfuhr sowie ein Zuschlag für den Aufwand der Steuerpächter. Bei Rückständen wurden Sachwerte der Schuldner eingezogen. Es gab Bestimmungen, die die Höhe der Zahlungen festlegten, sie wurden aber von den Statthaltern und Steuerpächtern oft skrupellos übertreten. Die Geschädigten konnten Rechtsmittel einlegen, die Prozesse, die immer erst nach Vollendung des Amtsjahrs des Statthalters in Rom stattfanden, wurden aber von den

Standesgenossen der Steuerpächter geleitet und zu Gunsten der Angeklagten entschieden.

Die Provinz Asia weckte die Begehrlichkeiten in besonders hohem Maß, kam doch aus ihr zur Zeit Ciceros ein sehr großer Teil der römischen Staatseinnahmen.

Die Römer widerstanden der Versuchung, die Provinz zu romanisieren. Griechisch blieb die Verständigungs- und Bildungssprache.

2.2 Aufstieg und Fall des Königs Mithridates (89–63 v.Chr.)

Es verwundert nicht, dass die von den Steuerpächtern ausgebeuteten Menschen sich dem Erstbesten, der sich als Retter anbot, in die Arme warfen. Er erwuchs ihnen in Mithridates VI. Eupator (Abb. 6), der 120 v.Chr. König von Pontos geworden war. Er herrschte zwar über das größte Reich westlich des Euphrat, wollte sich damit aber nicht zufrieden geben. Eine günstige Gelegenheit zum Angriff bot sich ihm, als die Römer durch den Bundesgenossenkrieg (91–89 v.Chr.) geschwächt waren, in dem italische Stämme darum gekämpft hatten, als römische Bürger anerkannt zu werden.

Abb. 6: Tetradrachme mit dem Porträt Mithridates VI. Eupator von der Münzstätte Pergamon (Universität Düsseldorf)

Als er sich Kleinasiens bemächtigte, wurde er überall begeistert begrüßt. In Ephesos erließ er 88 einen Befehl, über den wir in der ca. 165 n.Chr. vollendeten Römischen Geschichte des Appian aus Alexandreia folgendes erfahren:

> *Mithridates schrieb heimlich an alle Satrapen und Magistrate der Städte, nach Ablauf von dreißig Tagen gleichzeitig alle Römer und Italiker in ihren Städten zu überfallen, und zwar die Männer, ihre Frauen, Kinder und Freigelassenen, soweit sie italischer Abstammung seien. Sie sollten sie töten und ihre Körper fortschaffen, ohne sie zu beerdigen. Ihre Güter sollten sie mit Mithridates teilen. Er ordnete Bestrafung für alle an, die Getötete begraben oder verstecken. Er versprach den Denunzianten oder denen, die Versteckten aufspürten und töteten, eine Belohnung: Sklaven, die sich gegen ihre Herren erheben, stellte er die Freiheit in Aussicht, Schuldnern, die sich gegen ihre Geldgeber erheben, den Erlass der Hälfte ihrer Schulden. Diese Mitteilung ließ Mithridates allen gleichzeitig heimlich zustellen. Als der festgesetzte Tag kam, suchte das Unglück Asien in vielfachen Formen heim. Ich will von einigen Beispielen berichten: Die Ephesier töteten alle, die sich in das Artemision geflüchtet hatten und die sich an den Götterstatuen festklammerten, nachdem sie sie herausgezerrt hatten. Die Pergamener schossen mit Pfeilen auf die, die sich in das Asklepieion geflüchtet hatten, die sich an die Statuen klammerten und nicht loslassen wollten. ...*
> *Das war das Schicksal der Italiker und Römer in Asien, der Männer ebenso wie der Kinder und Frauen, ihrer Freigelassenen und Sklaven, soweit sie italischer Abstammung waren. Es zeigte sich darin mit aller Deutlichkeit, dass Asien nicht so sehr aus Furcht vor Mithridates als aus Hass gegen die Römer in diesem Ausmaß gegen die Opfer wütete.*
> *Aber die Täter wurden doppelt bestraft, einmal kurze Zeit später durch Mithridates, der unvorstellbar grausam gegen sie vorging, und später durch Cornelius Sulla.* (12, 22/23).

In der Überlieferung ist von 80 000 Toten die Rede. Mag die Zahl auch übertrieben sein, gewiss ist: Der Hass hat sich in einem unvorstellbar großen Blutbad entladen. In die Geschichtsbücher ist das Ereignis als *Vesper von Ephesos* eingegangen.

Wenn Mithridates die von ihm angestifteten Mörder bestrafte, so wollte er den Anschein des gerechten Herrschers erwecken, der mit dem, was geschehen war, nichts zu tun hatte.

Mithridates trat die Nachfolge der Attaliden an. Griechenland, das zwar nominell frei war, tatsächlich aber unter der Aufsicht des Statthalters in Makedonien stand, schloss sich ihm an.

L. Cornelius Sulla, Konsul im Jahr 88 v.Chr., wurde vom Senat beauftragt, den Oberbefehl in einem Krieg gegen Mithridates zu übernehmen. Es gelang ihm, Griechenland zurückzuerobern und Mithridates zu einem Friedensschluss zu zwingen (85). Die kleinasiatischen Städte hatten sich längst schon wieder von dem König abgewandt. Der Vorkriegszustand wurde wiederhergestellt. Sulla bestrafte alle, die an dem Blutbad mitgewirkt hatten, soweit sie noch lebten und er ihrer habhaft werden konnte, er verurteilte ganz Asien zur Zahlung einer Geldstrafe von 20 000 Talenten, und er ließ zu, dass seine einquartierten Soldaten in ihrem Übermut und ihrer Habsucht fast alle Häuser zerstörten (Plutarch, Sulla, Kap. 25).

Die Menschen litten unter den Kontributionen, die rücksichtslose Wucherer eintrieben:

> *Nicht nur einzelne Bürger sahen sich gezwungen, ihre gut gewachsenen Söhne und Töchter in die Sklaverei zu verkaufen, sondern ganze Gemeinden mussten Weihgeschenke, Gemälde, Götterstatuen veräußern, ohne dass die Schuldner dem Schicksal entgingen, schließlich doch noch den Gläubigern als Sklaven zugesprochen zu werden.* (Plutarch, Lucullus, Kap. 20).

Mithridates nutzte die Zeit des Friedens, seine Macht auszubauen. Im 2. Mithridatischen Krieg (83–81 v.Chr.) gelang es ihm, einen Einfall römischer Truppen in sein Gebiet zurückzuschlagen.

74 v.Chr. brach der 3. Mithridatische Krieg aus. Das römische Heer befehligte zuerst der Konsul L. Licinius Lucullus, 66 v.Chr. erhielt Cn. Pompeius den Oberbefehl. Innerhalb von drei Jahren beendete er den Krieg erfolgreich. Mithridates nahm sich das Leben.

26 Jahre hat er Widerstand gegen Rom geleistet. Seine Person hat die Nachwelt fasziniert: 1673 ist Jean Racines Drama *Mithridate* aufgeführt worden, 1770 hat Mozart eine Oper mit dem Titel *Mitridate re di Ponto* komponiert.

Pompeius ordnete den römischen Besitz in Kleinasien neu. Rom herrschte nun über die Nord-, West- und Südküste Kleinasiens. Die griechischen Städte wurden *civitates liberae immunes*, d.h. sie waren autonom und von Abgaben befreit. Das Lateinische war Amts-, das Griechische Verkehrssprache.

Unter den Bürgerkriegen zwischen Pompeius und Caesar, Octavian und Marc Anton hatten die kleinasiatischen Städte sehr zu leiden.

Als Marc Anton und Octavian, der spätere Kaiser Augustus, nach ihrer Einigung und dem Sieg über die Mörder Caesars (42) das Reich aufteilten, fiel Marc Anton der Osten zu. 39 zog er in Ephesos ein.

Da gingen Weiber als Bakchantinnen, Männer und Knaben, als Satyrn und Pan verkleidet, vor ihm her. Die ganze Stadt war mit Efeu und Thyrsosstäben geschmückt, überall erscholl der Klang von Harfen, Flöten und Schalmeien, und in lautem Jubelgeschrei nannte man ihn den Freudenbringer, den huldreichen Dionysos. (Plutarch, Antonius, Kap. 24).

Die Verehrung hielt ihn nicht davon ab, die Städte kräftig zur Ader zu lassen.

Er verhielt sich wie ein als Gott verehrter Diadochenkönig. Mit der Niederlage, die ihm Octavian in der Seeschlacht bei Actium 31 v.Chr. beibrachte, endete sein Traum, nicht nur das Reich eines der Diadochen, sondern das Reich Alexanders des Großen neu erstehen zu lassen. ein Jahr später stürzte er sich in Alexandreia in sein Schwert und starb.

2.3 Die Kaiserzeit

27 v.Chr. wurden die Provinzen in senatorische und kaiserliche Provinzen eingeteilt. Die kaiserlichen Provinzen, in denen Truppen stationiert waren, übernahm Augustus mit besonderen Vollmachten. Er ließ sie durch Legaten verwalten. Asia war eine senatorische Provinz, der Statthalter war ein Prokonsul.

Die Einheit des Reiches verbürgte der Kaiserkult. Die Städte wetteiferten um die Gunst, dass ihnen die *Neokorie* (aus *naós – Tempel* und *koréo – ausfegen, neokóroi* waren *Tempeldiener*) verliehen werde, d.h. das Recht, zu Ehren des Kaisers einen Tempel errichten zu dürfen. Zur Zeit des Kaisers Hadrian (117–138 n.Chr.) besaßen Pergamon, Ephesos und Smyrna sogar je zwei Neokorien.

Viele römische Kaiser waren Philhellenen. Besonders Hadrian fühlte sich den Griechen eng verbunden. Der von ihm wieder begründeten Ratsversammlung, dem Panhellenion, mit dem er das Bewusstsein griechischer Identität insbesondere in den Ostprovinzen stärken wollte, war keine lange Dauer beschieden.

Die Kaiserzeit war im Großen und Ganzen eine Zeit des Friedens und der Prosperität. Sie währte etwa 300 Jahre. Die Kaiser waren an einem dauerhaften Frieden (*quies perpetua*) interessiert. Augustus hatte Schuldentilgung verfügte und die Macht der Steuerpächter gemindert. Volkszählungen erlaubten eine solide Schätzung der Steuerschuld. Der Kaiser Vespasian (69–79 n.Chr.) übertrug die Aufgabe der Steuererhebung schließlich Staatsbeamten.

Asia war reich an landwirtschaftlichen Produkten und verfügte am Paktolus-Fluss über Goldvorkommen. Aus keiner anderen Provinz erzielte Rom mehr Einnahmen, obwohl die Besteuerung der Provinzialen maßvoll war. Römische Bürger waren nur zur Zahlung der Erbschafts- und Freilassungssteuer verpflichtet.

Die Gemeinden profitierten nicht von den Steuereinnahmen. Sie hatten Einkünfte aus den Heiligtümern, die auch als Banken fungierten. Menschen deponierten ihr Geld in den Tempeln. Die Priester verliehen es und kassierten Zinsen. Darüber hinaus füllten sich die Gemeindekassen durch Verpachtung von Grundbesitz, Vermietung von Läden, Eintrittsgeldern der Thermen, Buß- und Strafzahlungen. Die Personalkosten waren gering, da die Ämter ehrenamtlich bekleidet wurden.

Die Städte erholten sich schnell von der wirtschaftlichen Ausbeutung, unter der sie in der Zeit der römischen Bürgerkriege gelitten hatten. Wein und Öl wurden exportiert, der Handel blühte. Tempel und profane Bauwerke wurden restauriert und in großer Zahl neu errichtet, über Aquädukte wurde Wasser in die Städte geleitet, Fernstraßen wurden gebaut. In der Verschönerung der Städte wetteiferten der Kaiser, die Gemeinden und reiche Bürger miteinander. In die privaten Häuser der Privilegierten hielt der Luxus Einzug. Für Freizeitvergnügungen war reichlich gesorgt: Schon in der Zeit der Diadochen hatten die großen Städte, Pergamon, Smyrna und Milet, nach dem Vorbild der panhellenischen Spiele in Olympia und Delphi Wettkämpfe ausgeschrieben. Jetzt stieg die Zahl der Veranstaltungen sprunghaft an, deren jede viele Tage dauerte. Die Städte feierten Kaisareia, Augusteia, Tibereia, Claudieia, sie widmeten möglichst jedem neuen Kaiser ein neues Fest. In den Theatern wurden weiterhin einerseits die Klassiker, Aischylos, Sophokles und Euripides, inszeniert, wobei der Aufwand nicht groß genug sein konnte, und andererseits wurden leicht verständliche und laszive Pantomimen aufgeführt, in den Amphitheatern konnte man sich an blutigen Tierhetzen und Gladiatorenkämpfen erfreuen, immer größere und aufwändigere Thermen wurden erbaut, in denen man sich von morgens bis abends aufhalten und abwechslungsreich amüsieren konnte.

Gladiatorenkämpfe und Thermen waren zivilisatorische Importe aus Rom.

Besonders wichtige Institutionen waren die Gymnasien, genuin griechische Einrichtungen, in denen, nach Alter getrennt, Jugendliche und junge Männer trainierten und ausgebildet wurden. Die Lehrer und Trainer wurden von den Gemeinden angestellt und besoldet.

Das Mäzenatentum war stark ausgeprägt.

Mäzene, die sich durch Wohltaten beliebt machten, hofften darauf, in ein ehrenvolles Amt gewählt zu werden. *Euergetismus* (abgeleitet von griechisch *euergétes – der Wohltäter*) nennt man die Sitte, sich auf diese Weise Einfluss zu erkaufen. Bereits im Hellenismus wussten reiche Männer, sich dieses Verfahrens erfolgreich zu bedienen.

Verdienten Griechen wurde die Aufnahme in den Stand der Ritter oder Senatoren gewährt.

So wurden Anreize zu sozialem Aufstieg geboten. Es entstand mit der Zeit eine Art Reichsadel.

Die Städte waren weitgehend autonom. Oberster Richter war der Kaiser bzw. der Statthalter. Die Verwaltung lag in den Händen von Archonten. Ein Rat entsprach der griechischen Boulé oder dem römischen Senat. Ratsherr wurde man, wenn man ein Amt bekleidete oder bekleidet hatte, man blieb es lebenslang. Mehrere Ämter konnten gleichzeitig oder mehrfach hintereinander bekleidet werden. Die Zahl der Ratsherren war von Gemeinde zu Gemeinde unterschiedlich, in Ephesos betrug sie 450. Selbstverständlich erwartete man von den Amtsträgern Leistungen für die Gemeinschaft, sog. *Leiturgien/Liturgien*. Folglich konnten sich nur Angehörige der reichen und vornehmen Familien um Ämter bewerben. Sie genossen hohes Ansehen, im Theater waren ihnen Ehrensitze reserviert.

Die Bürgerschaft stimmte in Volksversammlungen über Fragen ab, die der Rat ihr vortrug. Sie war das gesetzgebende Organ. Sie wählte die Ratsherren.

Noch immer folgte die Selbstverwaltung der Städte formal weitgehend der demokratischen Verfassung, die sich Athen am Ende des 6. Jahrhunderts v.Chr. gegeben hatte. Tatsächlich war aber nicht wie dort die Volksversammlung das dominierende Organ, sondern der Rat mit seinen reichen und einflussreichen Mitgliedern, zu denen auch Frauen und Kinder gehören konnten, wenn sie nur mit ihrem Geld dazu beitrugen, die aufwändigen Bauten und teuren Feste zu finanzieren.

Übergeordnete Gremien waren die Landtage, in die die Städte Vertreter entsandten. Augustus hatte sie ins Leben gerufen. Sie wurden von einem *Asiarchen* geleitet, der nicht selten neben den administrativen Aufgaben auch als Oberpriester des Kaiserkults sakrale Pflichten erfüllte. Er vertrat die Provinzbewohner gegenüber der römischen Herrschaft und konnte Anklage gegen einen Statthalter wegen Amtsmissbrauchs erheben.

Die Römer benutzten die Landtage zur Kommunikation mit den provinzialen Eliten.

212 n.Chr. verlieh Kaiser Caracalla (211–217) mit der *Constitutio Antoniniana de civitate* allen freien Fremden *in der ganzen Welt* das römische Bürgerrecht. Nun durfte jeder, den es betraf, rechtsgültige Verträge abschließen, Grundbesitz erwerben und eine rechtsgültige Ehe eingehen. Er durfte nicht gefoltert werden, durfte beim Kaiser Berufung einlegen (wie es der Apostel Paulus getan hatte) und verfügte in Rom über das aktive und passive Wahlrecht – was freilich praktisch bedeutungslos war. Im ganzen Reich galt für alle Freien das gleiche Recht. Das war sicher eine geeignete Maßnahme, um dass Imperium zu stabilisieren.

Es wird dem Kaiser aber wohl auch darum gegangen sein, die Staatskasse zu füllen. Die Neubürger zahlten nämlich von nun an sowohl die Steuern der Provinzialen wie die der ursprünglichen Bürger. (A.T., I. König, a.a.O., S. 284).

Schon vor Caracalla konnte den Angehörigen des Ortsadels in den Städten der Provinzen das römische Bürgerrecht verliehen werden.

Die Neubürger verfügten über ein doppeltes Bürgerrecht. Das römische ergänzte das örtliche.

Durch die Verwaltungsreform Diokletians (284–305 n.Chr.) wurde die Unterscheidung von senatorischen und kaiserlichen Provinzen aufgehoben. Das Reich wurde in 12 Diözesen eingeteilt. Ephesos wurde die Hauptstadt der Diözese Asia. Das Militärkommando wurde zentralisiert. Eine hierarchisch gegliederte Beamtenschaft ersetzte das alte System der Provinzialverwaltung.

2.4 Heiden und Christen

Die olympischen Götter wurden nach wie vor mit aufwändigen Festen und Prozessionen gefeiert. Die größte Verehrung genossen der Orakelgott Apollon und der Heilgott Asklepios. Daneben erfreuten sich Kulte eines großen Zuspruchs, die den Menschen Geborgenheit in Gemeinden boten, ihnen Erfolg im Diesseits und ein glückliches Leben im Jenseits verhießen.

Die aus dem Osten stammenden Kulte der Kybele/Mater Magna und des Attis, ebenso die ägyptischen Gottheiten Isis, Osiris und Serapis setzten ihren Siegeszug fort. Isis entwickelte sich zur *Panthea, Allgöttin*, die die Wesensmerkmale aller griechisch-römischen Göttinnen in sich vereinigte. Mysterien vermittelten ein Gefühl der Gottesnähe und die Gewissheit einer Wiedergeburt.

Dem *Sol Invictus* hat Kaiser Aurelian (270–275 n.Chr.) am 25. Dezember 274 n.Chr., dem Geburtstag des Gottes, in Rom einen Tempel geweiht. Dieser *unbesiegbare und höchste Gott* hatte wenig mit dem griechischen Helios oder dem römischen Sol gemein, mehr mit der weit verbreiteten Planetentheologie. Er vereinigte wie Isis in sich die Eigenschaften vieler Götter.

Die Geburt Christi wird nicht zufällig am 25. Dezember gefeiert.

Die Aufzählung der Gottheiten ließe sich leicht vermehren, ständig kamen neue hinzu, von denen keine Ausschließlichkeit beanspruchte. Der Polytheismus war tolerant.

Den Anspruch der Ausschließlichkeit erhob (außer dem Judentum) nur das Christentum. Es überwand schließlich den heidnischen Polytheismus. Kaiser Konstantin der Große ließ 313 n.Chr. das *Mailänder Protokoll* im Reich bekannt machen, mit dem das Christentum den Status einer *religio licita,* einer *erlaubten Religion,* erhielt. 380 n.Chr. erklärte es Kaiser Theodosius I. (375–395) zur Staatsreligion. Hatte Konstantin Religionsfreiheit gewährt, so wurden jetzt die heidnischen Kulte verboten.

Der Aufstand der Silberschmiede in Ephesos im Jahr 52 n.Chr., von dem die Apostelgeschichte berichtet (19, 23–40), zeigt, welche Anziehungskraft das Christentum schon im 1. Jahrhundert n.Chr. ausgeübt, welche Ängste es aber auch ausgelöst hat. Man darf die Kräfte, gegen die sich das Christentum durchgesetzt hat, nicht unterschätzen. Es gab die synkretistischen Gottheiten, und es gab noch immer die olympischen Göttinnen und Götter, deren Feste man feierte und deren Mythen man sich erzählte. Mythen wurden in Pantomimen auf der Bühne dargestellt, Mythen schmückten in Gemälden oder Mosaiken die Wände und Böden öffentlicher und privater Gebäude. Die heidnische Philosophie erreichte mit dem Neuplatonismus noch einmal einen Höhepunkt. Ihr Begründer, Plotin (ca. 205–269/70), sah das Ziel des Menschen in dem Aufstieg von der sinnlichen Wahrnehmung über das begriffliche Denken bis hin zur mystischen Schau und Vereinigung mit dem Urgrund, dem *Einen.* Philosophie war für ihn Theologie. Für die Intellektuellen unter den Heiden war der Neuplatonismus eine Zuflucht und geistige Heimat.

Das Christentum hat seine Wurzeln im Judentum, es hat sich aber auch in lebendiger Auseinandersetzung mit der heidnischen Philosophie und den vielfältigen Formen der heidnischen Religion entwickelt.

Die Christen isolierten sich in den Gemeinden hauptsächlich dadurch, dass viele von ihnen kein Fleisch der im heidnischen Kult geopferten Tiere aßen, dass sie den mit dem Polytheismus und dem Kaiserkult verbundenen Riten fernblieben, nur untereinander heirateten, keinen Wehrdienst leisteten und die Vergnügungsstätten nicht besuchten. Sie hatten in ihren kirchlichen Amtsträgern ihre eigenen Richter, glaubten nicht an ein *Roma aeterna*, *ein ewiges Rom,* erwarteten vielmehr das nicht mehr ferne Weltgericht Gottes. Tacitus (ca. 55 – ca. 120 n.Chr.) hat ihnen *Hass auf das Menschengeschlecht* vorgeworfen. (Annalen, 15,44).

Den stärksten Anstoß erregte die Weigerung der Christen, den Kaiser religiös-rituell zu verehren. Der Kaiser war die Klammer des viele Völker mit ihren unterschiedlichen Sprachen, Religionen, Bräuchen umfassenden Reichs. Mit seiner Verehrung bezeugte man seine Loyalität. Zugleich versicherte man sich des kaiserlichen Schutzes.

3. Kapitel

Troja

3.1 Die Geschichte: Von der Bronzezeit bis zu Mehmet II.

Ausgrabungen haben bisher neun Schichten zutage gefördert. Sie erlauben es, die Geschichte Trojas bis ins 3. Jahrtausend v.Chr. zurückzuverfolgen. *Troja* nennt Homer den Ort, an dem der trojanische Krieg stattfindet, und so heißt bei ihm auch die Landschaft, in der die Troer wohnen. *Ilos* ist ein zweiter Name für den Kampfplatz. Ilos, Sohn des Tros, soll der Gründer der Stadt gewesen sein.

Von Anfang an gab es, wie es auch andernorts üblich war, eine Burg und eine Unterstadt. Troja I–III existierte von ca. 2920–2300 v.Chr. Aus dieser Epoche (Troja II) stammt der berühmte Schliemann-Schatz (Abb. 7), der sich heute in Russland befindet.

Abb. 7: Historische Aufnahme des sog. Schatzes des Priamos

Das Gold war in Minen des nahe gelegenen Ida-Gebirges gewonnen worden. Die bronzezeitlichen Schmiede haben es kunstvoll verarbeitet. Die Besitzer hatten die Schmuckstücke unter ihren Häusern vergraben, bevor die Stadt in einer Brandkatastrophe unterging. Es war eine reiche Stadt, die damals zerstört wurde.

Die Epochen Troja IV und V endeten ca. 1700 v.Chr.

Von besonderem Interesse sind die Schichten des spätbronzezeitlichen Troja VI (ca. 1700–1250) und VII (ca. 1250–ca. 1000 v.Chr.). In diesem Zeitraum erreichte die Entwicklung der Stadt ihren Höhepunkt. Troja VI ist durch ein Erdbeben zerstört worden, es kommt am ehesten als möglicher Schauplatz des Trojanischen Krieges in Frage, an dessen Historizität es freilich Zweifel gibt. Wenn es ihn gab, wer waren die Angreifer? Die mykenischen Griechen? Oder, wie Broodbank (a.a.O., S. 598–614) meint, die sog. *Seevölker*, Händler, Söldner, Piraten, die allenthalben, von der Peloponnes im Westen bis nach Hattuşa im Osten, aufbrachen, um Beute zu machen und dabei das bestehende Handelsnetz zerrissen, die Eliten vertrieben und die Herrschaftszentren zerstörten? Seevölker hat man sie genannt, ohne ihre Herkunft zu kennen und sie identifizieren zu können.

In welchem politischen Verhältnis Troja damals zu den Hethitern stand, die im 17./16. Jahrhundert ein großes Reich in Zentralanatolien gegründet hatten, weiß man nicht. Man hat in Troja ein Siegel mit luwischen Zeichen gefunden, das einzige schriftliche Zeugnis. Außerdem ist in einem hethitischen Vertragstext von einem *Alaksandu* aus *Wilusa* die Rede. Sind damit der Königssohn Alexander, der auch Paris heißt, und *Ilios* gemeint? Waren die Troer Bundesgenossen oder Vasallen der Hethiter? Wurde die Stadt durch ein Erdbeben zerstört, nachdem die Aggressoren – wer immer sie waren – sie in Flammen haben aufgehen lassen?

Ob Troja eine große und mächtige Stadt oder eher klein und unbedeutend war, wird in der Wissenschaft kontrovers diskutiert.

Troja blieb in der Eisenzeit bewohnt. Im 10. Jahrhundert v.Chr. wanderten Griechen ein, die Iloieis, ohne jedoch die einheimische Bevölkerung zu verdrängen. Sie gaben den Orten, Flüssen, Bergen griechische Namen, verehrten Zeus, Athene und Apollon. Die Stadt hieß nun Ilion. Sie war von einer imposanten Mauer umgeben und geschützt, die in der Bronzezeit errichtet worden war. Eine Theorie besagt, dass diese Stadt als Schauplatz eines Krieges erkoren worden sei, der ursprünglich in Mittelgriechenland stattgefunden habe. Dort habe es einmal einen Stamm der Troes gegeben. Die Erinnerung an diesen Krieg sei dann von den in Kleinasien einwandernden Griechen mitgebracht und auf Ilion übertragen worden. Den Kämpfern hat die Vorverlegung in die Bronzezeit eine heroische Vergangenheit verliehen.

Dagegen wird argumentiert, die Ortsbeschreibungen Homers seien mit Ilion nicht zur Deckung zu bringen.

Troja hat die Herrschaft der Lyder und Perser im 6. Jahrhundert v.Chr. unbeschadet überstanden.

480 v.Chr. ließ es sich der Großkönig Xerxes auf seinem Heereszug gegen Griechenland nicht nehmen, zur *Burg des Priamos*, des mythischen Königs, hinaufzusteigen und der Athena Ilias 1 000 Rinder zu opfern. (Herodot, 7,43).

Der Besuch erhält dadurch historische Bedeutung, dass die Perser, wenn man Herodot glauben darf (1,4/5), die Zerstörung Trojas durch die Griechen für den Beginn der Feindschaft zwischen Europa und Asien hielten. Unter anderem galt es für sie, diese Schmach zu tilgen.

Im 5. und zu Beginn des 4. Jahrhunderts teilte Ilion in den Auseinandersetzungen zwischen den Persern und den Griechen das Schicksal der kleinasiatischen Städte. Wie diese fiel es im Antalkidas-Frieden 387 v.Chr. an Persien und wurde 334 von Alexander dem Großen befreit, der nun seinerseits seinen Feldzug zu einem Trojanischen Krieg hochstilisierte, mit dem er den Frevel der Perser an den griechischen Heiligtümern 480/479 rächen wollte.

In der Zeit der Diadochen entfaltete sich in der Stadt eine rege Bautätigkeit.

190 v.Chr. war es dann ein römischer Feldherr, der der Athena Ilias opferte und Besitzansprüche reklamierte. Die Römer waren inzwischen davon überzeugt, dass der troische Held und König Aeneas, dem die Flucht aus der brennenden Stadt Troja gelungen war, ihr Ahnherr sei. Er sei nach vielen Irrfahrten schließlich nach Italien gekommen und habe die Stadt Lavinium gegründet, aus der Alba Longa hervorgegangen sei, die Mutterstadt Roms. Durch diese Geschichtsnarrative gewann Rom den Anschluss an den griechischen Mythos und an Homer.

Zunächst gehörte Ilion noch zum Pergamenischen Reich (seit 188 v.Chr.), 133 fiel es mit ihm an Rom und wurde Teil der Provinz Asia. Nun lagen Ilion und die Griechenstädte an der kleinasiatischen Westküste in einem von den Römern beherrschten Gebiet. Der Einfluss der griechischen Kultur auf Rom verstärkte sich.

Im 1. Mithridateskrieg wurde Ilion von den Römern zerstört, nach seinem Sieg sorgte Sulla für den Wiederaufbau.

Eine Blütezeit begann für Ilium Novum zur Zeit des Kaisers Augustus. Die Römer hatten, wie sie meinten, die Schmach ihrer Vorfahren, die Niederlage im Trojanischen Krieg, getilgt und die Zeit der Fremdherrschaften beendet.

Nicht in Ilium selbst, sondern in der ca. 20 km südlich gelegenen Küstenstadt Alexandreia Troas – wohl einer Neugründung des makedonischen Diadochen Lysimachos in den Jahren 310–306 v.Chr. – nahm ein folgenreiches Kapitel der Geschichte des Christentums seinen Anfang. Die Apostelgeschichte berichtet davon: Paulus verließ mit seinen Begleitern Asien, um in Europa zu missionieren. Gott wies ihnen den Weg.

> *Als sie durch Phrygien und das Land Galatien zogen, ward ihnen gewehrt von dem heiligen Geiste, zu reden das Wort in Asien, als sie aber kamen nach Mysien, versuchten sie, durch Bithynien zu reisen, und der Geist ließ es ihnen nicht zu.*
> *Sie zogen aber an Mysien vorbei und kamen hinab gen Troas.*
> *Und Paulus erschien ein Gesicht bei der Nacht, das war ein Mann aus Mazedonien, der stand und bat ihn und sprach: Komm herüber nach Mazedonien und hilf uns!*
> *Als er aber das Gesicht gesehen hatte, da trachteten wir alsbald, zu reisen nach Mazedonien, gewiss, dass uns der Herr dahin berufen hätte, ihnen das Evangelium zu predigen.*
> *Da fuhren wir aus von Troas.*
> (16,6–16,11; Übers.: Martin Luther).

Kaiser Konstantin (Alleinherrscher 324–337) soll erwogen haben, diese Stadt Alexandreia Troas zur Hauptstadt seines Reiches zu machen, nicht Ilium.

Wir kehren nach Ilium zurück:

Im 2. Jahrhundert n.Chr. wurde die Stadt verschönert: Ein Nymphäum und Thermenanlagen wurden errichtet, ein Aquädukt wurde gebaut. Zahlreiche Touristen strömten in das neue Ilium.

Im 4. Jahrhundert n.Chr. wurde die Stadt Bischofssitz.

Nach einem verheerenden Erdbeben in der 2. Hälfte des 5. Jahrhunderts n.Chr. verödete sie.

Die Menschen, zumal die Christen, verloren das Interesse an dem geschichtsträchtigen Ort.

Der Mythos blieb trotzdem lebendig. Fürsten- und Adelsgeschlechter folgten dem Beispiel der Römer und führten ihre Herkunft auf trojanische Helden zurück, um so ihre Herrschaft zu legitimieren. Städte verstanden sich als trojanische Gründungen. Romanautoren ließen ihrer Phantasie freien Lauf. Homer kannte man – wenigstens im lateinischen Westen – nur dem Namen nach.

Als Sultan Mehmet II. nach der Eroberung Konstantinopels 1453 Ilium besuchte, soll er geäußert haben, er habe nun die Schmach Asiens gerächt. Für die Perser, die Makedonen, die Römer, die Türken – für sie alle war Troja/Ilium ein Symbol für Sieg und Rache.

2018 ist am Ort der Ausgrabung ein Museum eröffnet worden, in dem man in zehn Stockwerken die Geschichte der Stadt verfolgen kann.

3.2 Schauplatz eines historischen oder eines fiktiven Krieges?

1488 lagen endlich die mit dem Namen Homers (Abb. 8) verknüpften Epen, die Ilias und die Odyssee, im griechischen Original auch gedruckt vor.

Abb. 8: Homer, römische Marmorkopie nach einem klassischen Original, München, Glyptothek (Gipsabguss Göttingen)

Zu einer intensiven Auseinandersetzung mit ihnen kam es in Deutschland aber erst im 18. Jahrhundert. Johann Joachim Winckelmann (1717–1768) löste durch seine Arbeiten über die griechische Kunst eine Griechenlandbegeisterung aus. Die Übersetzungen von Johann Heinrich Voß machten die Epen bekannt. Die Odyssee erschien 1781, die Ilias 1793. Es waren nicht die ersten Übersetzungen, aber die erfolgreichsten.

Als der Klassische Philologe Friedrich August Wolf 1795 nachzuweisen versuchte, dass es sich bei den homerischen Epen um eine Sammlung einzelner Gedichte handele, schien es an der Zeit, die Vorstellung von der Historizität eines Trojanischen Krieges aufzugeben.

Nicht ganz 100 Jahre später sollte sich das Blatt aber wieder wenden. Die von Heinrich Schliemann 1871 aufgenommenen und bis zu seinem

Tod 1890 fortgeführten Grabungen wollten gerade im Gegenteil nicht nur beweisen, dass der homerische Trojanische Krieg stattgefunden habe, sondern auch, dass er im 2. Jahrtausend v.Chr. an dem von ihm identifizierten Ort geführt worden sei. Schliemann hatte Forschungen fortgeführt, die Engländer und Franzosen schon in der 1. Hälfte des 18. Jahrhunderts begonnen hatten. Wilhelm Dörpfeld (1893) und der Amerikaner Carl Blegen (1932–1938) folgten seinen Spuren, ebenso 1988 der 2008 verstorbene Tübinger Prähistoriker Manfred Korfmann. Die Grabungen werden in seinem Sinn fortgeführt. Wissenschaftler verschiedener Disziplinen melden sich zu Wort und bekräftigen oder bestreiten die Hypothese.

Die Auseinandersetzung hat längst die Medien erreicht. Troja zieht nicht nur Gelehrte, sondern eine große Schar interessierter Laien in seinen Bann.

Vielleicht war es ja der Ort, den sich Homer um 700 v.Chr. als Schauplatz eines fiktiven Krieges ausgewählt hat.

Jedenfalls hat Ilion es verdient, 1988 zum Welterbe erklärt worden zu sein. In der Antike ist nie daran gezweifelt worden, dass es den Trojanischen Krieg gegeben hat.

Troja war für alle, ob sie sich als Nachfahren der Sieger oder der Besiegten fühlten, ein verpflichtendes Symbol. Selbst ein so kritischer Historiker wie Thukydides hat sich in seinem Werk, das er ca. 400 v.Chr. verfasst hat, damit begnügt, die Bedeutung des Trojanischen Krieges gegenüber dem Peloponnesischen Krieg (431–404), der Gegenstand seines Werkes ist, zu relativieren:

> *Da es an Mitteln fehlte, waren alle Kriege vor diesem unbedeutend, und selbst der (Trojanische) Krieg, der berühmteste vor unserer Zeit, war, wie sich bei genauer Prüfung zeigt, geringer als sein Ruf und als der Mythos, der dank der Dichter auch jetzt noch verbreitet ist.* (1,11).

3.3 Die Ausgrabungen

Troja zählt unbestritten zu den bekanntesten archäologischen Stätten der Welt. Doch vor Ort stellt sich meist Ernüchterung ein, da die Ruinen nicht annähernd so spektakulär wie die Geschichten sind, die die Besucher mit der Stadt verbinden. Zudem ist es für Laien außerordentlich schwer, beim Rundgang einen angemessenen Eindruck von den unterschiedlichen Zeithorizonten zu gewinnen, in denen sich die Besucher bewegen, da die heute zu sehenden Reste ganz unterschiedlichen Perioden angehören. Vor dem Besuch empfiehlt es sich daher, sich mittels einer Zeittafel knapp über die Siedlungsgeschichte zu informieren, wie sie durch die Grabungen seit Heinrich Schliemanns Zeiten erarbeitet werden konnte. Die Fachleute haben unzählige einzelne Bauphasen erkannt, die mittels römischer Ziffern und Kleinbuchstaben voneinander unterschieden werden. Demnach gab es bis zum Ende der römischen Epoche neun größere Siedlungsperioden, die sogenannten Städte Troja I–IX, von denen einige wiederum verschiedene Phasen aufweisen (z.B. Troja VIa und VIb). Das byzantinische Troja, ein kleiner Bischofssitz, und die moderne Herrichtung als Grabungsplatz sind zusätzlich zu berücksichtigen. Vor Ort muss aber jeder Versuch illusorisch bleiben, die verschiedenen Schichten Trojas im Einzelnen zu ergründen und nacheinander zu durchwandern. Der Besuch ermöglicht allenfalls einen Einblick in die diversen Bauphasen, ganz gewiss aber keinen systematischen Überblick. Am Ende verfügt der Besucher somit lediglich über einen mosaiksteinartigen Eindruck der ungeheuren chronologischen Weite des Grabungsareals (Abb. 9).

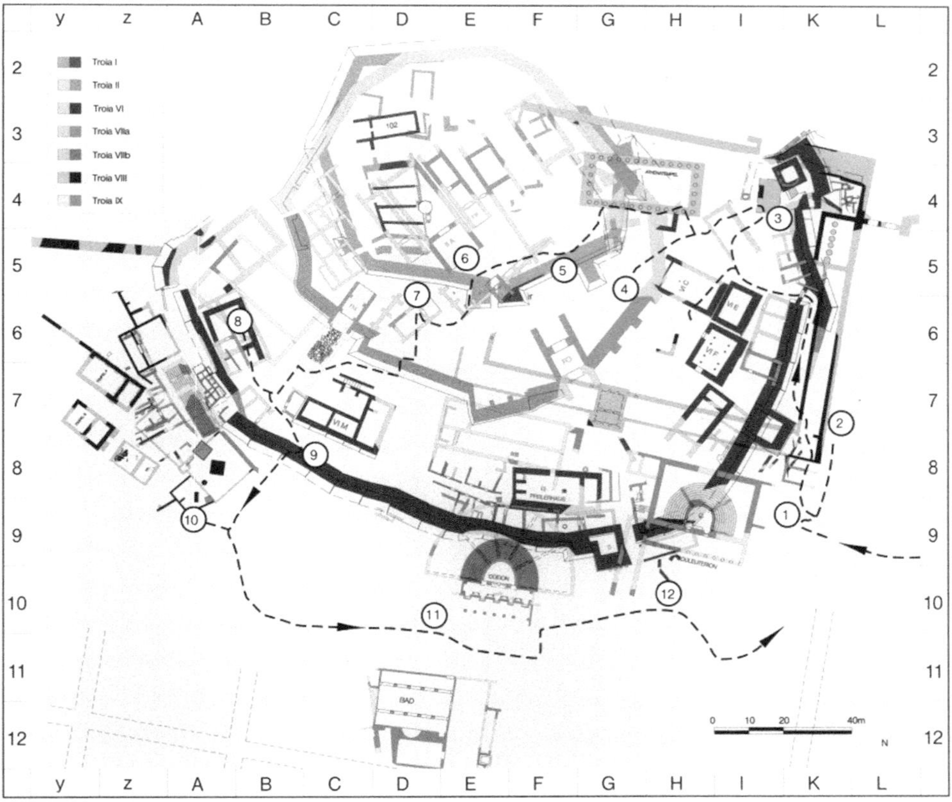

Abb. 9: Karte von Troja mit den wichtigsten Ruinen

Wer tiefer in die Siedlungsgeschichte eindringen und sich ausführlicher mit den im Gelände sichtbaren Mauerresten beschäftigen will, sei die Lektüre des von Manfred Korfmann und Dietrich Mannsperger publizierten Führers „Troia. Ein historischer Überblick und Rundgang“ (Stuttgart, Konrad Theiss Verlag 1998) empfohlen, an dessen Text inklusive Wegführung (Abb. 9) sich die folgende Kurzdarstellung weitgehend orientiert.

Der Rundgang beginnt am unteren östlichen Rand des Hügelareals (Abb. 9 Nr. 1). Die sich in Laufrichtung rechts erstreckenden architektonischen Reste (Abb. 9 Nr. 2) gehören zur äußeren Mauer eines Tempelbezirks aus der griechisch-römischen Epoche (Troja VIII/IX: 3. Jh. v. – ca. 500 n.Chr.). Dieses Areal war nahezu quadratisch und umschloss einst einen in frühhellenistischer Zeit entstandenen dorischen Tempel, der der Athena geweiht war. Hiervon blieb im Gelände jedoch nur noch wenig übrig. Unmittelbar dahinter ist die eigentliche östliche, ca. 4,5 bis 5 m starke Burgmauer von Troja zu erkennen (Abb. 10).

Abb. 10: Östliche Befestigungsmauer von Troja mit Tor

Sie stammt aus der Periode Troja VI (ca. 1700–1250 v.Chr.), die als die Zeit des von Homer geschilderten Troja gilt und mit einem verheerenden Erdbeben endete.

Die mächtige Burgmauer war ehemals wenigstens 550 m lang, wovon etwa 330 m erhalten blieben (Abb. 11).

Abb. 11: Rekonstruktionszeichnung des bronzezeitlichen Troja mit den Palästen innerhalb der befestigten Akropolis

Das hier im Osten zu sehende Mauerstück besteht aus sauber bearbeiteten Kalksteinquadern und ist an manchen Stellen gut 6 m hoch. Hierbei handelt es sich freilich nur um die untere Mauerschicht, während die obere sicherlich nochmals 3 bis 4 m hoch gewesen sein dürfte, jedoch lediglich aus Holz sowie Lehmziegel gebaut war. Im unteren Drittel der östlichen Stadtmauer fällt zunächst ein 11 m breiter und 8 m vorragender zweigeschossiger Turm ins Auge, der allerdings erst in einer späteren Phase vor die Mauer gebaut worden ist und vom zweiten Geschoss aus betretbar war. Hat man den Turm passiert und läuft die Mauer weiter in Nordrichtung entlang, so werden dem aufmerksamen Besucher auf der oberen Mauerschicht nicht die Reste kleinerer Mauern entgehen, die von Häusern der Periode Troja VII stammen. Dieses Troja ging gegen 1000 v.Chr. in einer Brandkatastrophe unter. Weiter nördlich dieses Mauerabschnitts bilden zwei sich überlappende parallele Mauerzüge einen Zugang zum Burginnern. Dieses bestand in unmittelbarer Nähe zum bisherigen Mauerabschnitt aus einzeln errichteten Gebäuden, die als Paläste (Abb. 9 VIE + VIF) bezeichnet werden und radial auf das Zentrum der gesamten Burganlage ausgerichtet waren. Das Gebäude VIF wird aufgrund der Mauertechnik an das Ende der Periode VI (ca. 1700–1250 v.Chr.) datiert. Die Außenmauern dieser einräumigen, 64 (VIE) bzw. 98 m^2 (VIF) großen Häuser sind nur gut 1 m breit. Verfolgt man nun die äußere Mauer weiter nach Norden, so erkennt man an der Nordostecke des Geländes abermals einen Turm. Die sogenannte Nordost-Bastion (Abb. 9 Nr. 3) ist die mächtigste der erhaltenen Befestigungsanlagen von Troja VI. Sie ruht auf einem quadratischen 18 x 18 m großen steinernen Unterbau, der direkt auf dem natürlichen Felsen aufliegt und heute noch 7 m hoch ist, in der Antike dürften es 9 m gewesen sein. Innerhalb der Bastion befindet sich ein ebenfalls in der Zeit von Troja VI angelegter 10 m tiefer Brunnen, den man in der darauffolgenden Phase Troja VII erneuerte. Hinter der Nordost-Bastion lässt sich im Osten noch eine auffällige Bodensenke ausmachen. Hier lag das große, wohl gut 6 000 Zuschauer fassende Theater des griechisch-römischen Troja, das allerdings nur teilweise ausgegraben werden konnte. Der Baubeginn wird allgemein in das späte 4. Jh. v.Chr. datiert. Im Jahr 85 v.Chr. dürfte es von dem römischen Feldherrn Fimbria zerstört worden sein. Kaiser Augustus ließ den Bau renovieren. In der Kaiserzeit verfügte das Theater über einen reichen Skulpturenschmuck. Während der griechisch-römischen Epoche (Troja VIII/IX) ist die Nordost-Bastion schließlich überbaut worden. Sie lag nun unterhalb der Temenosmauer des Athena-Tempel-Bezirks (Abb. 9 Nr. 4). In nächster Nähe zu den Resten der Nordost-Bastion und des Brunnens sind im Innern des Areals Fundamentreste zu sehen, die zum Altar des Athena-Tempels gehört haben müssen (Abb. 12).

Abb. 12: Rekonstruktionszeichnung des kaiserzeitlichen Troja

Weitere Kalksteinquader, die demselben Niveau angehören, können anderen kleineren Bauten sowie einzelnen Weihgeschenk- und Statuenbasen des griechisch-römischen Athena-Heiligtums zugerechnet werden. Vom

Tempel selbst blieb außer einigen Fragmenten der marmornen Ausstattung vergleichsweise wenig erhalten. Ein Teil der Baudekoration, so eine Metope mit dem wagenlenkenden Helios, wurde bereits im 19. Jahrhundert nach Berlin ins Museum verbracht. Der wahrscheinlich gegen 300 v.Chr. errichtete Tempel dorischer Ordnung ruhte einst auf einem 36 x 16 m großen Unterbau. Als Bauherr vermutet man Lysimachos, einen der Nachfolger Alexanders des Großen. Ebenso wie im Fall des Theaters scheint auch hier Kaiser Augustus eine umfassende Erneuerung veranlasst zu haben.

Etwa in der Mitte des Grabungsareals beginnt ein nach Westen sich erstreckendes Gebiet, dessen Baureste im Wesentlichen zu Troja I und II gehören. Gut sichtbar sind zunächst Reste der Befestigungsanlagen (Mauer, turmartiger Vorsprung und sog. Südtor) von Troja I (Abb. 9 Nr. 5). Der Baubeginn von Troja I ist wohl auf die letzten Jahrzehnte vor 2900 v.Chr. festzusetzen. Die Bauten saßen direkt auf dem natürlichen Felsgestein auf. Wegen der bis zu 4 m hohen Schuttschichten wird allgemein vermutet, dass die Siedlung längere Zeit Bestand hatte. Hinter der Mauer sind im Gelände recht gut Reste von mehreren parallel gebauten Langhäusern mit Vorhalle, sogenannte Megaronbauten, zu entdecken (Abb. 9 Nr. 6). Sie stammen aus der Phase Troja II. In diesem Burgareal entdeckte Schliemann zudem mehrere Schätze. Architektur und Funde bezeugen somit einen besonderen repräsentativen Charakter der Anlage, die folglich als der eigentliche Herrschersitz Trojas (sog. Palastresidenz) interpretiert werden kann. Dominiert wird der gesamte Bezirk jedoch durch einen 40 m breiten und 17 m tiefen, in nordsüdlicher Richtung verlaufenden und bis auf den natürlichen Felsen hinabreichenden Graben, der als Schliemann-Graben (Abb. 9 Nr. 7) bekannt ist, da ihn der erste Ausgräber Trojas als Suchgraben anlegen ließ, um auf diese Weise schneller auf die Burg des Priamos zu stoßen. Tatsächlich kamen in der untersten Schicht, direkt auf dem Boden, aber nur wenige Reste von Mauern zu Tage, die zu Gebäuden aus der frühen Periode von Troja I gehören und wohl unmittelbar nach dessen Gründung, d.h. gegen 2920 v.Chr. errichtet worden sind.

Als nächster Blickfang sind im Gelände eine teilweise restaurierte Rampe (Abb. 9 zwischen Nr. 7 und Nr. 8), die zu einem Tor (Abb. 9 FM) führt, und eine sich links und rechts davon erstreckende Burgmauer auszumachen. Hierbei handelt es sich um die Verteidigungsmauer von Troja II. Aus dieser Phase stammen auch die Rampe und der zugehörige Eingang. Links dieses Tores fand Schliemann den berühmten Schatz des Priamos, der ebenfalls in diese Zeitphase zu datieren ist und somit nicht dem Troja Homers zugewiesen werden kann. Diesen Irrtum von gut 1 200 Jahren Zeitunterschied musste sich Heinrich Schliemann noch in seinem letzten Lebensjahr selbst eingestehen.

Von hier aus wendet man sich nun am besten südwärts und geht direkt zum südlichen Rand der Burg von Troja VI. Im Gegensatz zu ihrem östlichen Abschnitt, der eingangs betrachtet wurde, ist hier nur die oberste Schicht der Mauer freigelegt worden. Die noch innerhalb des Burgareals befindlichen, links aufragenden 27 m langen Mauern sind als Stützmauern eines großen Hauses (sog. Palasthaus VIM) zu interpretieren, das auf der untersten Terrasse des Burghügels stand (Abb. 9 Nr. 9). Zwischen diesem Anwesen und der Burgmauer verlief eine breite Gasse. Das Haus verfügte über mehrere Räume. In einem davon wurden große tönerne Vorratsgefäße gefunden. Erhaltene Treppenstufen machen deutlich, dass es mindestens ein weiteres Geschoss gab.

Unterhalb der Burgmauer, also am äußeren südwestlichen Rand des Grabungsareals liegen im Gelände diverse Mauerreste aus der griechisch-römischen Epoche, zu denen ein kleines unmittelbar an den Weg angrenzendes Heiligtum (Abb. 9 Nr. 10) gehört, das möglicherweise bis ins 8. Jh. v.Chr. zurückreicht und noch in der römischen Kaiserzeit bestand. Bei seiner Errichtung wurde es direkt in den dort anstehenden Siedlungsschutt von Troja VII und VI hineingebaut. Die heute gut erkennbare Nordmauer stammt aus hellenistischer Zeit. Weiter sieht man Brunnen, Opfergruppen und einen großen Altar, der der von Kaiser Augustus veranlassten Neugestaltung zugerechnet wird und zu dem eine gleichzeitig zu datierende Treppenanlage gehört, die sicherlich als Zuschauertribüne bei religiösen Zeremonien genutzt worden ist.

Geht man zum Ausgangspunkt der Besichtigung zurück und bewegt sich hierbei in westöstlicher Richtung parallel zum Verlauf der Burgmauer von Troja VI, kann als nächstes am linken Wegrand das römische Odeion (Abb. 9 Nr. 11) besichtigt werden, das als überdachter Bau der Aufführung von musikalischen Veranstaltungen gedient hat. Die halbkreisförmige Orchestra (gr. ursprünglich Tanzplatz des Chores) wird von einem Bühnengebäude (an der geraden Seite) sowie den ansteigenden Sitzreihen (am Bogen) umfasst. Im Bühnengebäude (gr. Skene) stand eine überlebensgroße Statue des Kaisers Hadrian. Das Odeion ist direkt an die Burgmauer gebaut. In nördlicher Richtung, d.h. rechts des Weges, befinden sich etwas von diesem entfernt die Reste eines römischen Badehauses. Wahrscheinlich ist das gesamte Gebiet als die Agora des griechisch-römischen Troja anzusprechen. Denn nur wenige Meter (ca. 70) vom Odeion entfernt stand das Rathaus (gr. Buleuterion) der Stadt, das eine ähnliche architektonische Gestaltung aufweist (Abb. 9 Nr. 12).

Zwischen Odeion und Buleuterion konnten die Ausgräber die südliche Toranlage von Troja VI lokalisieren. Erhalten blieben hiervon allerdings nur der steinerne Pflasterbelag des Torwegs sowie die bis in eine Höhe von 2 Metern erhaltenen Mauern des etwa 10 x 9,5 m großen Südturms. Direkt links dahinter markiert ein Pfeiler die Lage eines der größten Häuser von Troja VI (sog. Pfeilerhaus). Es nahm eine Fläche von 27 x 12,5 m ein. In der Halle des sogenannten Pfeilerhauses standen zwei große namensgebende Pfeiler, die etwas Schweres trugen, entweder eine aufwändige Dachkonstruktion oder ein zweites Stockwerk.

Von hier aus kann man nun direkt zum Ausgangspunkt der Besichtigung am Nordostende des Grabungsgeländes zurückgehen oder noch einen Blick auf das Gebiet unterhalb des Hügels werfen. Hier vermutete Manfred Korfmann die Unterstadt des bronzezeitlichen Troja. Von ihm angelegte Suchschnitte erbrachten wenige Mauerreste, die ihm jedoch Anlass genug waren, von der Existenz einer ausgedehnten Unterstadt auszugehen. Seiner Meinung nach habe das bronzezeitliche Troja mindestens 200 000 m^2 Fläche umfasst und etwa 7 000 Einwohner gehabt. Damit wäre Troja nach damaligen Verhältnissen in der Tat eine Großstadt gewesen, wie es angesichts seiner geostrategischen Lage angemessen erscheint. Ob dies tatsächlich der Fall gewesen ist, lässt sich freilich erst durch eine weitere umfangreiche Grabungstätigkeit klären.

3.4 Homers Ilias – Achills unmäßiger Groll und seine Überwindung

Mit Troja ist der Name Homers untrennbar verknüpft. Der Trojanische Krieg ist Homers Krieg. Der Dichter erzählt von ihm in der Ilias. Wer Troja besucht, darf nicht versäumen, sich mit Homer und der Ilias zu beschäftigen, gleichgültig, ob Troja VI der Ort des homerischen Krieges war oder nicht. Für die Würdigung der Ilias als Dichtung ist die Frage ohne Belang. Es geht in diesem Epos um sehr viel mehr als um Krieg und Kämpfe.

Von Homer wissen wir so gut wie nichts. Wir wissen nicht, wann und wo er gelebt hat, wir kennen seinen Geburtsort nicht. Ihm wird außer der Ilias auch die jüngere Odyssee zugeschrieben, ob zu Recht, ist unsicher.

Wenn wir im Folgenden Homer als den Dichter der beiden Epen bezeichnen, so sind wir uns der Problematik durchaus bewusst.

Es spricht vieles dafür, dass die Werke um 700 v.Chr. entstanden sind, und zwar in Kleinasien, am ehesten im Grenzgebiet zwischen den ionisch und Äolisch sprechenden Griechen, weil die poetische Kunstsprache beide Dialekte nutzt.

Man nimmt an, dass sie aufgeschrieben worden sind. Im 8. Jahrhundert hatten die Griechen die Buchstabenschrift von den Phöniziern übernommen und ihrer Sprache angepasst.

Der Dichter wird wohl wie viele andere auch als *Rhapsode*, d.h. als *Vortragskünstler*, von Palast zu Palast, von Ort zu Ort gezogen sein und seine Werke vorgetragen haben.

Hómeros bedeutet der *Bürge, Geisel*. Aber das hilft uns nicht weiter. Der Dichter soll blind gewesen sein. Das ist nicht sehr wahrscheinlich, wenn man liest, wie genau er die Natur beobachtet und beschreibt. Die Antike hat sich Menschen, die den Göttern nahe standen, Seher und Wahrsager, gern als blind vorgestellt, weil sie mit ihren inneren Augen mehr sähen als die sehenden Menschen. So wird man auch über Homer gedacht haben. Vielleicht, so hat man vermutet, hat sich der Dichter in dem blinden Sänger Demodokos dargestellt, der in der Odyssee auftritt. (8, VV. 47, 62–64, 471ff.). Und schließlich: Der Dichter sagt in dem Homer zugeschriebenen Hymnos auf den Delischen Apollon (7./6. Jahrhundert v.Chr.) zu den Mädchen des Chors, wenn man sie nach ihm frage, sollten sie sagen:

> *Das ist der blinde Mann, er wohnt im felsigen Chios.*
> *Seine Gesänge bleiben immer für alle die schönsten.*
> (3, VV. 172/73).

Homer hat die Geschichte des Trojanischen Krieges sicher nicht erfunden. Er steht in einer Tradition, in der Mythen mündlich tradiert wurden. Er markiert das Ende einer Epoche und steht zugleich am Anfang einer neuen Zeit. Mit ihm beginnt die abendländische Dichtung. Er hat aus den tradierten Erzählungen eine neue Geschichte gestaltet, die die heroische Vergangenheit an den Interessen und Bedürfnissen seiner Gegenwart ausrichtet.

Dabei hat er die Ereignisse nicht, wie es sicher üblich war, am Leitfaden der Chronologie erzählt, sondern er hat sie einem Thema untergeordnet, hat sie kausal miteinander verknüpft, mit Vorverweisen, Rückblenden und zahlreichen Bezügen kunstvoll komponiert und strukturiert, er hat Szenen gestaltet. Die Personen hat er treffend und differenziert charakterisiert, ihre Taten hat er aus ihren Charakteren entwickelt.

Er greift aus dem Kampfgeschehen nur 51 Tage des zehnten, letzten Kriegsjahres heraus. Er erwähnt die Vorgeschichte – das Parisurteil, den Raub Helenas –, aber er berichtet sie nicht, ebenso wenig wird die Eroberung Trojas erzählt, obwohl das Schicksal der Stadt in dem Werk ständig präsent ist.

Das Thema ist der Groll des Achilleus, der sich so verhängnisvoll auswirkt, dass er die Gemeinschaft der vor Troja kämpfenden Griechen zu zerstören droht. Er entsteht aus einem Streit mit Agamemnon. Es geht um einen politisch-sozialen Konflikt.

> *Singe, Göttin, von dem unheilvollen Groll des*
> *Peleussohnes Achilleus, der den Achäern so viele*
> *Schmerzen zufügte, viele edle Seelen von Helden*
> *Hades vorwarf, sie selber aber den Hunden zur Beute*
> *machte und zum Fraß den Vögeln – so erfüllte*

sich der Wille des Zeus –, seitdem sich der Führer der Männer,
Atreus' Sohn, und der göttliche Held Achilleus entzweiten.
(1, VV. 1 – 7).

Menis ist das erste Wort des Proömiums: *lang anhaltender Groll.* Nicht der Krieg, ein Ereignis, ist das Thema des Werks, sondern ein innerer Vorgang, aus dem sich die Handlung entwickelt.

Der Streit hatte sich an der Verteilung der Beute, zweier Mädchen, entzündet. Achill, der tapferste Held der Griechen vor Troja, kämpfte um seine Ehre, Agamemnon, der Führer des Heeres, um die Anerkennung seiner Stellung. Grollend zog sich Achill aus dem Kampfgeschehen zurück – mit der Folge, dass viele Helden sterben mussten und ihre leblosen Körper achtlos den Tieren zum Fraß überlassen wurden. Welche Bedeutung ein Begräbnis hatte, hat Sophokles in seiner Tragödie *Antigone* (wohl 441 v.Chr. aufgeführt) eindrucksvoll vor Augen gestellt. Solange der Körper unbestattet war, fand die Seele im Hades keine Ruhe.

Mit Achills Groll und dem Leid, das er verursacht, beginnt das Epos, mit Achills Sieg über sich selbst und einer Tat der Mitmenschlichkeit endet es.

Wir werfen einen Blick auf den Schluss des Epos: Achill hat wieder in das Kampfgeschehen eingegriffen. Hektor, der Sohn des Priamos, des Königs von Troja, hat Achills treuesten Gefährten, Patroklos, getötet. Achill hat seinen Freund gerächt und Hektor besiegt.

Er bindet die Leiche an seinen Kampfwagen und schleift sie Tag für Tag um das Grab des Patroklos. Apollon bittet die Götter, dem maßlosen Treiben Einhalt zu gebieten.

Denn er misshandelt die stumme Erde mit seinem Zürnen.
(24, V. 54).

Zeus pflichtet ihm bei und gibt die Anweisungen, die das versöhnliche Ende herbeiführen. Der greise König Priamos kommt unauffällig bei Nacht in das Lager der Griechen, um die Leiche seines Sohnes auszulösen. Achilleus heißt den Bittsteller herzlich willkommen und erfüllt ihm die Bitte. (24, VV. 507ff.).

Groll und Frevel, Leid und Tod am Anfang, Versöhnung und Mitmenschlichkeit am Ende. Tote, die den Tieren zum Fraß vorgeworfen werden, am Anfang, ein Toter, der beweint und bestattet wird, am Schluss. Der letzte Vers der Ilias lautet:

So besorgten sie Hektors, des Pferdebezwingers, Bestattung.
(24, V. 804).

Am Anfang steht der Konflikt zweier Männer, zweier Achäer, die um Vorrang und Ehre kämpfen, am Schluss begegnen sich zwei Menschen, ein Achäer und ein Troer, in dem Bewusstsein, dass sie jenseits aller Feindschaft als Menschen miteinander verbunden sind.

> *So nämlich haben es die Götter den elenden Menschen*
> *zugesponnen, dass sie kummervoll leben. Sie selbst sind*
> *ohne Sorgen.* (24, VV. 525/26).

Um diese Erkenntnis geht es Apollon, wenn er in Delphi den Menschen mahnt: *Erkenne dich selbst.*

3.5 Homers Odyssee: Der Untergang Trojas

In der Odyssee geht es um die Heimkehr des Trojakämpfers Odysseus.

Die letzte Station vor seiner Ankunft in seiner Heimat Ithaka, einer kleinen Insel im Ionischen Meer, ist die Insel der Phäaken, eines Seefahrervolkes. Er wird freundlich aufgenommen. Der König gibt ihm zu Ehren ein Gastmahl. Ein blinder Sänger, Demodokos, ist unter den Gästen. Odysseus, noch unerkannt, fordert ihn auf, vom Untergang Trojas zu erzählen.

> *Da begann er zu singen, inspiriert von der Gottheit,*
> *wie die Achäer in die mit Verdecken gut gebauten*
> *Schiffe stiegen und ablegten. Vorher hatten sie ihre*
> *Hütten verbrannt. Die Männer, die der berühmte Odysseus*
> *führte, saßen, in dem hohlen Pferd verborgen,*
> *auf dem Markt der Troer. Diese hatten selbst das*
> *Pferd auf die Burg gezogen. Da stand es. Ringsum*
> *saßen die Troer, hin und her beratend. Dreifach*
> *war ihre Meinung: mit dem tödlichen Speer das hohle*
> *Holz zu durchstoßen oder das Pferd hinaufzuziehen*
> *auf den Gipfel und vom Felsen hinabzustoßen*
> *oder es als ein großes Geschenk den Göttern zu weihen.*
> *Es zu weihen, beschloss man. So sollte es geschehen.*
> *Das war nämlich der Stadt bestimmt, dass sie untergehen*
> *werde, wenn sie das große hölzerne Pferd bei sich aufnimmt.*
> *In ihm saßen alle Achäer, die als besonders*
> *tapfer galten, um den Troern den Tod zu bringen.*
> *Und es sang der Sänger weiter, wie die Achäer*
> *aus dem Leib des Pferdes strömten, wie sie den hohlen*
> *Hinterhalt verließen und wie sie die Stadt zerstörten.*
> (8, VV. 499–515).

Die Odyssee vermittelt ein anderes Bild von Tugend und Tüchtigkeit als die Ilias. An die Stelle des Kämpfers Achill ist Odysseus getreten, der sein Ziel mit List und Klugheit erreicht.

Wer die Geschichte von dem Apollonpriester Laokoon vermisst, der die Troer vergeblich warnt, sei auf den römischen Dichter Vergil (70–19 v.Chr.) verwiesen. Im 2. Buch seiner Aeneis erzählt er dessen tragisches Schicksal (VV. 40–56 und 201–231).

In dem Epos spiegelt sich die Kolonisation im westlichen Mittelmeer, die Zeit des Aufbruchs zu neuen Ufern, der Erkundung fremder und weit entfernt wohnender Völker und der Gefahren, die mit diesen mutigen Fahrten verbunden sind.

4. Kapitel

Assos

4.1 Geschichte

Die erste Siedlung ist schon im 2. Jahrtausend v.Chr. von Einheimischen, den Lelegern, gegründet worden. Den antiken Angaben über dieses Volk steht die moderne Forschung skeptisch gegenüber, ohne dass sie selbst gesicherte Aussagen machen kann.

Um 1000 v.Chr. siedelten sich Griechen aus Methymna an, einem Ort auf der nahe gelegenen Insel Lesbos. Die Polis entwickelte sich zu einem beachtlichen Handelsplatz. Sie stand wie alle kleinasiatischen Städte zunächst unter lydischer (560–547/530 v.Chr.), dann bis zur Befreiung durch Alexander den Großen 334 unter persischer Herrschaft. Im 5. Jahrhundert v.Chr. gehörte Assos dem Attisch-Delischen Seebund an. 350 v.Chr. gelang es dem Bithynier Hermeias als Tyrann von Atarneus (nördlich von Pergamon gelegen) und Assos eine gewisse Unabhängigkeit von den Persern zu erlangen. Er war in seiner Jugend Schüler in der Akademie Platons (427–347 v.Chr.) gewesen und hatte bis zum Tod des Philosophen Beziehungen zu ihm unterhalten. Nach seinem Tod lud er Aristoteles (Abb. 13) – auch er ein Schüler Platons – ein, in Assos eine Schule zu gründen. Aristoteles folgte der Einladung. Drei Jahre (347–345 v.Chr.) hat er in Assos gelehrt. Mit dem Herrscher war er freundschaftlich verbunden. Er heiratete dessen Nichte und Adoptivtochter.

Assos verlor an Bedeutung, als in der Nachbarschaft in den Jahren 310–306 v.Chr. von dem mazedonischen Diadochen Lysimachos Alexandreia Troas gegründet oder neu gegründet wurde.

241–131 v.Chr. gehörte Assos zum Pergamenischen Reich, danach wurde es eine Stadt in der römischen Provinz Asia.

Bis ins 7. Jahrhundert n.Chr. war die Stadt bewohnt. Als sie – vermutlich durch ein Erdbeben – zerstört wurde, ist sie in ein Gebiet außerhalb der antiken/byzantinischen Stadtmauer verlegt worden. Auf der Akropolis wurde ein Kastro errichtet. Der antik-byzantinische Bereich blieb unbebaut.

Erste Ausgrabungen fanden 1880–1883 unter der Ägide des Amerikanischen Archäologischen Instituts statt. Sie wurden 1980 unter türkischer Leitung wieder aufgenommen.

Wir kehren zurück zu Aristoteles, dem berühmtesten Bewohner der Stadt. Er wurde 384 v.Chr. in Stagiros auf der Halbinsel Chalkidike, einer ionischen Kolonie der Insel Andros, geboren. Stagiros wurde 349/48 von König Philipp zerstört. Nach dem auch von Aristoteles unterstützten Wiederaufbau erhielt die Stadt den Namen Stageira. Aristoteles war 367–347 v.Chr. ein Schüler Platons.

Abb. 13: Aristoteles, römische Marmorkopie nach einem frühhellenistischen Original (Wien, Kunsthistorisches Museum)

Nach seinem Aufenthalt in Assos ging er zunächst nach Mytilene, einer Stadt auf Lesbos, bevor ihn 343 v.Chr. König Philipp von Makedonien an seinen Hof nach Pella berief und ihm die Erziehung seines Sohnes Alexander anvertraute. Er blieb dort zwei Jahre. Alexanders Bewunderung für Homer geht sicher auf den Einfluss seines Lehrers zurück. 325 v.Chr. gründete Aristoteles in Athen seine eigene Philosophenschule, das Lykeion. Als ihm in der den Makedonen feindlich gesinnten Stadt nach dessen Tod ein Prozess drohte, floh er auf die Insel Euböa, auf der er 322 v.Chr. starb.

4.2 Die Ruinen der Stadt

Die baulichen Überreste des antiken Assos befinden sich unmittelbar in der Nähe der heutigen türkischen Siedlung Behramkale (Abb. 14).

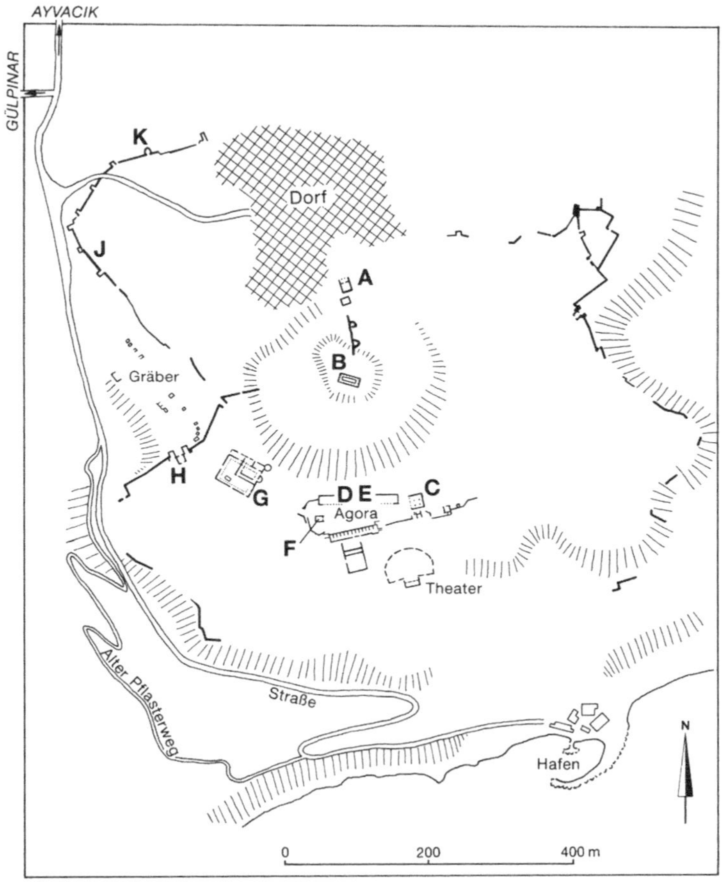

Abb. 14: Karte von Assos mit den wichtigsten Ruinen

Dominiert wird das Gelände von der größtenteils mittelalterlichen Stadtmauer und der Akropolis, die oberhalb der Ägäisküste liegt und von der aus man bei klarem Wetter die Insel der Sappho, Lesbos, sehen kann. Am Fuß des Akropolisberges erstreckt sich ein kleiner Fluss, über den eine osmanische Brücke, wohl des früheren 18. Jahrhunderts, direkt zum modernen Dorf führt. Für den Autoverkehr errichtete man daneben eine moderne Betonbrücke. Ein Parkplatz befindet sich etwas außerhalb. Nach dem Durchschreiten von Behramkale erreicht man zunächst eine sehr einfache verfallene Moschee (Abb. 14 A) aus der Regierungszeit Murats I.

(1326–1389), die somit zu den frühesten osmanischen Moscheen in der Westtürkei zählt. Erbaut wurde sie wie auch viele der Dorfhäuser hauptsächlich aus antiken und byzantinischen Spolien. Von hier aus führt der Weg weiter ansteigend zum höchsten Punkt der Akropolis. Die dabei zu passierenden eindrucksvollen Mauern und Türme entstammen dem Mittelalter und sind größtenteils stark restauriert. Auf dem Gipfel erhob sich einst der Tempel der Athena von Assos (Abb. 14 B). Erhalten blieben das Fundament und einige neuerdings wieder aufgerichtete Säulen. Andere Bauglieder liegen zerstreut im Gelände, darunter einige Triglyphen und Geisa des recht hohen Gebälkes. Der Bau ist der einzige dorische Tempel Ioniens archaischer Zeit (Abb. 15).

Abb. 15: Rekonstruktionszeichnung des Athena-Tempels von Assos

Auf einem, nur aus einer Stufe und der eigentlichen 14,03 m x 30,31 m großen Standfläche für die Säulen (gr. Stylobat) bestehenden Unterbau (gr. Krepis) erhob sich ein recht lang gestreckter Tempel, der zwar einen kleinen Vorsaal (gr. Pronaos) sowie einen Raum für das Kultbild (gr. Naos, lat. Cella), aber keinen rückwärtigen (gr. Opisthodom) besaß. Eine Besonderheit des Baus sind seine 6 x 13 relativ schlanken dorischen Säulen, die nur 16 vertikale Vertiefungen, sog. Kanneluren, aufweisen. Sie tragen die für die früharchaische Epoche typischen weitausladenden Kapitelle. Ungewöhnlich für einen dorischen Tempel ist ferner, dass das Tempelgebälk (Architrav) nicht nur wie bei dorischen Bauten üblich mit figürlich verzierten einzelnen Reliefplatten (gr. Metopen) geschmückt war, sondern zudem einen ebenfalls figürlichen Relieffries aufwies. Solche fortlaufenden Friese kommen sonst nur bei ionischen Tempeln vor. Die Kentauren- und Gelageszenen befinden sich heute in den Museen von Boston, Istanbul und Paris.

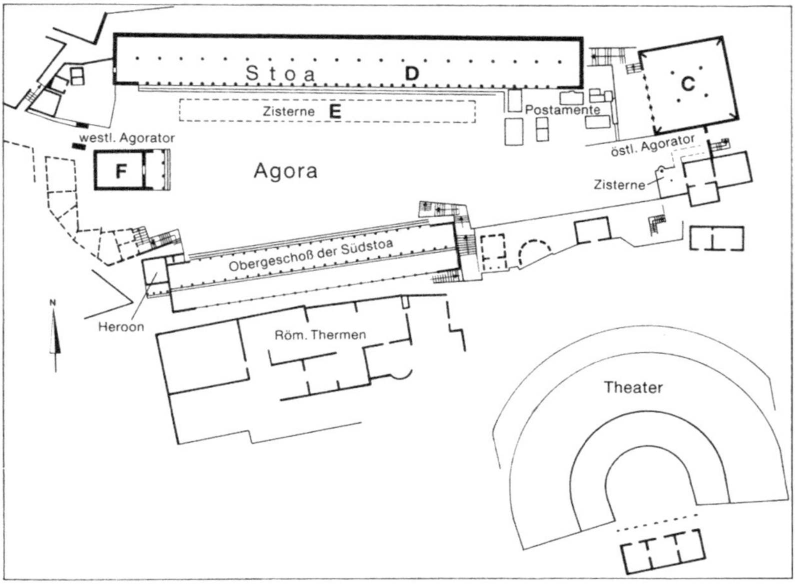

Abb. 16: Detailkarte der Agora von Assos

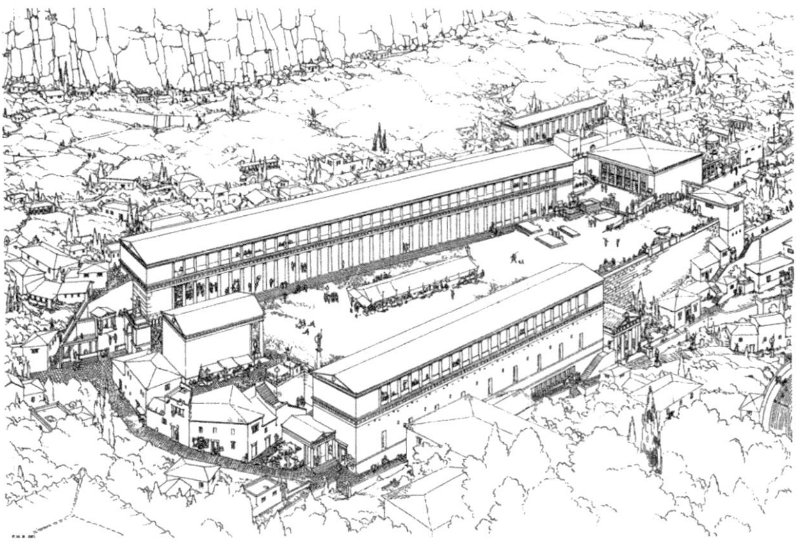

Abb. 17: Rekonstruktionszeichnung der Agora von Assos

Von der Ostseite des Akropolisfelsens führt der Weg hinab zur südlich gelegenen, eigentlichen antiken Stadt, die sich jedoch vor allem den heutigen Besuchern als ausgedehntes Trümmerfeld darbietet. Noch einigermaßen erkennbar ist die hellenistische Agora (Abb. 16, 17) aus dem 3./2. Jahrhundert v.Chr., die man, von Osten kommend, durch ein Tor betrat, das direkt neben dem Buleuterion (Abb. 14 C), dem Rathaus, lag.

Dieser quadratische Versammlungsbau besaß ansteigende Sitzstufenreihen, auf denen die Ratsmitglieder einst Platz nehmen konnten. Vier Säulen im Innern stützten das Dach, und zum Platz hin öffnete sich das Rathaus mit einer Halbsäulenfront.

An das Buleuterion schließt sich direkt am Fuß der teilweise abgearbeiteten Felswand das Fundament einer langen Halle (111,50 x 12,40 m) an, von der Teile der Rückwand stehen blieben (Abb. 14 D). Da in diesen Mauern Reste von Balkenlöchern zu erkennen sind, die eine Zwischendecke trugen, muss der Bau zweigeschossig gewesen sein. Davor sind in den Platz eingetiefte, heute offene Zisternen (Abb. 14 E) zu sehen, die in der Antike durch Bögen und Platten sicher abgedeckt waren. Dieser nördlichen Halle lag auf der Südseite der Agora ein zweites ähnliches Gebäude gegenüber, das – wie die dortigen Niveauunterschiede nahelegen – aus einem zweigeschossigen Unterbau mit zahlreichen Kammern sowie einer sich darüber erstreckenden, zur Agora hin offenen und von dort ebenerdig zu betretenden Säulenhalle bestand. Am Westende dieser Südhalle wurde in römischer Zeit ein kleiner Bau, wohl ein Heroon, angefügt. Ein etwas größerer einfacher Prostylos-Tempel (Abb. 14 F) sowie das sogenannte westliche Agorator, von denen nur die Fundamente erhalten blieben, schlossen die breitere Westseite des Platzes ab. Dahinter lagen Häuser mit Ladengeschäften und es führten Treppen sowie Gassen hinab zu den tiefer gelegenen Stadtvierteln.

Direkt unterhalb der Südhalle errichtete man in römischer Zeit eine Thermenanlage. Diese grenzte an das östlich hiervon gelegene weitgehend zerstörte Theater, das – wie bei griechischen Bauten dieser Art allgemein üblich – die natürliche Hanglage ausnutzte.

Als weiterer größerer Gebäudekomplex der antiken Stadtanlage ist das Gymnasion (Abb. 14 G) zu nennen, das in nordwestlicher Richtung etwas oberhalb der Agora liegt. Gymnasien waren insbesondere in hellenistischer Zeit wichtige Infrastrukturbauten, die den Stolz jeder Polis bildeten, galt die gymnasiale Ausbildung der jungen Männer doch als Kennzeichen des Hellenentums schlechthin. Der Unterricht umfasste neben dem athletischen Training, das letztlich der Vorbereitung für den Krieg diente, auch geistige Übungen. Ersteres fand in diesem Gymnasion auf einem 32 x 40 m großen Hof statt, während für die letzteren die den Hof umgebenden Säulenhallen und Räume gedacht waren, von denen einige freilich auch als Ankleide- und Badezimmer genutzt wurden. In die Nordostecke des Gymnasions haben später die dann christlichen Bewohner von Assos eine byzantinische Kirche eingebaut, von der wiederum fast nur Fundamentreste erhalten blieben.

Um sich in etwa die Ausdehnung der Stadt besser vorstellen zu können, empfiehlt sich abschließend ein Rundgang um die zum Teil erhaltene Stadtmauer (Abb. 14 H, J, K). Besonders sehenswert ist oberhalb des Gymnasions deren nordwestlicher Teil mit ihren insgesamt drei Öffnungen, darunter über einer Hauptstraße ein größeres Tor, das von zwei mächtigen Türmen flankiert wird (Abb. 14 H). Davor erstreckt sich eine ausgedehnte Nekropole mit zum Teil recht aufwändigen Grabbauten und einfacheren Sarkophagen, die überwiegend bereits römisch zu datieren sind.

4.3 Die Städte schützende Athene

Abb. 18: Kopf (nach römischer Marmorkopie im Museum von Bologna) der sog. Athena Lemnia (Gipsabguss Klassische Archäologie JGU Mainz)

Athene (Abb. 18) ist die Stadtgöttin von Assos, wie sie bei Homer die Stadtgöttin Trojas ist und wie sie – als Athena – die Stadtgöttin von Athen ist. Es ist anzunehmen, dass Assos Einflüsse aus Athen aufgenommen hat. Ein Homerischer Hymnos (7./6. Jahrhundert v.Chr.) ruft die Göttin an und preist sie:

Pallas Athene, die ruhmreiche Göttin, will ich besingen,
sie, die strahlende Augen hat, die erfindungsreich ist,
die sich nicht leicht erbarmen lässt, eine sittsame Jungfrau,
mutig, Beschützerin der Städte, Tritogéneia.
Er gebar sie aus seinem erhabenen Haupt, der weise
Zeus, sie trug eine golden schimmernde Rüstung. Alle
Götter erfasste Ehrfurcht, als sie die Göttin erblickten.
Aus dem unsterblichen Haupt des ägisschwingenden Vaters
sprang sie stürmisch hervor und schwang die spitze Lanze.
Furchtbar erbebte der hohe Olympos unter der Wucht der
eulenäugigen Göttin. ... (Nr. 28, VV. 1–10).

Athene ist eine der zwölf miteinander verwandten Gottheiten, die auf dem Olymp, dem Göttersitz, wohnen, dem höchsten Berg Griechenlands. Stets gerüstet, beschützt sie die Städte. Sie ist nicht nur die Patronin der kämpfenden Bürger, sondern auch des Handwerks und der spinnenden und webenden Frauen. Unter ihrem Schutz steht der Nahrung spendende Ölbaum.

Zu Ehe und Mutterschaft hat Athene als keusche Jungfrau keine Beziehung.

Sie ist gleichermaßen mit physischer Kraft und geistiger Fähigkeit ausgestattet.

Dass sie zur Tochter des Zeus geworden ist, deutet auf Ähnlichkeiten des Wesens hin. Für die Kopfgeburt hat man bisher keine allgemein anerkannte Erklärung gefunden.

Die Deutung des Beinamens Tritogéneia ist umstritten.

Die Götter sind menschengestaltig, sie denken, fühlen und handeln wie Menschen, aber sie sind unsterblich und folglich untragisch. Sie sind nicht transzendent. Sie haben die Welt nicht geschaffen, sie sind selbst geschaffen worden. Sie sind nicht ortsgebunden, aber auch nicht allgegenwärtig.

Außer der Sprache war es der gemeinsame Glaube an die Götter, der die Identität der Griechen stiftete. Obwohl die Menschen dieselben Gottheiten verehrten, blieb der Kult ortsgebunden. Jede Polis entwickelte ihre eigene Vorstellung. Außer den Orakel-, Wettkampf- und Heilstätten gab es keine die Stadtstaaten übergreifende religiöse Institution.

Man verehrte die Götter mit Gebeten und Opfern, Riten, die sich zu mehrtägigen Festen mit Prozessionen und Wettkämpfen erweitern konnten. Fromm war, wer an den Kulthandlungen teilnahm. Die Gemeinde versammelte sich um den Altar vor dem Tempel, der Tempel war die Wohnung der Gottheit, deren Anwesenheit durch das Kultbild repräsentiert oder symbolisiert wurde. Es gab kein Glaubensbekenntnis, keine Offenbarung, keine heilige Schrift. Es gab Mythen, die von der Geburt, von den Taten und Werken der Götter erzählten. In ihnen erfuhr der Mensch, dass er fehlbar und sterblich ist, dass er Bedrohungen, Gefahren und Konflikten ausgesetzt ist, und zugleich, dass die Welt, in der er lebt, ein sinnvoll geordneter Kosmos ist. Dieses Bewusstsein verdankte sich dem Glauben an die Götter, die man schon sehr bald nach Homer auch als Erscheinungsformen einer einzigen umfassenden Gottheit aufgefasst hat.

4.4 Aristoteles: Der Mensch ein *Zóon politikón*

Der Aufenthalt des Aristoteles in Assos ist ein Anlass, sein anthropologisches und staatstheoretisches Konzept kurz zu streifen. Mit dem *zóon politikón*, das den Menschen als ein auf die staatliche Gemeinschaft hin angelegtes Wesen definiert, ist ein Grundbegriff der politischen Wissenschaft geprägt worden.

In der Politeia, dem Werk über die Staatswissenschaft, heißt es:

> *Es ist offensichtlich, dass der Mensch in höherem Maß ein auf den Staat hin angelegtes Wesen ist als Bienen und jede Art von Herdentieren. Wir sind der Überzeugung, dass die Natur nichts zwecklos macht. Der Mensch ist das einzige Lebewesen, das über Sprache verfügt. Die Stimme zeigt nur Schmerz und Freude an. Deswegen verfügen auch die anderen Lebewesen über sie. ... Die Sprache dient aber dazu, sich über Nutzen und Schaden, und das heißt auch, über das Gerechte und Ungerechte zu äußern. Denn das zeichnet den Menschen vor den anderen Lebewesen aus, dass er allein eine Vorstellung von gut und schlecht, gerecht und ungerecht und den anderen Wertbegriffen hat. Die Gemeinsamkeit dieser Vorstellungen bringt die Hausgemeinschaft und auch den Staat hervor.* (1253a7–18).

Durch die Sprache hat die Natur den Menschen für ein Leben in der Gemeinschaft geschaffen. Die Sprache bewahrt ihn vor Schaden, aber sie leistet mehr: Weil er Vorstellungen über das Gerechte und Ungerechte hat, vermag er durch sie im Gedankenaustausch mit den anderen Bürgern den Staat als eine Wertegemeinschaft zu konstituieren.

Der Zweck des Staates geht über die Sicherung des Überlebens hinaus.

Der Unterschied zu unserer Auffassung ist beträchtlich:

Seit der französischen Revolution und der Aufklärung betrachten wir den Staat als ein Produkt des menschlichen Willens. Nicht der Staat ist früher als jeder einzelne von uns, sondern jeder einzelne von uns ist früher als der Staat. Nicht der Mensch steht im Dienst des Staates, sondern der Staat im Dienst des Menschen.

4.5 Theophrasts *Schwätzer*

Theophrast war gemeinsam mit Aristoteles aus Athen nach Assos gekommen. Er ist 372/71 auf der Insel Lesbos geboren, war also einige Jahre jünger als Aristoteles und sein Schüler. Nach dessen Tod hat er die Leitung seiner Philosophenschule in Athen übernommen. Er ist 85 Jahre alt geworden. Von seinen zahlreichen Werken ist nur weniges erhalten geblieben.

Aristoteles und Theophrast haben den Schritt von der Philosophie zur Fachwissenschaft vollzogen. Aristoteles hat zwei große Wissensgebiete begründet, die Logik und die Biologie. Die Arbeit an der Biologie hat er wohl in Assos gemeinsam mit seinem Schüler aufgenommen, wobei Theophrast das Gebiet der Flora bearbeitet hat. Sie haben Fakten nicht nur gesammelt, sondern auf ihre Gemeinsamkeiten untersucht. So haben sie ein Ordnungsgefüge erstellt, das durch neue Beobachtungen bestätigt oder falsifiziert werden konnte. Mit dieser Methode war der Weg der Forschung der Zukunft vorgezeichnet.

Von Theophrast besitzen wir u.a. 30 Skizzen menschlicher Typen. Er spricht von *Charakteren, Prägungen.* Er war der Erste, der diesen Begriff von Münzen auf den Menschen übertragen hat. Wir greifen das Kapitel über den *Schwätzer* heraus.

> *Geschwätz besteht darin, dass einer lange und unüberlegt daherredet. Er rückt jemandem, der ihm völlig unbekannt ist, auf die Pelle und fängt an, die eigene Frau zu loben. Dann erzählt er, was er in der Nacht geträumt hat, und berichtet detailliert, was es zu essen gab. Ist er erst in Fahrt, doziert er, wieviel verkommener die Menschen heute sind als damals in der guten alten Zeit, wie preiswert doch gerade der Weizen auf dem Markt verkauft wird, wie viele Fremde sich im Augenblick in der Stadt aufhalten. Das Meer sei seit dem Fest des Dionysos wieder schiffbar; wenn es mehr regnete, fiele auch die Ernte besser aus; er werde erst im nächsten Jahr sein Feld wieder bestellen; und überhaupt: Das Leben sei nicht leicht; Damasippos habe bei den Mysterien die größte Fackel aufgestellt. Wie viele Säulen hat eigentlich das Odeon? Gestern habe ich mich übergeben. Welches Datum haben wir heute? Die Mysterien sind im September, das Familienfest ist im Oktober, die ländlichen Dionysien werden im Dezember gefeiert.*

Wenn einer das über sich ergehen lässt, wird er ihn nie mehr los.
(Nr. 3).

Die Typenkomödie eines Menander (342–291 v.Chr.) hat viel von Theophrast profitiert, der, statt abstrakt über die Typen zu philosophieren, komische Situationen schildert, in denen sich charakteristische Verhaltensweisen zeigen. Seine Menschen haben weder Beruf noch Familie, sie sind auf ihre von der Norm abweichende Eigenschaft reduziert. Um die Norm geht es dem philosophischen Lehrer. Jede Gemeinschaft braucht Verhaltensregeln, die das Zusammenleben erträglich machen, und wer ungehemmt drauflosredet, geht anderen auf die Nerven, stößt sie ab, weckt Aggressionen. Der Mensch bedarf der Erziehung und Belehrung, damit aus ihm ein rücksichtsvoller und friedfertiger Staatsbürger wird. Theophrast will einen Beitrag dazu leisten.

4.6 Das Weltregiment des Zeus

Assos hat nicht nur berühmte Gäste aufzuweisen, sondern es kann auch mit einem berühmten Sohn aufwarten, dem Stoiker Kleanthes. Sein Geburtsjahr kennen wir nicht: ca. 331/30 v.Chr., vielleicht auch viel später. Er ist in ärmlichen Verhältnissen aufgewachsen. Sein Studium in Athen hat er sich als Tagelöhner verdient. Mit 19 Jahren trat er der Schule der Stoiker bei, 262 übernahm er deren Leitung. Um 232/31 ist er durch Freitod aus dem Leben geschieden. Er hat viele Schriften verfasst, dabei hat er sich gern poetischer Formen bedient. Am bekanntesten ist sein Hymnos auf Zeus.

Zeus, erhabenster der unsterblichen Götter, der du
ewig alles beherrschst, mit vielen Namen genannt wirst,
alles steuerst mit dem Gesetz, die Natur in Bewegung
hälst, sei gegrüßt. Denn allen Menschen ist es erlaubt, dich
anzureden. Stammen sie doch alle von dir ab. ...
Dieser ganze Kosmos, der sich um die Erde
dreht, er folgt dir, wohin du ihn führst, und er fügt sich
deiner Macht. ...
Ohne dich, du göttliches Wesen, geschieht auf der Erde
nichts und im Meer nicht und nicht im göttlichen Himmel
außer dem, was schlechte Menschen tun in ihrem
Unverstand. Du weißt jedoch, dem Übermaß ein
Maß zu setzen, Ungeordnetes zu ordnen,
Ungeliebtes ist dir lieb. Das Gute und Schlechte
hast du zu Einem zusammengefügt, so dass alles in der
einen Vernunft, die niemals vergeht, vereint ist. Schlechte

Menschen fliehen vor dir, die Armen, die stets nur nach Gütern streben und Gottes allgemeines Gesetz nicht sehen und nicht hören. Würden sie ihm gehorchen, dann könnten sie ein vernünftiges und ein glückliches Leben führen ... Aber du, Zeus, alles Schenkender, Wolkenumhüllter, hell in Blitzen Leuchtender, rette die Menschen von der Torheit, verscheuche die Torheit aus ihren Seelen, Erkenntnis schenke ihnen, mit der du gerecht alles steuerst, damit wir Ehre erlangen und dir als Antwort mit Ehren begegnen, deine Werke ständig besingen, wie es sich für Sterbliche ziemt. Denn weder für Menschen noch für Götter kann es eine größere Ehre geben, als das allgemeine Gesetz gerecht und ewig zu preisen.

Der Hymnus knüpft an die traditionelle Religion an. Der Zeus, der gepriesen wird, ist jedoch nicht der olympische *Vater der Götter und Menschen*, sondern er ist eine stoische Metapher für ein allgemeines und umfassendes Weltgesetz. Er ist ein vernünftiges und zugleich aktives Prinzip. Die von ihm beherrschte Weltordnung hat nur einen Makel: die schlechten Menschen, die sich dem Weltenlauf nicht willig einfügen, sondern nach Besitz, Ehre und Lust gieren. Sie sind der Anlass des Gebets. Sie stören zwar die göttliche Ordnung nicht, aber sie stürzen sich in ihrer Torheit selbst ins Unglück. Kleanthes bittet um ihre Rettung, um die rechte Erkenntnis.

Der Hymnos ist eine Theodizee: Gott ist unschuldig, der Mensch ist schuldig.

Der stoische Zeus ist nicht der christliche gnädige Gott, der sich dem Menschen in Liebe zuwendet. Er ist Geist, Vernunft, Logos. Nicht als seine Geschöpfe, sondern als denkende Wesen sind wir mit ihm verwandt. In der rechten Erkenntnis besteht der Weg zum Glück, zu einem gelingenden Leben.

Um 300 v.Chr. war die stoische Philosophenschule in Athen gegründet worden. Ihr Hauptinteresse galt der praktischen Lebensführung. Angesichts der Unsicherheit der Zeiten empfahl sie im Vertrauen auf den alles lenkenden und ordnenden, Sinn stiftenden Zeus Gelassenheit, ein unaufgeregtes Leben. Ein guter Rat auch für uns.

4.7 Die Hilfe gewährende Aphrodite

Abb. 19: Aphrodite von Melos (Venus von Milo) im Pariser Louvre (Gipsabguss Klassische Archäologie JGU Mainz)

Wer in Assos hoch oben auf den Stufen des Athena-Tempels steht, erblickt im Westen in geringer Entfernung die Insel Lesbos. Hier hat um 600 v.Chr. die Dichterin Sappho gelebt, hier hat sie einen Kreis junger Mädchen um sich geschart und auf die Ehe vorbereitet. Das einzige vollständige von ihr erhaltene Gedicht ist ein Gebetshymnos. Man sollte sich die Zeit nehmen, ihn zu lesen, es lohnt.

Auf buntem Thron, unsterbliche Göttin,
Aphrodite, listenreiches Kind des Zeus,
ich flehe zu dir, lähme mir nicht mit Schmerz
und mit Qual das Herz,
sondern komm her, wenn du auch sonst mein Rufen
in der Ferne vernommen und erhört hast
und, des Vaters goldenes Haus verlassend,
mir erschienen bist.

Den Wagen zogen schöne
schnelle Vögel hin über die schwarze
Erde mit raschem Flügelschlag vom Himmel
herab durch die Luft.
Plötzlich waren sie da, und du, Selige,
fragtest mich, lächelnd mit göttlichem Antlitz,
was ich schon wieder leide und warum ich
wiederum rufe,
was ich mir in rasendem Sinn am meisten
von dir wünsche, dass du es gewährst: „In wem soll Peitho
Liebe zu dir entfachen, wer, Sappho,
tut dir ein Leid an?
Flieht sie vor dir, schnell wird sie dich verfolgen,
nimmt sie kein Geschenk, schnell wird sie dich beschenken,
liebt sie dich jetzt nicht, schnell wird sie dich lieben,
auch wenn sie nicht will.“
Komm auch jetzt her, erlöse mich von schwerem
Kummer. Was ich in meinem Herzen von dir wünsche,
dass du es vollendest, vollend es, und sei
mir eine Kampfgenossin. (Diehl 1).

Für die Dichterin ist die Göttin (Abb. 19, S. 76) kein abstraktes Prinzip, sondern ein lebendiges und mitfühlendes Gegenüber.

Sappho bittet um Hilfe, und der Bitte wird Erfüllung verheißen. Das Liebeswerben wird dank Peitho, der Göttin der Überredung, eine magische Kraft entfalten, der die Geliebte sich nicht wird entziehen können. Den Namen der Geliebten erfahren wir nicht.

Selten hat in der Antike die Beziehung zwischen Mensch und Gottheit eine so persönliche Form angenommen.

Resümee

Wer sich in Assos auf die Texte der antiken Literatur einlässt, durchwandert einen weiten Weg. Er erfährt, wie Menschen in ganz unterschiedlicher Weise den Gottheiten begegnen. Die Stadtgöttin Athene erscheint im Hymnos in hoheitlicher Distanz, die Liebesgöttin Aphrodite im Gebet als persönlich ersehnte Helferin, Zeus in philosophischer Reflexion als das Vernunftprinzip, das die Welt lenkt.

Aristoteles und Theophrast sind Denker, die den Blick auf den Menschen richten, auf sein Verhältnis zum Staat der eine, auf seine Mitmenschen der andere, in ernstem Diskurs der eine, in heiteren Szenen der andere.

5. Kapitel

Pergamon

5.1 Der Gründungsmythos: Die Geschichte des Telephos

Telephos war ein Sohn des Herakles und ein Enkel des Zeus. Seine Mutter war Auge. Von ihrem Schicksal berichtet ein Mythos folgendes:

Ein Orakel weissagte Aleos, dem König von Tegea in der Peloponnes und Vater der Auge, sein Enkel werde seine beiden Söhne töten. Daraufhin bestimmte Aleos seine Tochter zur Priesterin der Athena. Damit verpflichtete er sie zur Keuschheit. Als Auge trotzdem Telephos gebar, ließ er seine Tochter im Meer aussetzen. Es gelang ihr, ihren Sohn noch rechtzeitig im Gebirge in Sicherheit zu bringen. Athena rettete sie, indem sie das Boot in Mysien anlanden ließ. Mysiens König Teuthras nahm die Gestrandete freundlich auf.

Auch Telephos überlebte. Herangewachsen, erfüllte er das Orakel und verließ seine Heimatstadt Tegea. Schließlich gelangte er ebenfalls nach Mysien. Als Dank für treue Dienste bot ihm der König Agaue als Gemahlin und zugleich seine Nachfolge als Herrscher über Mysien an.

Durch die Erscheinung der heiligen Schlange erkannten sich Mutter und Sohn noch rechtzeitig.

Als König gründete Telephos Pergamon. Das Königsgeschlecht der Attaliden hat in Telephos seinen Ahnherrn gesehen (Abb. 20, S. 78).
Im Fortgang der Erzählung stellt der Mythos auch eine Verbindung zu den gegen Troja zu Felde ziehenden Achäern her.

Dieser Mythos ist an den Innenseiten der Hallenwände des Zeusaltars dargestellt.

Außen, dem Betrachter zugewandt, tobt der Kampf der Götter gegen die Giganten, der Ordnung gegen das Chaos, derer, die die griechische Kultur symbolisieren, gegen die, die das Barbarentum verkörpern. Eine Verbindung vom Innen- zum Außenfries stellt die Gestalt des Herakles her.

Der Mythos sagt über die Geschichte nichts Präzises aus. Er suggeriert eine friedliche Landnahme von Siedlern aus der Peloponnes und verbindet Pergamon mit der griechischen Welt und Kultur.

Ein anderer Mythos führt die Gründung der Stadt auf Pergamos zurück, einen Sohn der Andromache, der Witwe Hektors, des tapfersten trojanischen Helden. Mit ihm wollte man sich des Wohlwollens der Römer versichern, als deren Ahnherr Aeneas verehrt wurde, ein Troer und Verwandter der Andromache. Troja verband Pergamon mit Rom.

Abb. 20: Bau des Bootes für Auge, Platte vom Telephosfries (Berlin, Pergamonmuseum)

König Eumenes II. (197–159 v.Chr.) bevorzugte, als er sich von den Römern verraten fühlte, Telephos als Stadtgründer, weil die Römer sich, als ihnen Pergamon zu mächtig geworden war, zeitweilig mit den Galatern gegen Pergamon verbündeten.

5.2 Geschichte

5.2.1 Von den Anfängen bis zu den Attaliden: Wechselnde Fremdherrschaften

Pergamon ist ein vorgriechisches Wort. Es bedeutet *Burg.*

Siedlungsspuren reichen im Kaikostal bis ins 2. Jahrtausend v.Chr. zurück.

Im 1. Jahrtausend v.Chr. wanderten Thrako-Phryger ein, im 8./7. Jahrhundert griechische Äoler. Spätestens jetzt wurde Pergamons Burgberg von Einheimischen und Griechen besiedelt. Die Griechen bildeten die Oberschicht. Sie unterhielten enge Beziehungen zu Lydien und zu den Städten an der Küste.

Nacheinander stand Pergamon unter der Herrschaft der Phryger, Lyder und Perser. Die Nachrichten aus dieser Zeit sind spärlich.

Von Xenophon (430/425–355 v.Chr.) erfahren wir, dass 401 v.Chr. die Witwe eines Griechen aus Eretria (Euböa) über Pergamon und das Umland herrschte. Der Großkönig hatte ihren Mann aus Dankbarkeit für seine Unterstützung in den Perserkriegen mit der Herrschaft betraut. Wir entnehmen dem Bericht, dass die Perser sich als Gutsbesitzer hauptsächlich auf dem Land angesiedelt hatten und über beträchtlichen Reichtum verfügten, dass die Einheimischen das Gros der Bevölkerung stellten und die Griechen zwar nur eine schmale Oberschicht bildeten, aber großen Einfluss auf die Religion und Kultur ausübten. Dass das Verhältnis zwischen Griechen und Persern gespannt war, erstaunt nicht. (Anabasis, 7,8,8–10).

Als 386 v.Chr. der Antalkidasfrieden zwischen Griechenland und Persien geschlossen wurde und die Perser ihre Macht in Kleinasien wieder ungehindert ausüben konnten, vertrieben sie die Griechen und mit ihnen einen großen Teil der Bevölkerung.

In der Mitte des 4. Jahrhunderts wanderten neue griechische Siedler ein.

Nach dem Sieg Alexanders des Großen 334 am Granikos kam Pergamon unter makedonische Herrschaft. Der Prozess der Hellenisierung wurde verstärkt.

Eine Blütezeit setzte ein, als 281 v.Chr. die Attaliden die Verantwortung für die Stadt übernahmen. Die Dynastie regierte bis 133 v.Chr.

5.2.2 Die Attaliden: Eine Blütezeit der Kultur

Der erste Attalide, Philetairos (281–263), erkannte noch die Vorherrschaft der Seleukiden an, sein Nachfolger, Neffe und Adoptivsohn, Eumenes I. (263–241), löste sich von ihr. Attalos I. (241–197) schmückte sich mit dem Königstitel und begründete einen Herrscherkult, in dem die Könige zwar noch nicht zu Lebzeiten, wohl aber nach ihrem Tod als Götter verehrt wurden. Er verknüpfte Pergamons Außenpolitik eng mit Rom, eine Orientierung, von der keiner seiner Nachfolger abwich. Mit Eumenes II. (197–159) und Attalos II. (159–138) begann eine Politik der ständigen Expansion.

Die Stadt Pergamon entwickelte sich zu einem Zentrum der Kunst und Kultur. Um 170 wurde mit dem Bau des Zeusaltars (Abb. 21) begonnen, und die Bibliothek, die schon früher (ca. 200) gegründet worden war, wurde erweitert. Sie soll ca. 200 000 Buchrollen besessen haben. Die Herstellung eines Schreibmaterials aus Tierhaut soll forciert worden sein, als Alexandreia die Ausfuhr von Papyrus stoppte, um der Konkurrenz zu schaden. Die Römer prägten den Begriff *membrana Pergamena, Häute aus Pergamon.*

Abb. 21: Athena im Gigantenkampf, Fries des sog. Pergamonaltars im Berliner Pergamonmuseum (Gipsabguss Klassische Archäologie JGU Mainz)

Krates aus Mallos in Kilikien (geb. ca. 200 v.Chr.) war einer der zahlreichen Gelehrten, die am pergamenischen Hof tätig waren. Er war ein Stoiker, arbeitete auf dem Gebiet der Sprachwissenschaft, schrieb Kommentare zu den Werken Homers und erläuterte an Hand eines Globus die Kugelgestalt der Erde. Sein Schüler war Panaitios aus Rhodos (ca. 180–110 v.Chr.), auch er ein Stoiker. Er übte starken Einfluss auf die römischen Eliten aus.

Die Wirtschaft nahm einen Aufschwung. Quelle des Wohlstands waren die großen Waldbestände, aus denen Holz, Teer, Harz und Holzkohle gewonnen wurden, die Bienenzucht, die Tierhaltung und der Getreideanbau. In Bergwerken wurden Kupfer und Silber gewonnen.

In der auswärtigen Kulturpolitik wetteiferte Pergamon mit Alexandreia und Antiochia. An vielen Orten stifteten die Könige monumentale Bauwerke: In Delphi ließ Attalos I. eine Terrasse mit einer Halle errichten, in Milet Eumenes II. ein Gymnasium und ein Stadion für 15 000 Zuschauer. In Athen zeugten die Eumenes-Halle sowie die zweigeschossige, von Attalos II. errichtete Stoa von den engen Beziehungen, die Pergamon zu der Stadt unterhielt. Beide Bauwerke waren so platziert, dass sie das Stadtbild stark prägten. Vor der Attalos-Stoa stand eine Bronzestatue des Königs auf einer Quadriga. Die Pergamener hatten den Ehrgeiz, als Sieger über die Galater ebenso geehrt zu werden wie die Athener als Sieger über die Perser. Auf der Akropolis ließen sie ein Denkmal aufstellen, das ihre Leistungen verherrlichte.

Auch kleinere Orte profitierten von dem Geltungsdrang der Attaliden, die in der griechischen Welt als Wohltäter präsent sein und gefeiert werden wollten.

Eumenes II. gründete zahlreiche Städte, unter ihnen Attaleia (heute Antalya) und Hierapolis (heute Pamukkale).

5.2.3 Die Herrschaft der Römer: Niedergang und neuer Aufschwung

Attalos III. hatte keinen Nachfolger. Er vermachte 133 v.Chr. das Reich testamentarisch Rom. Er wusste wohl, dass es seine Selbstständigkeit gegenüber den Seleukiden auf der einen, den Römern auf der anderen Seite auf die Dauer nicht würde bewahren können.

Nachdem ein Usurpator, Aristoboulos aus Ephesos, der sich als ein Sohn des Eumenes II. ausgab, besiegt worden war (129), wurde das Pergamenische Reich als Provinz Asia Teil des Römischen Reichs. Pergamon wurde, dem Willen des Erblassers entsprechend, zur freien Stadt erklärt. Sitz des Statthalters wurde Ephesos, Pergamon war eine Bezirkshauptstadt, in der der Statthalter oder sein Vertreter einmal im Jahr Recht sprachen.

Wie in allen Provinzen wurde auch in Asia die römische Herrschaft mehr und mehr als Last empfunden. Der Königsschatz war nach Rom verschleppt worden, und die Steuerpächter legten es darauf an, die Menschen auszubeuten. Die Pergamener kamen dabei noch gut weg, weil sie das Privileg einer freien Stadt genossen.

Als 89 v.Chr. Mithridates VI., der König von Pontus, die Provinz überfiel, hieß man ihn als Retter stürmisch willkommen. Seinem im Jahre 88 erlassenen Befehl, alle Römer und Italiker zu töten, sollen mindestens 80 000 Männer, Frauen und Kinder zum Opfer gefallen sein. Vier Jahre währte sein Schreckensregiment. 85 schloss er mit Rom Frieden. Der römische Feldherr und Sieger, L. Cornelius Sulla (Konsul 88), stellte die Ordnung wieder her. Pergamon verlor seine Privilegien. Über die Maßnahmen Sullas berichtet der aus Chaironeia stammende Grieche Plutarch (ca. 45–nach 120 n.Chr.) Folgendes:

> *Sulla legte ganz Asien eine Geldstrafe von 2000 Talenten* (ca. 4000 kg. Silber) *auf, außerdem richtete er noch fast jedes Haus durch den Übermut und die Habsucht der einquartierten Soldaten zugrunde. Denn er erließ den Befehl, dass der Wirt dem bei ihm einquartierten Soldaten täglich 16 Drachmen bezahlen müsse und dass er nicht nur ihn, sondern auch seine Kameraden, so viele er auch einlade, zu bewirten habe. Ein Hauptmann (Centurio) musste täglich 50 Drachmen bekommen und*

noch zwei Kleidungsstücke, eines für zuhause, das andere für den Ausgang.

(Kap. 25; Übers.: nach Friedrich Kaltwasser).

Es bedurfte noch zweier weiterer Siege, bis Mithridates von Cn. Pompeius (106–48 v.Chr.) im Jahr 64 endgültig besiegt wurde. Er beging ein Jahr später Selbstmord.

In der Zeit der römischen Bürgerkriege (49–31 v.Chr.) wurde Pergamon immer wieder geschröpft. Am schmerzlichsten traf es die Pergamener, dass Marc Anton seiner Geliebten, der Pharaonin Kleopatra, die wertvollen Buchbestände der Bibliothek zum Geschenk gemacht hat. Ob sie je nach Alexandreia gelangten, ist nicht bekannt.

Mit dem Sieg Octavians über Marc Anton bei Actium 31 v.Chr. begann für Pergamon eine Zeit der Ruhe, des Friedens und des wirtschaftlichen Aufschwungs. Die Provinzverwaltung wurde neu geordnet. Asia wurde künftig als senatorische Provinz von einem Prokonsul verwaltet. Sie galt als befriedet und bedurfte keines großen Truppenkontingents.

Auf Bitten der *Gemeinschaft der Griechen Asiens* – dem von einem *Asiarchen* geleiteten Landtag – gestattete der Kaiser, dass für die Provinz Asia in Pergamon ein Tempel errichtet wurde, in dem er gemeinsam mit der vergöttlichten Roma verehrt wurde. Die Verleihung der *Neokorie* war eine große Ehre, um die unter den Städten ein eifriger Wettstreit entbrannte. Der Kaiserkult war ein wichtiges Band zwischen Rom und den Provinzen. Als sich Augustus 20 v.Chr. in Pergamon aufhielt, wurde er als *Wohltäter und Gründer* verehrt.

Nicht alle Kaiser waren Pergamon wohlgesinnt. Nero (54–68 n.Chr.) machte sich verhasst, als er zur Verschönerung seines Palastes in Rom wertvolle Denkmäler konfiszieren und abtransportieren ließ.

Das blieb zum Glück ein Einzelfall.

Domitian (81–96) ließ das im 4. Jahrhundert v.Chr. gegründete Asklepiosheiligtum wieder herrichten und leitete damit die Entwicklung Pergamons zu einem beliebten und vielbesuchten Kurort ein.

Im 2. Jahrhundert n.Chr. erlebte die Stadt erneut eine Blütezeit. Pergamener machten in Rom Karriere und erwiesen sich als großzügige Wohltäter ihrer Heimatstadt. Sie knüpften damit an die Tradition der Attaliden an. Einer von ihnen war Antius Aulus Julius Quadratus. Er war zweimal Konsul, 94 und 105, und wurde schließlich Statthalter der Provinz Asia. Unter anderem begründete und finanzierte er Spiele, als Trajan (98–117) begann, auf dem Gipfel des Burgbergs eine Terrasse anzulegen und darauf einen Tempel – das sog. *Trajaneum* – zu errichten, in dem er gemeinsam mit Zeus Philios, *dem Freundlichen Zeus*, verehrt werden sollte. Trajan nannte Quadratus *amicus, seinen Freund*, und die Stadt ehrte ihn mit Statuen und Ehreninschriften. Der Tempel wurde von Trajans

Nachfolger, Hadrian (117–138), fertiggestellt, dessen Statue neben denen des Trajan und des Zeus ihren Platz fand.

Mit dem Trajans-Tempel verfügte Pergamon über eine zweite *Neokorie.* Wenig später wurde diese Ehre auch den Städten Ephesos und Smyrna zuteil. Es gelang Pergamon weder jetzt noch später, Ephesos den ersten Rang streitig zu machen.

Die Stadt glich damals, im 2. Jahrhundert n.Chr., einer großen Baustelle: Ein Heiligtum der ägyptischen Gottheiten, ein Stadion, ein Amphitheater, ein Odeon, ein Theater und Thermen wurden in der Unterstadt erbaut. Nun brauchte man nicht länger auf das Vergnügen von Pferderennen, Tierhetzen und Gladiatorenspielen zu verzichten. Neue Aquädukte versorgten die Stadt mit großen Mengen frischen Wassers.

Die Unterstadt trat nicht an die Stelle der hellenistischen Stadt, sie erweiterte sie.

Mit Aelius Aristides (117–ca. 185) brachte Pergamon einen bedeutenden Redner hervor, der mehrfach im Asklepieion Heilung suchte. Zahlreiche Reden sind von ihm erhalten.

Man schätzt die Einwohnerzahl der Stadt auf ca. 40 000. Sie nannte sich *Metropolis.*

Bevor im 3. Jahrhundert n.Chr. der wirtschaftliche Niedergang begann, durfte unter dem Kaiser Caracalla (211–217) noch ein dritter Tempel für den Kaiserkult errichtet werden.

5.2.4 Die christliche Gemeinde: Die Glaubensstärke der Märtyrer

Als Kaiser Theodosius I. 391/92 n.Chr. die heidnischen Kulte verbot, gab es in Pergamon eine große christliche Gemeinde. Schon im 1. Jahrhundert n.Chr. hatte sich der palästinensische Judenchrist und Wanderprediger Johannes in der *Offenbarung des Johannes,* einer vermutlich in der Regierungszeit des Kaisers Domitian (81–96 n.Chr.) auf der Insel Patmos verfassten Schrift, an die Christen in den kleinasiatischen Städten gewandt. An die Gemeinde in Pergamon schrieb er:

> *Das sagt, der da hat das scharfe, zweischneidige Schwert:*
> *Ich weiß, wo du wohnst: da, wo der Thron Satans ist; und du hältst an meinem Namen fest und hast den Glauben an mich nicht verleugnet, auch nicht in den Tagen, als Antipas, mein treuer Zeuge, bei euch getötet wurde, da, wo der Satan wohnt.*
> *Aber einiges habe ich gegen dich: du hast Leute dort, die sich an die Lehre Bileams halten, der den Balak lehrte, die Israeliten zu verführen, vom Götzenopfer zu essen und Hurerei zu treiben.*

So hast du auch Leute, die sich in gleicher Weise an die Lehre der Nikolaiden halten.
Tue Buße; wenn aber nicht, so werde ich bald über dich kommen und gegen sie streiten mit dem Schwert meines Mundes.
Wer Ohren hat, der höre, was der Geist den Gemeinden sagt!
Wer überwindet, dem will ich geben von dem verborgenen Manna und will ihm geben einen weißen Stein, und auf dem Stein ist ein Name geschrieben, den niemand kennt als der, der ihn empfängt.

(Kap. 2, 12–17; Übers.: Martin Luther).

Als *Thron Satans* wird vermutlich der große Zeusaltar bezeichnet, vielleicht aber auch eine Einrichtung des Kaiserkults. Antipas war der erste Märtyrer in der Provinz Asia.

Die Kirche ringt um ihre Einheit. Johannes droht denen, die nicht auf ihn hören, und eröffnet den Gläubigen eine eschatologische Perspektive.

Aus den Märtyrerakten erfahren wir, dass in der Zeit des Kaisers Marc Aurel (161–180) oder des Decius (249–251) zwei Christen und eine Christin aus Pergamon den Märtyrertod erlitten: Karpos, Papylos und Agathonike.

Den Berichten über Märtyrer und Märtyrerinnen – auch Frauen und Sklaven starben für ihren Glauben – lagen wohl amtliche Protokolle zugrunde. Diese Aufzeichnungen wurden von den Christen bearbeitet, verbreitet und in den Gemeinden im Gottesdienst verlesen. Der Mut und die Glaubensstärke der beiden Pergamener und der Pergamenerin wurden noch Jahrhunderte später bewundert. Die Mutter des Kaisers Konstantin, Helena, soll ihnen eine Kirche in Konstantinopel geweiht haben.

Der Bischof Karpos und der Diakon Papylos wurden im Amphitheater bei lebendigem Leib verbrannt.

Eine gewisse Agathonike war da (unter den Zuschauern) und sah die Herrlichkeit des Herrn, die Karpos, wie er sagte, gesehen habe; und sie erkannte die himmlische Berufung. Sie erhob ihre Stimme: „Dieses Mahl ist für mich bereitet. Ich muss an dem herrlichen Mahl teilhaben und essen."
Das Volk rief: „Hab Erbarmen mit deinem Sohn."
Die selige Agathonike sprach: „Er hat Gott, der es vermag, sich seiner zu erbarmen; denn er ist es, der sich um alle sorgt. Ich aber, wozu bin ich da?"
Sie zog ihr Gewand aus und ließ sich an das Holz binden. Die es sahen, weinten und sagten: „Schlimm ist das Urteil, und ungerecht sind die Anordnungen."
Als sie aufgerichtet wurde und die Flamme sie ergriff, rief sie dreimal:

„Herr, Herr, Herr, steh mir bei, denn bei dir habe ich Zuflucht gesucht."
Und so gab sie den Geist auf und starb in der Gemeinschaft der Heiligen. Ihre sterblichen Überreste trugen die Christen heimlich fort und bewahrten sie auf zum Ruhme Christi und zum Preis seiner Märtyrer; denn ihm gebührt die Ehre und die Kraft, dem Vater und dem Sohn und dem Heiligen Geist, jetzt und immer und von Ewigkeit zu Ewigkeit.

(Eusebius, historia ecclesiastica, 5,1;
zitiert bei G. Ruhbach, a.a.O., S. 8–11).

Das Martyrium bedeutete für die Christen keine Demütigung und Niederlage, sondern im Gegenteil Sieg und Triumph.

Im 5. Jahrhundert n.Chr. verfügte die Gemeinde über vier Kirchen, deren eine den gesamten Raum des Heiligtums der ägyptischen Götter, der sog. *Roten Halle*, einnahm.

Unter dem Kaiser Justinian (527–565) wurden die paganen Heiligtümer zerstört. Christen verfolgten die Heiden, ganz und gar nicht zum Ruhm und zur Ehre des Christentums.

Als im 7. Jahrhundert ein Angriff der Araber drohte, hat man um den Burgberg eine Schutzmauer errichtet, in die unter anderem auch der Zeusaltar verbaut wurde.

5.2.5 Aufstieg aus Ruinen

Im 14. Jahrhundert wurde die Stadt ein Teil des Osmanischen Reiches. Hatten sich die Bewohner in der byzantinischen Zeit auf den Burgberg zurückgezogen und sich hinter immer neuen Mauern verschanzt, so siedelten sie sich nun in der Ebene an, die Bauten auf dem verlassenen Burgberg dienten als Steinbruch. Metall wurde herausgebrochen, Marmor zu Kalk gebrannt. Der Ort, der nun *Bergama* hieß, war nur noch ein Dorf und lag auf dem Gebiet der Unterstadt. Zum Glück wurde der Burgberg nicht überbaut.

Carl Humann (1839–1896) – er stammte aus Essen und war im Osmanischen Reich als Bauingenieur tätig – war von der türkischen Regierung beauftragt worden, Vermessungsarbeiten in der Gegend durchzuführen (Abb. 22). Diese Tätigkeit führte ihn 1864 nach Bergama.

Abb. 22: Carl Humann

1878 begannen mit Genehmigung des türkischen Unterrichts- und Kultusministers die offiziellen Grabungen unter Humanns Leitung. Er war im Auftrag der Berliner Museen tätig. Die Arbeiten wurden auch nach seinem Tod fortgeführt, seit 1937 unter der Ägide des Deutschen Archäologischen Instituts. Sie dauern mit Unterbrechungen (1938–1955) bis heute an. 1967 wurden die sterblichen Überreste des ersten Ausgräbers nach Pergamon überführt und in der Nähe des Platzes, auf dem der Zeusaltar stand, beigesetzt. Es ist Humanns Verdienst, dass der Altar entdeckt, ausgegraben und vor der Vernichtung bewahrt worden ist. Da der Reichskanzler Otto v. Bismarck auf dem Berliner Kongress 1878 den drohenden Zerfall der europäischen Türkei verhindert hat, verzichtete Sultan Abdulhamid II. im Gegenzug auf die in der Residenz der Attaliden zu erwartenden Funde (FAZ v. 7.12.2003). Nach einer anderen Überlieferung sei zwischen der Türkei und Deutschland Fundteilung vereinbart worden, die Türkei habe aber ihren Anteil an Deutschland verkauft. Wie auch immer: Wir dürfen das bedeutende Kunstwerk des Hellenismus ohne schlechtes Gewissen in Berlin bewundern.

Im Juni 2014 sind *Pergamon und seine vielschichtige Kulturlandschaft* zum 999. Weltkulturerbe erklärt worden.

5.3 Rundgänge

5.3.1 Die Stadt und ihre Architektur

Pergamon, das heutige Bergama, gehört in strengem Sinn nicht zu den alten bedeutenden Griechenstädten an der Westküste Kleinasiens. Zum einen lag Pergamon auch schon in der Antike weit vom Meer entfernt in einem Tal des Flusses Kaïkos, besaß also im Gegensatz zu Troja, Assos, Ephesos, Priene, Milet und Halikarnassos keinen eigenen, direkten Zugang zum Meer, und zum anderen spielte die Stadt in archaischer und klassischer Zeit keine Rolle im kulturellen Konzert der übrigen bedeutenderen Siedlungen. Mit dem Beginn der hellenistischen Epoche sollte sich dies gleichwohl ändern und bis zum Ende der Antike andauern. Folglich stammen die heute sichtbaren Reste überwiegend aus der Zeit, als Pergamon Königsresidenz der Attaliden sowie anschließend eine Metropolis der römischen Provinz Asia gewesen ist.

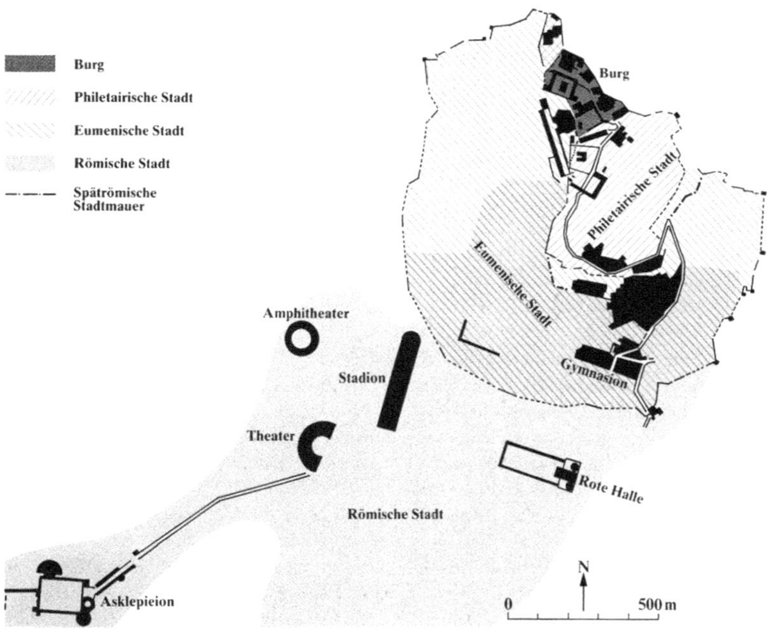

Abb. 23: Übersichtskarte des modernen Stadtgebiets von Bergama/Pergamon mit den wichtigsten archäologischen Stätten

Im heutigen Stadtgebiet, das sich immer weiter ausdehnt, beziehungsweise an dessen Rand, sind es vor allem 4 Areale, die die Reisenden interessieren (Abb. 23): Die Akropolis (oberer Burgberg) von Pergamon im engeren

Sinn mit ihren Tempel- und Palastbauten, die sich in südöstlicher Richtung unterhalb der Akropolis (unterer Burgberg) erstreckenden Sakralstätten sowie städtischen Areale (sog. Philetairische und Eumenische Stadt), der heute mitten im modernen Bergama liegende Bezirk der ägyptischen Götter (sog. Rote Halle) und das extraurbane Heiligtum des Heilgottes Asklepios.

5.3.1.1 Die Bauten der königlichen Residenz auf dem oberen Burgberg

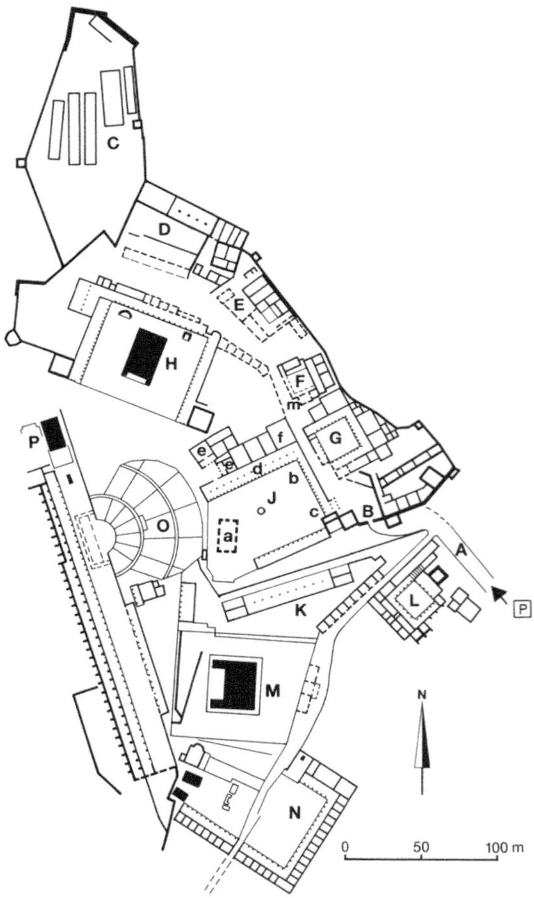

Abb. 24: Detailkarte des oberen Burgberges von Pergamon

Die Besichtigung der Akropolis (Abb. 24) beginnt man am besten vom oberen Parkplatz aus, da von dort eine eigene moderne Rampe (Abb. 24 A) zu einem unter König Eumenes II. (197–159 v.Chr.) errichteten Burgmauertor (Abb. 24 B) führt, von dem wiederum zunächst direkt zum Nordende der gesamten Akropolis gegangen werden sollte. Das dort liegende, vom übrigen Burgberg durch eine gesonderte, zuletzt in byzantinischer Zeit reparierte Zwischenmauer getrennte Areal (Abb. 24 C) bildet den Ausgangspunkt der weiteren Besichtigung. Zu sehen sind die architektonischen Reste von insgesamt 4 länglichen Hallen. Diese Arsenale dienten offenbar der Magazinierung von Kriegsgerät (Waffen, Maschinen) und weiteren Vorräten, die in Krisenzeiten die Verteidigung der Burg sicherten. In diesen Zusammenhang gehört zudem das Wasserleitungssystem von Pergamon, das hier endet. Der Aquädukt stammt erst aus römischer Zeit. In der hellenistischen Epoche wurde das Wasser dagegen in einem am Boden liegenden Röhrensystem – die entsprechende Furche ist noch im Gelände erkennbar – zur Akropolis geführt. Dabei hat man an dem dem Burgberg gegenüberliegenden Abhang talseitig das Wasser in einem Becken zusammengeführt und von dort über dichte Metallrohre, die in Steinmanschetten saßen, direkt in die Talsenke geleitet, so dass der Druck ausreichte, um das Wasser von hier aus wiederum in Röhren nach oben auf den Burgberg zu drücken. Das Arsenalviertel verweist mit seiner fortifikatorischen Nutzung direkt auf die Ursprünge des hellenistischen Pergamon, da der Aufstieg der Stadt mit der Einlagerung eines gewaltigen Schatzes im dortigen Athena-Heiligtum durch Lysimachos beginnt und ohne die offenkundigen fortifikatorischen Qualitäten des Burgbergs gar nicht Realität geworden wäre.

Im Anschluss sollte dann zunächst die Besichtigung der gesamten Ostseite des Hauptburgplateaus folgen. Hier liegen in chronologischer Folge von Nord nach Süd 4 große Wohnhäuser (Abb. 24 D–G), die als Paläste der pergamenischen Herrscher gelten und entsprechend in die Zeit vom Anfang des 3. bis zur Mitte des 2. Jahrhunderts v.Chr. datiert werden, wobei die nördlichste Anlage (Abb. 24 D) zu einem nicht näher zu bestimmenden Zeitpunkt wohl umgebaut wurde und als Kaserne der Burgwache diente. Die Paläste sind alle relativ kleinräumig und kaum mit den sicherlich weitaus größeren sowie luxuriöseren Anlagen der Ptolemäer in Alexandria oder der Seleukiden in deren Residenzstädten wie beispielsweise Antiochia zu vergleichen. Die in Pergamon erhaltenen Räume gruppieren sich alle um einen säulenumstandenen Innenhof (sog. Peristylhof). Die Paläste selbst dürften mehrgeschossig und recht reich ausgestattet gewesen sein, worauf die teilweise dort gefundenen Skulpturen- und Mosaikreste hindeuten (heute in Berlin im Pergamonmuseum). Königlich sind die Anlagen aber vor allem deshalb zu nennen, weil sie den Herrschern die Möglichkeit gaben, in nächster Nachbarschaft mit der Hauptstadtgottheit zu wohnen. Zudem verdeutlichte in besonders sinnfälliger Weise die herausgehobene Lage der Paläste am oberen Rand der

Akropolis, noch über Heiligtum und Tempel der Athena, dem Altar des Zeus, Theater und Tempel des Dionysos, die gleichsam beherrschende Stellung der Könige. Sie waren sozusagen göttergleich und geboten nicht nur wie diese über ungeheure Machtmittel (sichtbar in Gestalt der Arsenalbauten und der trutzigen Verteidigungsmauern), sondern bildeten zugleich in visueller Hinsicht den sakralen (Nähe zu den bedeutendsten städtischen Heiligtümern) und kulturellen Mittelpunkt (Einbeziehung des Theaters) Pergamons.

In dieser Funktion folgten den pergamenischen Königen die römischen Kaiser. Nicht von ungefähr wurde deshalb einer der bedeutendsten Kaiserkult-Tempel (Abb. 24 H) Kleinasiens auf dem Burgberg errichtet. Mit der Besichtigung des zugehörigen Platzes direkt unterhalb des ältesten Palastes beginnt die Betrachtung des westlichen Areals des Burgbergs mit den dort liegenden Sakralstätten. Bemerkenswert an der Anlage, die man direkt über hellenistischen Bauten errichtete, sind vor allem die gewaltigen ostseitigen Substruktionen des gesamten Heiligtums, mittels derer dieses eine beherrschende Stellung einnehmen und auf diese Weise zu einem der Hauptansichtspunkte der Akropolis werden konnte. Begonnen wurde der Bau der Anlage bereits unter Kaiser Trajan (98–117 n.Chr.), vollendet jedoch erst unter dessen Nachfolger Hadrian (117–138 n.Chr.). Das Heiligtum besteht im Wesentlichen aus einem 59 x 66 m großen gepflasterten Hof, der an 3 (Norden, Osten und Süden) der 4 Seiten von Hallen gerahmt wird, während der eigentliche Tempel in der Platzmitte auf einem profilierten Podium steht, das im Westen eine Zugangstreppe aufweist, und einst über 6 x 10 korinthische Säulen verfügte. Von den Kultstatuen, 2 überlebensgroßen Standbildern der beiden Kaiser Trajan und Hadrian, die ehemals in der Cella standen, konnten bei den Ausgrabungen noch bedeutende Reste entdeckt werden.

Etwa 9 m unterhalb der Kaiserkultanlage beginnt die Fläche eines weiteren Heiligtums (Abb. 24 J) im Bereich der Akropolis. Hier befindet sich der noch aus dem späten 4. Jahrhundert v.Chr. stammende Tempel der pergamenischen Stadtgöttin Athena (Abb. 24 Ja) aus vulkanischem, mit weißem Marmorstuck verkleideten Andesit, von dem direkt oberhalb des Theaters die Fundamente zu sehen sind. Der Bau war mit 6 x 10 Säulen ein recht kurz geratener Peripteros und gehört mit denen von Assos und Troja zu den wenigen dorischen Tempeln Kleinasiens. Zudem wies er nur einen Pronaos (Vorraum) und keinen Opisthodom (rückwärtiger Raum), dafür aber 2 hintereinanderliegende Cellae (Kultbildräume) für Athena und möglicherweise Zeus auf. Bauherr ist wahrscheinlich Philetairos, der Gründer der pergamenischen Herrscherdynastie, gewesen. Unter Eumenes II. (197–159 v.Chr.) wurde der recht weiträumige Platz um den Tempel tiefgreifend umgestaltet, indem der König zum Teil mehrstöckige Hallen (Abb. 24 Jb) und an der Südostecke (Abb. 24 Jc) ein in die Hallenarchitektur integriertes Propylon (Torbau) errichten ließ. Die Front des Letzteren kann wiederaufgebaut im Berliner Pergamonmuseum besichtigt werden. Auf dem von dorischen Säulen getragenen Architrav des unteren Stockwerks ist die Stiftungsinschrift zu lesen. Die Balustraden des oberen Stockwerks, wo ionische Säulen als Stützen fungieren, sind mit Waffenreliefs geschmückt. Von besonderer Bedeutung ist die an der Nordseite (Abb. 24 Jd) des Heiligtums liegende doppelschiffige und zweigeschossige Halle (unten wie beim Propylon dorische und oben ionische Säulen), da sie als Ort der berühmten pergamenischen Bibliothek (Abb. 24 Je) gilt, die einst angeblich 200 000 Schriften (oder besser Schriftrollen) umfasst haben soll. An den Wänden eines Raumes (Abb. 24 Jf) lassen sich zum Teil die Dübellöcher für hölzerne Bücherregale erkennen. Vor seiner Nordwand stand in der Mitte auf einer eigenen Basis eine kolossale Athenastatue (heute im Berliner Pergamonmuseum), die zwar streng genommen keine genaue Kopie des berühmten Kultbildes der Athena Parthenos von der Athener Akropolis ist, wohl aber als bewusstes Zitat desselben gelten kann. Absichtsvoll verwies man damit auf die Bedeutung Pergamons als neues Athen. Eine solche Bewerbung der eigenen Residenz als aktuelle Kulturhauptstadt der griechischen Welt ist auch ansonsten gut für die Denkmälerpropaganda der Attaliden bezeugt. Ausgehend von ihren militärischen Erfolgen gegen die Galater/Gallier, die in der Nachfolge der Perser nunmehr in der hellenistischen Welt als die einzig verbliebenen barbarischen Prestigefeinde galten, stilisierten sich die Herrscher Pergamons, die wegen ihrer Siege sogar den Königstitel trugen, als Verteidiger der griechischen Kultur gegen feindliche Barbaren. Vor diesem Hintergrund suchten sie bewusst Anschluss an die glanzvolle Geschichte Athens. Welch hohe Bedeutung man den Kämpfen gegen die Gallier beimaß, zeigen nicht nur die einschlägigen Reliefs der Hallenarchitektur, wo wie am Propylon unter anderem erbeutete gallische Waffen dargestellt sind, sondern ist vor allem in Gestalt eines großen figürlichen Weihgeschenks aus Bronze präsent gewesen, das auf dem Platz vor dem Tempel und den Hallen stand. Hierbei handelt es sich um das wahrscheinlich von König Attalos I. gegen 230 v.Chr. gestiftete sogenannte Große-Gallier-Monument, von dem allerdings umstritten ist, ob es auf der großen Rundbasis oder verteilt auf mehrere flache rechteckige Basen zu sehen war. Gelegentlich wird in der Forschung die Rundbasis mit einer kolossalen Athenastatue rekonstruiert, die in der Kaiserzeit durch ein ebenso kolossales Standbild des Kaisers Augustus ersetzt worden sein soll. Das Galliermonument selbst bestand offenbar aus Statuen der besiegten Feinde, zu denen eventuell noch die der siegreichen Könige und Feldherren kamen. Erhalten blieb von den Originalen freilich nichts, doch gelten der sogenannte Sterbende Gallier im kapitolinischen Museum und die Gruppe des sich und sein Weib tötenden Gallierhäuptlings aus der ehemaligen Sammlung Ludovisi (heute im Palazzo Altemps, Rom) als römerzeitliche Marmorkopien nach den verlorenen Bronzeoriginalen (Abb. 3 und 4).

Von hier aus geht es nun zurück zum Burgtor, um über einen als Rampe gestalteten Weg, an dem rechts (Halle [Abb. 24 K] für den Handel?) und links (Heroon [Abb. 24 L] in Form eines an die Paläste erinnernden Wohnhauses für den hellenistischen Herrscherkult) sowie weitere Bauten liegen, zu einer gut 24 m tiefer gelegenen, 69 x 77 m großen Terrasse zu gelangen, die einst der Ort (Abb. 24 M) des berühmten Pergamonaltars gewesen ist, von dem heute allerdings nur noch das gitterartige Fundament betrachtet werden kann. Errichtet wurde er in der Regierungszeit König Eumenes II. (Abb. 25, 26).

Abb. 25: Ansicht des Fundamentes des Pergamonaltares

Der genaue Zeitpunkt ist gegenwärtig Gegenstand kontroverser Forschungsdiskussion. Der eigentliche Altar lag über einem gut 36,44 x 34,20 m (untere Stufe) großen Podium erhöht in einem kleinen mit figürlichen Reliefs (Telephossage) geschmückten Lichthof, zu dem man über eine breite Freitreppe gelangte und der ringsum durch eine von außen hallenartig wirkende Säulenarchitektur eingefasst war. Das Podium selbst trug auf allen Seiten 2,28 m hohe, den Kampf der Götter gegen die Giganten (Gigantomachie) darstellende, vielfigurige Reliefs (Abb. 27), deren bedeutende Reste sich wie die des Telephoszyklus im Berliner Pergamonmuseum befinden. Beide Reliefdarstellungen haben einen pergamenischen Bezug. Die Bedeutung des Telephos liegt in seiner Funktion als Ahnherr der attalidischen Königsdynastie, die über ihn direkt auf Herakles zurückführte. Die

Gigantomachie sollte dagegen sicher als metaphorische Rühmung der pergamenischen Schlachtenerfolge verstanden werden.

In ähnlich propagandistisch-legitimatorischer Absicht weihte man später auf der Akropolis von Athen ein aus vielen Figuren bestehendes Votiv, das die Kämpfe der Götter gegen die Giganten, der Griechen gegen die Amazonen, der Athener gegen die Perser und schließlich der Pergamener gegen die Gallier zeigten (Pausanias I 25, 2).

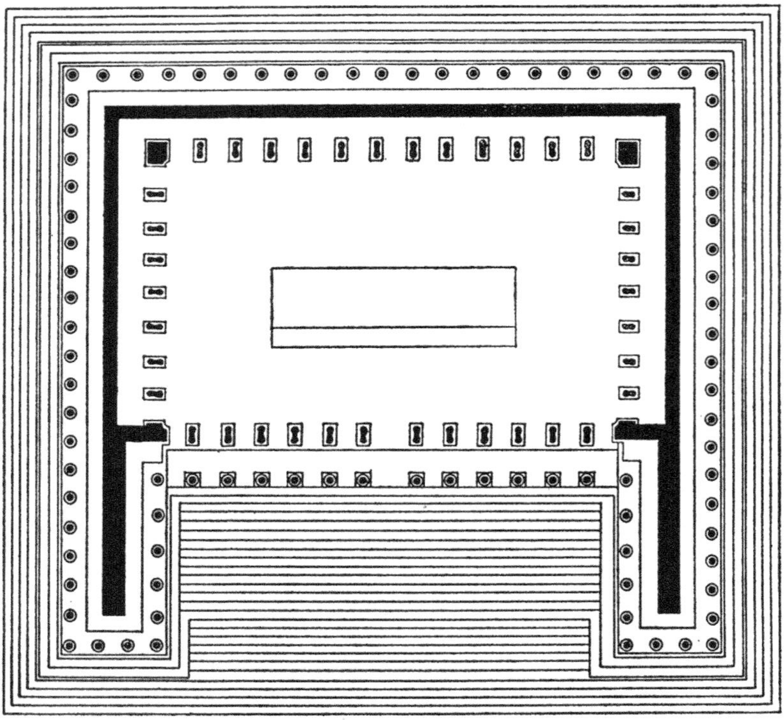

Abb. 26: Grundriss des sog. Großen Altars von Pergamon

Unterhalb des Plateaus mit dem Zeusaltar befindet sich die sog. Obere Agora (Abb. 24 N). Auf ihr hat östlich der Rampe der erste Ausgräber Pergamons Carl Humann seine letzte Ruhestätte gefunden. Die Obere Agora ist ein rechteckiger, einst an 3 Seiten von Säulenhallen dorischer Ordnung eingefasster Platz, der etwa 13,50 m tiefer als das Areal mit dem großen Altar liegt. Den Abschluss der vierten, direkt am Hang liegenden Seite bilden die Reste dreier Bauten, eines 7,45 x 11,80 m messenden kleineren Prostylos-Tempels der 1. Hälfte des 2. Jahrhunderts n.Chr., der möglicherweise Hermes in seiner Funktion als Gott der Händler geweiht war, eines bereits aus hellenistischer Zeit stammenden Antenbaus und eines weiteren römischen Gebäudes unbekannter Funktion.

Abb. 27: Aufriss der nördlichen Treppenwange des Pergamonaltars

Die hellenistische Repräsentationsarchitektur der Akropolis wird vervollständigt durch das direkt in den Hang hineingebaute große Theater (Abb. 24 O) und die dazugehörige sog. Theaterterrasse. Das Theater fasste einst gut 10 000 Zuschauer. Vor dem eigentlichen Zuschauerraum sind aus hellenistischer Zeit stammende quadratische Steineinfassungen mit Verschlussdeckel zu erkennen, die wohl der Einlassung von Stützpfosten des hölzernen Bühnengebäudes dienten. Unter römischer Herrschaft wurde später ein steinernes Podium errichtet, von dem allerdings nur das rechteckige gegossene Fundament erhalten geblieben ist. Die Orchestra wird von mehreren Reihen ansteigender Sitzstufen umfasst, die insgesamt bis auf 37,50 m Höhe am Hang hinaufreichen. Zwei größere umlaufende Gangreihen und 4 radial von der Orchestra wegführende Treppen gliedern den Zuschauerraum in 3 Ränge zu je 4 Keilabschnitten.

Abb. 28: Blick auf den Dionysos-Tempel und
die Theaterterrasse von Pergamon

Am unteren Rand des mittleren Ranges lag eine Ehrenloge, die im Gegensatz zum übrigen aus Andesit gefertigten Bau aus Marmor bestand. Hier werden die pergamenischen Herrscher Platz genommen haben, um den vielfältigen Spektakeln beizuwohnen. Dem Selbstverständnis hellenistischer Herrscher entsprechend dürfte ihr Erscheinen als glanzvolle Epiphanie gefeiert worden sein. Die Attaliden kamen gleichsam wie die Götter vom Olymp, mit denen sie gewissermaßen in Wohngemeinschaft auf der Akropolis residierten, von oben herab, um sich im Theaterrund dem anwesenden Volk zu präsentieren.

Wie wichtig das Theater für die Repräsentation der Dynastie gewesen ist, lässt sich zudem an seiner Funktion und den mit ihm verbundenen weiteren Anlagen ablesen. Denn der Bau diente nicht nur der Aufführung von Theaterstücken. So fanden auf der gut 245 m langen Theaterterrasse auch kultische Wettläufe und zudem aller Wahrscheinlichkeit prachtvolle Prozessionen zum am Nordende liegenden Dionysos-Tempel statt (Abb. 28). Der Zugang erfolgte am Südende über ein zweifaches Bogentor. Zum abfallenden Hang hin erstreckte sich ein dreigeschossiger Hallenbau, der auf 3 mächtigen, 12 m hohen Stützpfeilern ruhte und dessen Obergeschoss als offene, auf das Theater ausgerichtete Säulenhalle gestaltet war, während die Untergeschosse mittels eingezogener Fenster den Blick auf das Tal und die unterhalb liegende Stadtanlage freigaben.

Der Tempel des Dionysos (Abb. 24 P) mit dem dazugehörigen nach Osten ausgerichteten Altar bildet den Blickpunkt der Gesamtanlage und damit das eigentliche Ziel des Weges zwischen Terrassenbau und Theater, da er genau in dessen Flucht liegt. Der ursprüngliche Bau – der heute sichtbare wurde erst in der Zeit des Kaisers Caracalla errichtet – stammt aus dem 2. Jahrhundert v.Chr. und war ein 11,80 x 20,22 m großer ionischer Prostylos auf einem hohen Podium. Diese prominente Lage entspricht der großen Bedeutung des Dionysos für die Attaliden, galt er doch als einer der Ahnherren der Dynastie. Zudem stellte er mit seinen spezifischen Qualitäten als Wohltaten spendender Festgott auf der einen sowie mächtiger Eroberer des Ostens auf der anderen Seite ein ideales göttliches Vorbild für viele hellenistische Könige dar und spielte insofern eine bedeutende Rolle im Kontext herrscherlicher Repräsentation.

5.3.1.2 Die Bauten des unteren Burgbergs und der hellenistischen Stadt

Vom Terrassenareal führt der Weg über die direkt am Südende (Abb. 24 N) anschließende Obere Agora – an dieser Stelle als Rampe ausgestaltet – auf stellenweise antiker Pflasterung zum unteren Burgberg mit seinen weiteren wichtigen Heiligtümern und Teilen der antiken Wohnsiedlung Pergamons (Abb. 29). Über die antike Straße, die in ihrem weiteren Verlauf gleichmäßig abfallend den Stadthügel umzieht, gelangt der Besucher zunächst in ein verwinkeltes Wohngebiet (Abb. 29 Q) mit einfachen Häusern, das in hellenistischer wie römischer Zeit dicht bebaut gewesen ist. In diesem Viertel lagen ein kleines Gymnasion (Abb. 29 Qb), das über Baderäume verfügte, und ein interessanter Baukomplex (Abb. 29 Qf–k), zu dem eine Art Odeion und weitere Räume gehören, die nach 70 v.Chr. entstanden und in der frühen Kaiserzeit umgestaltet worden sind (Abb. 30). Er diente als Heroon für Diodoros Pasparos, einen verdienten Bürger Pergamons des 1. Jahrhunderts v.Chr. Seine Statue, von der der Porträtkopf erhalten blieb, stand dort in der Apsis des Kultsaales (Abb. 29 Qk). Ferner lassen sich in diesem Viertel 2 kleinere Garküchen, ein Laden sowie ein etwas größerer Raum identifizieren. Letzterer verfügt an allen 4 Wänden über breite Bänke und weist gegenüber dem Eingang eine Altarnische auf. Möglicherweise handelt es sich hierbei um einen Saal für rituelle Mahlzeiten im Zusammenhang mit orientalischen (?) Kulten (Abb. 29 Qo).

Den Hang hinab liegen 2 weitere bedeutende Heiligtümer Pergamons, wovon vor allem das erstere eine wichtige Rolle im Zusammenhang mit der Repräsentation der weiblichen Dynastieangehörigen spielte. Die Rede ist vom Heiligtum der Demeter (Abb. 29 R), einer 100 x 45 m großen rechteckigen Terrassenanlage, das durch ein Propylon (Abb. 29 Ra) des 3. Jahrhunderts v.Chr. betreten wird und talseitig eine beeindruckende Stützmauer besitzt. Das Zentrum bilden ein zweisäuliger ionischer Anten-Tempel (Abb. 29 Rb) und der zugehörige Altar (Abb. 29 Rc). Beide Bauten wurden von Philetairos und seinem Bruder Eumenes zu Ehren der gemeinsamen Mutter Boa geweiht und stammen folglich aus der Gründungszeit des attalidischen Pergamon. Dass die Anlage auch unter römischer Herrschaft in Benutzung blieb und eine gewisse Prominenz behielt, zeigt unter anderem der Umbau des Tempels in der Regierungszeit des Kaisers Antoninus Pius. Damals kam eine Vorhalle mit 4 marmornen Säulen korinthischen Typs hinzu. Das gesamte Areal, auf dem die Reste weiterer Altäre liegen, wird von insgesamt 3 Hallen (Abb. 29 Rd, e und g) gerahmt, von denen Apollonis, die Gattin des Königs Attalos I., neben dem bereits erwähnten Eingangstorbau (Abb. 29 Ra) zwei stiftete (Abb. 29 Re und g). Von besonderem Interesse sind die steinernen Stufenreihen am Rand des Tempelvorplatzes. Sie dienten als Sitzgelegenheiten für die Zuschauer der kultischen Mysterienspiele zu Ehren der Demeter.

Dem Demeter-Heiligtum benachbart befinden sich auf einer oberhalb östlich liegenden Terrasse die Reste dreier Bauten, die das Hera-Heiligtum (Abb. 29 S) bilden. Der laut Weihinschrift von Attalos II. gestiftete viersäulige prostyle Tempel dorischer Ordnung wird links von einem halbrunden Raum für Statuen und rechts von einer kleinen Halle mit einem Podium für kultische Gelage (?) in der Nordostecke flankiert.

Während die Cella aus einfachem Andesitgestein erbaut wurde, bestehen die Säulen dagegen aus hochwertigem Marmor. In der Cella standen einst neben dem Kultbild der wohl sitzend dargestellten Hera verschiedene Ehrenstatuen, darunter sozusagen als Kultgenosse (gr. Synnaos Theos) eine des königlichen Stifters (erhalten) und möglicherweise seiner Gemahlin Stratonike (nicht erhalten) sowie die einer gallischen Fürstin des 1. Jahrhunderts v.Chr. namens Adobogiona (nur inschriftlich bezeugt), die in der zugehörigen Weihinschrift als Wohltäterin der pergamenischen Bürgerschaft (gr. Demos) gefeiert wird. Bereits aus dem 2. Jahrhundert. n.Chr. stammt dagegen die Statue einer Priesterin (erhalten), die diesen Ehrendienst 22 Jahre lang versah. Sie belegt, dass der Tempel noch in der römischen Kaiserzeit in Benutzung sowie von Bedeutung war.

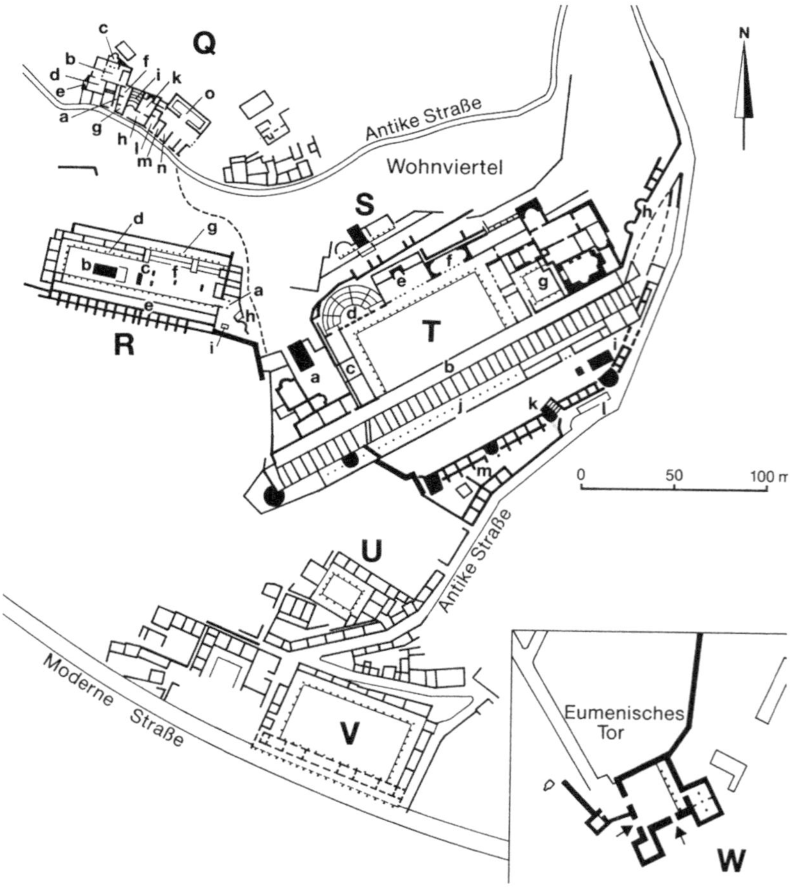

Abb. 29: Detailkarte des unteren Burgbergs von Pergamon und der angrenzenden Wohnviertel

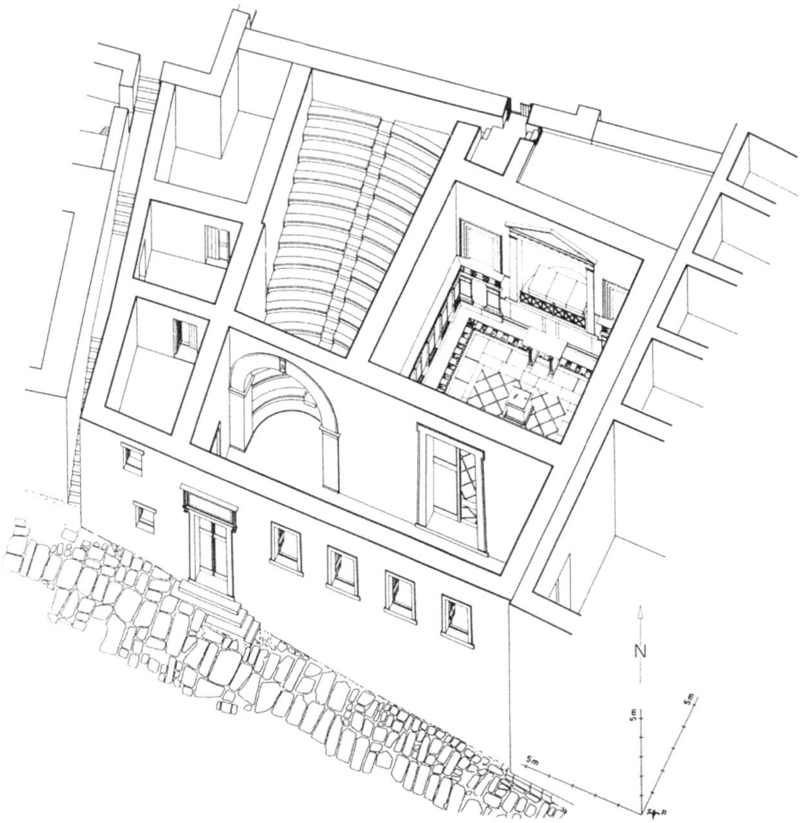

Abb. 30: Rekonstruktionszeichnung des Gebäudes mit dem Heroon für Diodoros Pasparos

Vom Hera-Heiligtum aus lässt sich der unterhalb dessen liegende größte zusammenhängende Baukomplex (Abb. 29 T) des antiken Pergamon bestens überblicken. Es handelt sich hierbei um ein sich über 3 Terrassen erstreckendes riesiges Gymnasion, das mehr als 20 000 m^2 umfasst und bereits in der Regierungszeit des Königs Eumenes II. (1. Hälfte des 2. Jahrhunderts v.Chr.) angelegt und dann unter römischer Herrschaft weiter ausgebaut worden ist. Vom Hera-Heiligtum hinabsteigend gelangt man zunächst zu einem kleinen, eventuell dem Asklepios geweihten Prostylos-Tempel (Abb. 29 Ta) aus dem 2. Jahrhundert v.Chr., unter dem südlich die Reste einer zum Gymnasion gehörenden Thermenanlage liegen. Das eigentliche Gymnasion wird erst mit der weiter östlich gelegenen großen rechteckigen Hofanlage erreicht, die an drei Seiten von zweigeschossigen korinthischen Säulenhallen flankiert wird. Eine einfache, fast vollständig verlorene Halle an der südlichen Talseite überdeckte das heute offen daliegende sog. Kellerstadion (Abb. 29 Tb). Ob es sich bei diesem unterirdischen Gang, der wegen seiner Länge von immerhin gut 212 m bei nur 6,80 m Breite und der schmalen Schlitzfenster extrem niedrig gewirkt haben muss, tatsächlich um eine überdachte Laufbahn gehandelt hat, wie sie inschriftlich für Pergamon nachgewiesen ist, wird mittlerweile bezweifelt. Vielleicht handelt es sich dabei nur um das Untergeschoss einer solchen. Hinter der Hallenarchitektur der West- und Nordseite verbergen sich weitere Räume respektive Raumgruppen (Abb. 29 Tc, d, e und f), von denen (c) große Waschbecken besitzt, (d) ein Auditorium sein dürfte, (e) als Hauptraum (Ephebeion) angesprochen wird und (f) mit seinen zwei gegenüberliegenden Apsiden inschriftlich als Kaisersaal ausgewiesen ist, in dem wohl Kaiserstatuen zur Verehrung aufgestellt waren. Der nahezu quadratische Ostteil (Abb. 29 Tg) kann als Thermenanlage gedeutet werden, von der ein Weg (Abb. 29 Th) hoch zur Akropolis führt. Bei dem 14 m unter dieser Terrasse liegenden sog. Mittleren Gymnasion handelt es sich ebenfalls um eine von Hallen gesäumte offene Platzanlage, an deren östlichem Ende ein hellenistischer Prostylos-Tempel mit korinthischen Frontsäulen und einem davorliegenden Altar steht. Seine Wände sind mit einer langen Liste eingemeißelter Namen von Epheben aus hellenistischer und römischer Zeit geschmückt. Eine andere in der Nähe, d.h. an einem Podium in der offenen Exedra der Nordhalle, gefundene Weihinschrift an Hermes, Herakles und für die vergöttlichten Mitglieder des Kaiserhauses (gr. Theoi Sebastoi) lässt sich möglicherweise zum Teil auch auf diesen Bau und die einst damit verbundenen Kulte beziehen. Eine Zuweisung an Hermes und Herakles in ihrer Funktion als den wichtigsten Gymnasionsgöttern liegt daher nahe. Der sich hangseitig erstreckende große Bau (Abb. 29 Tj) beherbergt unter seinem langen Dach diverse Raumstrukturen unterschiedlicher Nutzung. An der Südseite, an der in der Antike aller Wahrscheinlichkeit nach ebenfalls eine Halle stand, führt ein überwölbtes Treppenhaus (Abb. 29 Tk) zu einer Vorhalle mit Resten einer geschwungenen Freitreppe hinab, neben der sich wiederum die Reste eines einstmals überdachten 21 m langen Brunnenbeckens (Abb. 29 Tl) befinden. Wir befinden uns hier am unteren, leicht platzartig erweiterten Teil der gepflasterten Straße, die zur Oberstadt führt, und gelangen von hier aus zum sog. Unteren Gymnasion (Abb. 29 Tm). In der Antike gab es an dieser Stelle eine Tür, durch die die damaligen Besucher eintreten konnten. Weitere Bauten sind nicht nachweisbar, da die Anlage wahrscheinlich in byzantinischer Zeit (8. Jahrhundert. n.Chr.) komplett beseitigt wurde, als man die untere Stützmauer zu einem Teil des Befestigungsringes des Burgberges umgestaltete und zu diesem Zweck mit mächtigen Türmen versah.

Insgesamt war der gesamte Gymnasionskomplex gut 500 Jahre lang in Benutzung. Während die ältere Forschung lange davon ausging, dass die 3 Terrassen jeweils den 3 im Gymnasion vertretenen Altersgruppen der Knaben (gr. Paides), der Jugendlichen (gr. Epheboi) und der jungen Männer (gr. Neoi) zuzuweisen seien, herrscht heute die Meinung vor, dass die Aufteilung nach rein funktionalen Gesichtspunkten erfolgt ist, d.h. die obere Terrasse dem Sport und dem Unterricht diente, während die mittlere vor allem kultisch genutzt wurde. Was auf der unteren Ebene geschah, kann dagegen mangels aussagekräftiger Indizien nicht gesagt werden. Es handelt sich dabei aber nicht nur um einen Ort, an dem die männliche Jugend der Stadt sich in Vorbereitung auf Wettkämpfe und letztlich auch den Kriegsdienst athletisch trainierte, sondern um eine der wichtigsten Identität stiftenden Institutionen der pergamenischen Bürgerschaft. Daher stand neben der körperlichen gleichrangig die philosophisch-intellektuelle und damit ethisch-charakterliche Bildung der jungen Männer im Zentrum der Bemühungen. Zudem war das Gymnasion ein Platz, an dem die (männliche) Bürgerschaft zu gemeinsamen Banketten und Prozessionen zu Ehren von bestimmten Göttern sowie Heroen, wie beispielsweise Herakles, zusammenkamen, denen man eine besondere Beziehung zum Gymnasion zusprach und die in diesem Kontext die Rolle idealer männlicher Tugendvorbilder für die zur Nachahmung aufgeforderte Jugend einnahmen. Entsprechend dieser hohen Bedeutung für die Gemeinschaft bildeten die griechischen Gymnasien spätestens seit dem 4. Jahrhundert v.Chr. und vor allem in hellenistischer Zeit die prachtvolle Kulisse für die Stiftung zahlreicher Ehrenstatuen von Personen, die sich um die Bürgerschaft an sich verdient gemacht hatten, und wurden damit Teil einer immer mehr um sich greifenden spezifischen Fest- und Repräsentationskultur der zeitgenössischen Eliten.

Das sich weiter westlich unterhalb des Gymnasions erstreckende städtische Wohnviertel weist mehrere Häuser auf, darunter ein besonders aufwendiges (Abb. 29 U) aus dem 2. Jahrhundert v.Chr., das laut einer hier auf einer Herme (Büste auf einem Pfeiler) gefundenen Inschrift einem gewissen Attalos gehörte, der freilich nicht mit einem der königlichen Träger dieses Namens verwechselt werden darf. Um einen von Säulenhallen eingefassten Innenhof, der 2 Zisternen besaß, lagen einstmals mit farbigen Mosaiken und Wandstuck reich dekorierte Räume, die besonders im nördlichen, am Hang liegenden Teil des Hauses erhalten geblieben sind. Die fest gefügten hellenistischen Quadermauern weisen gelegentlich Stellen mit kleinteilig gearbeitetem Mauerwerk auf, das aus der römischen Kaiserzeit (2./3. Jahrhundert n.Chr.) stammt und entsprechende Veränderungen in dieser Zeit bezeugt.

Mit diesem Wohnviertel verbunden ist die sog. Untere Agora (Abb. 29 V), bei der es sich um einen 34 x 64 m großen offenen, mit

Steinplatten gepflasterten Hof handelt, der auf allen 4 Seiten von zweistöckigen dorischen Hallen eingefasst war. Sofern es das Gelände zuließ, gehörten zu ihnen rückwärtige Kammern, die sicherlich als Läden und/oder zur Aufbewahrung von Handelswaren dienten.

Mit der Besichtigung des Platzes ist der Besuch des Burgberges von Pergamon samt seiner zugehörigen städtischen Anlagen an sich abgeschlossen. Es fehlt nur noch das direkt am oberen Rand des modernen Ortes liegende, von König Eumenes II. errichtete Haupttor der Stadtmauer (Abb. 29 W). Der recht aufwendige Torkomplex besteht aus einem in fortifikatorischer Hinsicht als Zwinger zu bezeichnenden Hof. Ihn betrat man durch 2 Torbögen und an seiner Ostseite verfügte er über eine kleine, eventuell für Handel genutzte Halle.

5.3.2 Das Trajaneum: Der Staat und die Christen

Der Kaiser Trajan (98–117 n.Chr.) spielt eine wichtige Rolle im Verhältnis des Römischen Staates zu den Christen. In der Antwort auf eine Anfrage des C. Plinius, der von 111–113 n.Chr. Statthalter der Provinz Bithynien und Pontus war, hat er Anweisungen getroffen, an die sich seine Nachfolger 150 Jahre gehalten haben, obwohl sich das Schreiben nur auf eine konkrete Situation bezog. Es war die erste Regelung dieser Art.

> *Nach ihnen* (sc. den Christen) *darf nicht gefahndet werden. Wenn sie angezeigt und beschuldigt werden, müssen sie bestraft werden. Dabei ist folgendermaßen zu verfahren: Jedem, der leugnet, dass er ein Christ sei, und der das durch die Tat beweist, d.h., dadurch, dass er unsere Götter anbetet, wird auf Grund seiner Reue verziehen, mag er sich auch in der Vergangenheit verdächtig gemacht haben. Anonym erstattete Anzeigen dürfen bei keiner Anklage eine Rolle spielen. Sie zu berücksichtigen, hieße, etwas zu tun, was nicht nachgeahmt werden darf, und es passte nicht zum Geist unserer Zeit.*
>
> (Plinius, Briefe, 10,97).

Der Kaiser wollte verhindern, dass die Christen ausgegrenzt werden.

Zu systematischen reichsweiten Verfolgungen kam es erst in der 2. Hälfte des 3. Jahrhunderts n.Chr. Dabei ging es nicht um die Religionszugehörigkeit. Man warf den Christen vielmehr vor, dass sie sich dem Kaiserkult verweigerten und es an der gebührenden Loyalität gegenüber dem Römischen Reich fehlen ließen. Das Mailänder Protokoll, das der Kaiser Konstantin 313 n.Chr. veröffentlichte, erkannte den Christen schließlich den Status einer *religio licita*, einer *erlaubten Religion*, zu.

Der antike Polytheismus war in ihrem Wesen eine tolerante Religion.

5.3.3 Die Rote Halle: Die Allgöttin Isis

Die Rote Halle war ein Tempel, der den ägyptischen Göttern geweiht war, vermutlich der Isis, dem Zeus-Serapis und dem Horus/Harpokrates. Sie war wohl auch ein Ort der Kaiserverehrung, der Kult der ägyptischen Gottheiten hatte von Anfang an eine Nähe zum Herrscherkult. Sie ist in der Zeit Hadrians (117–138 n.Chr.) errichtet worden.

Wir kennen den Mythos aus der Schrift des griechischen Schriftstellers Plutarch (ca. 45–120 n.Chr.). Er erzählt ihn in seiner Abhandlung mit dem Titel *Über Isis und Osiris*. Es gibt keine ägyptischen Aufzeichnungen. In Ägypten hatten die Mythen ihren Ort in Riten, sie wurden als bekannt vorausgesetzt und nur in Zitaten vergegenwärtigt.

Osiris war der erste Pharao. Er hat die Menschen lebenstüchtig gemacht, indem er sie lehrte, Getreide anzubauen. Sein eifersüchtiger Bruder Seth tötete ihn und warf ihn – ganz oder zerstückelt – in den Nil. Seine Schwester und Gattin Isis trauerte um ihn, suchte und fand ihn. Sie erweckte ihn – für eine kurze Zeit – zum Leben und empfing von ihm einen Sohn, den Horus. Sie zog ihn allein und unter widrigen Umständen groß. Als er herangewachsen war, beanspruchte er den von Seth okkupierten Thron und gewann ihn.

Osiris war der Totenrichter, der Gott der Unterwelt, eines besseren Jenseits, das man erreichte, wenn man die Prüfung des Totengerichts bestanden hatte. Er verkörperte das moralische Prinzip. In der folgenden Textpassage eines Totenbuchs spricht ein Verstorbener zu Osiris:

> *Ich habe kein Unrecht gegen Menschen begangen, ich habe keine Tiere mißhandelt.*
> *Ich habe nichts Krummes an Stelle von Recht getan. Ich habe keinen Gott beleidigt.*
> *Ich habe kein Waisenkind an seinem Eigentum geschädigt. ...*
> *Ich habe am Hohlmaß nichts hinzugefügt und nichts vermindert, ich habe das Flächenmaß nicht geschmälert und am Ackerland nichts verändert.*
> *Ich habe zu den Gewichten der Handwaage nichts hinzugefügt und das Lot der Standwaage nicht verschoben.*
> *Ich habe die Milch nicht vom Mund des Säuglings fortgenommen, ich habe das Vieh nicht von der Weide verdrängt.*
>
> (Spruch 125 in Auswahl, zitiert bei Hans Kloft, a.a.O., S. 43).

Osiris ist Richter, nicht Gesetzgeber wie der Gott der Juden. Der ägyptische Tote versichert, die Regeln eingehalten zu haben, die ein friedliches Miteinander der Menschen garantieren.

In dem Mythos des getöteten, auferweckten und Lebendiges zeugenden, schließlich im Totenreich tätigen Osiris setzten sich die Ägypter mit dem Phänomen des Todes auseinander. Der griechisch-römischen Welt blieb der Gott fremd.

Isis verkörperte die treue Ehefrau und aufopferungsvolle Mutter. Das Bild der ihr Kind stillenden Mutter (Abb. 31) wurde das Vorbild für die Darstellung der *stillenden Maria*, der *Maria lactans.* Dank ihrer Liebe zu Osiris war sie auch für Liebeszauber zuständig. Jeder konnte sich mit seinen persönlichen Anliegen vertrauensvoll an sie wenden.

Abb. 31: Spätzeitliche (6. Jh. v. Chr.) Statuette der Isis Lactans (Paris, Louvre)

Sie ist mit fast allen Gottheiten identifiziert, als eine *Allgöttin* verehrt worden, so dass man von einem *Henotheismus* sprechen kann, der Verehrung einer Gottheit in verschiedenen Gestalten (griech. *hen* = *eins*). Man hielt sie für allmächtig. Wie alle ägyptischen Gottheiten unterlag auch sie nicht dem Schicksal, dem römischen Fatum. Einem Verehrer offenbarte sie sich selbst mit folgenden Worten:

Sieh, hier bin ich, von deinen Bitten herbeigerufen,
die Mutter der Natur, die Herrin aller Elemente,
das erstgeborene Kind der Zeiten, die höchste Gottheit,
die Königin der Totengeister, die Erste unter den Himmelsbewohnern.
Die Göttinnen und Götter sind nur Erscheinungen von mir.
Ich regiere die lichten Höhen des Himmels, die heilsame Brise des Meeres,
das bejammernswerte Schweigen der Unterwelt mit meinen Winken.
Mich, die einzigartige Gottheit, verehrt der ganze Erdkreis in vielfacher Gestalt,
mit mannigfachen Riten, mit vielerlei Namen.

(Apuleius – geb. ca. 125 n.Chr. –,
Metamorphosen, 11,5).

Sie fügte noch viele andere Gottheiten an, die sie als Erscheinungen ihrer selbst bezeichnete: die Mater Magna (Kybele), Minerva, Venus, Diana, Juno, Proserpina und Ceres und Hekate. Sie ist auch als Fortuna und als Heilgöttin verehrt worden. Der römische Dichter Albius Tibullus (ca. 50–19 v.Chr.) ruft sie so an:

Jetzt, Göttin, komm mir zu Hilfe. In deinen Tempeln beweisen viele Bilder, dass du über die Kraft des Heilens verfügst.

(1,3, VV. 27/28).

Ihr Gottesdienst wurde täglich gefeiert. Bei Tagesanbruch wurde der Tempel geöffnet und das Bild der Göttin mit Feuer und Nilwasser geweckt, anschließend bekleidet. Nilwasser war es auch, das in einem Gefäß der Gemeinde von einem ganz in Weiß gekleideten Priester gezeigt wurde, ein Symbol des Osiris und damit zugleich der Leben spendenden Kraft, die Glück verhieß. Die Gläubigen verehrten und priesen die Göttin mit Hymnen und Klängen des *Sistrums*, einer Art Klapper, sie brachten ihre Trauer über den Tod des Osiris und ihre Freude über seine Wiederbelebung exzessiv zum Ausdruck, sie beteten und meditierten und fanden sich am Schluss zu gemeinsamem Mahl zusammen. Am Abend wurde die Göttin entkleidet, der Tempel geschlossen.

Wasser spielte eine große Rolle, gleichgültig, ob es nun tatsächlich aus dem Nil stammte oder ob man es nur als solches ausgab.

Es gab zwei große Feste im Jahr. Sie wurden mit Prozessionen und Tänzen gefeiert. Im Frühjahr, wenn die Schifffahrt begann, wurde Isis als

Beschützerin der Seefahrt verehrt, im Herbst wurde im Ritus das Schicksal des Osiris vergegenwärtigt.

Gottesdienste wurden, wo immer es Isis-Tempel gab, in der gleichen Form gefeiert.

Es gab auch Mysterien. Sie sind im 3. Jahrhundert v.Chr. von Griechen begründet worden. Nach der Eroberung Ägyptens durch Augustus 31 v.Chr. verbreiteten sie sich sehr schnell im ganzen Reich. Die Isismysterien weckten mehr Erwartungen für den Fortgang des irdischen Lebens als für ein Leben nach dem Tod. Jeder durfte sich einweihen lassen, aber nicht jeder konnte es sich leisten. Man investierte in der Hoffnung auf eine Rendite. Ein Myste berichtet, was ihm im Verlauf des Initiationsritus widerfahren ist:

> *Ich bin an die Grenze des Todes gekommen. Ich betrat die Schwelle der Proserpina, ich bin durch alle Elemente gewandert. Um Mitternacht sah ich die Sonne in ihrem hellsten Licht leuchten. Ich habe den unteren und den oberen Göttern ins Antlitz geschaut, ich war ihnen ganz nahe, als ich sie anbetete.*
> (Apuleius, a.a.O., 11,23,8).

Der Myste stirbt. Er tritt eine symbolische kosmische Reise an, er begegnet der Isis-Proserpina, er steigt auf in das Reich der Planeten. Alle Gottheiten erscheinen ihm persönlich. Neu geboren kehrt er in das Leben zurück. Wie Osiris hat er den Tod überwunden. Der Initiand wird gleichsam in einen kosmischen Zusammenhang eingebunden, der sich im Lauf der Sonne, in dem Rhythmus von Saat und Ernte manifestiert. Mit einem Festessen wird der *Geburtstag* gefeiert und beendet. Wie das Geschehen inszeniert worden ist, weiß man nicht.

Im Gegensatz zur christlichen Taufe erhoben die Mysterien keinen Anspruch auf Ausschließlichkeit. Man konnte sich in viele Mysterien einweihen lassen.

Isis stillte anders als die Staatsgötter die Sehnsucht der Menschen nach göttlicher Nähe. Sie vermittelte den Glauben an göttlichen Beistand im Streben nach Glück und Erfolg. Von der weiten Verbreitung ihres Kults legen noch heute zahlreiche archäologische Stätten Zeugnis ab.

Als 1760 ein Isis-Tempel in Pompeji ausgegraben wurde, begann man in Europa, sich für Ägypten zu interessieren und zu begeistern. Auch Wolfgang Amadeus Mozart war von der Bewunderung ergriffen, als er 1791 die *Zauberflöte* komponierte.

Die Ruine

Archäologisch gesehen handelt es sich bei der Roten Halle um den zentralen Teil eines einst 266 x 109 m großen Bezirks, der wohl unmittelbar an das römische Forum angrenzte (Abb. 32, 33).

Abb. 32: Rote Halle in Pergamon

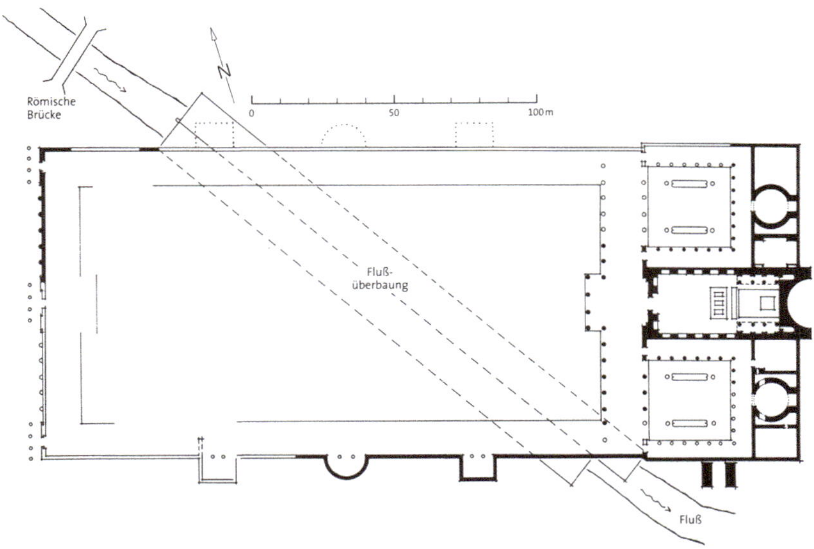

Abb. 33: Grundriss der sog. Roten Halle (Tempel der ägyptischen Götter)

Um ein so großes Areal nutzen zu können, musste sogar eigens der Fluss Selinus überbaut werden. Eine mit Marmorplatten verkleidete Außenmauer begrenzte den gesamten Komplex. Zu betreten war er an der westlichen Seite durch drei Torbauten (gr. Propyla). Der sich anschließende weite Hof ist nahezu komplett modern überbaut. Gerahmt wurde er von Säulenhallen, in die auf den beiden Langseiten jeweils eine halbrunde sowie zwei rechteckige Exedren eingearbeitet waren. Hinter der östlichen, besonders tiefen Säulenhalle lag in der Mitte der Tempel, den links und rechts je ein marmorgepflasterter, wiederum mit Säulenhallen eingefasster Seitenhof flankierte, in denen entlang der Wände des Tempels steinerne Bänke standen und die in ihrem Zentrum ein langgestrecktes Wasserbecken besaßen. Ferner wurden hier ägyptische Doppelatlanten und weibliche Stützfiguren (gr. Karyatiden) gefunden, die die Hallendächer trugen. Die mittige Lage des Tempels war an der Außenseite der Osthalle durch ein in den Haupthof vorspringendes Propylon mit vier Säulen architektonisch besonders betont. Allein vom eigentlichen Tempel blieben nennenswerte Reste erhalten. Es handelt sich hierbei um einen 60 x 26 m großen Hallenbau, dessen äußere, in der Antike mit Marmor verkleideten Ziegelmauern, von deren rötlicher Farbe die Anlage ihren modernen Namen hat, noch in Höhe von gut 19 m Höhe anstehen. Betreten wurde der gigantische Raum durch eine etwa 7 m breite Türöffnung an der Westseite. An der Ostseite befindet sich außen eine von einer Halbkugel überwölbte 12 m breite Apsis. Im hinteren Teil des Tempels sind die Reste eines 1,18 m hohen, 9,50 m breiten und 14 m tiefen Podiums zu erkennen, auf dessen hinteren Abschnitt wiederum eine 4,60 x 4,60 m große Basis platziert worden ist, die ein 10 bis 12 m hohes kolossales Kultbild getragen haben dürfte. Vor dem Podium liegt von diesem durch einen Graben getrennt ein Wasserbecken mit drei Wannen. Das reichliche Vorhandensein solcher Installationen im gesamten Bereich des Heiligtums legt nahe, dass Wasser eine besondere Rolle im Kult gespielt haben muss. Da zudem – wie bereits erwähnt – ägyptisierende Figuren im Umfeld gefunden wurden, ist eine Zuweisung an einen oder mehrere ägyptische Götter naheliegend. Den Tempel, den möglicherweise dieselbe Bauhütte errichtet hatte, die auch für den Bau des Trajaneums verantwortlich war, wandelte man dann im 5. Jahrhundert n.Chr. in eine christliche Basilika um.

5.3.4 Das Asklepieion

Asklepios, Heros und Gott

Asklepios war ein Sohn des Apollon und der Thessalierin Koronis. Als Koronis schwanger war, betrog sie den Gott. Zur Strafe wurde sie getötet.

So erzählt der griechische Dichter Pindar vermutlich im Jahr 474 v.Chr. die Geschichte:

Als die Verwandten die junge Frau
auf den Holzstapel legten
und die helle Flamme des Hephaistos schon um sie loderte,
sagte Apollon: „Ich werde es in meinem Herzen nicht dulden,
dass mein Sohn zusammen mit der büßenden Mutter
den bejammernswerten Tod erleidet."
So sprach er und schritt aus und entriss der Toten das Kind.
Die Flamme des Scheiterhaufens hatte sich vor ihm geteilt.
Und er trug das Kind und brachte es dem Kentauren *Chiron*
nach Magnesia,
damit er es lehre, die leidvollen Krankheiten der Menschen zu
heilen.

Als Asklepios herangewachsen war, befreite er alle, die zu ihm kamen, von ihren Schmerzen.

Aber auch einer, der sich auf seine Kunst versteht, wird durch
Gewinnsucht verleitet. Gold, das ihm als ein reichlicher Lohn
angeboten wurde,
verführte ihn, einen Mann, der schon gestorben war, dem Tod
zu entreißen.
Sogleich schleuderte ihnen Kronion mit den Händen den Blitz
durch die Brust und nahm ihnen den Atem.
Der flammende Blitz besiegelte ihr Schicksal.
Sterbliche müssen erkennen,
was in ihrer Macht liegt, was ihre Bestimmung ist.
Sie dürfen von den Göttern nur erbitten, was sich gebührt.
Meine Seele, strebe nicht nach Unsterblichkeit.
Schöpfe mit deiner Kunst aus, was möglich ist.
(Pythien 3, VV. 38–46, 54–62).

Chiron hat in Magnesia am Fuß des Pelions in Thessalien gehaust, und in Thessalien wurde Asklepios als Heros verehrt. Als sein Kult von Mittelgriechenland nach Epidauros transferiert wurde und sich dort am Ende des 6. Jahrhunderts v.Chr. wundersame Heilungen ereigneten, betete man ihn als Gott an. Im 5./4. Jahrhundert wurden zahlreiche Asklepieien gegründet, u.a. auch in Athen und Pergamon. In Pergamon wurde der Heilgott zum Zeus-Asklepios erhöht (Abb. 34).

Abb. 34: Asklepios, römische Marmorkopie im Museum von Syrakus des hellenistischen Kultbildes in Pergamon (Gipsabguss Klassische Archäologie JGU Mainz)

Das Christentum überbot ihn, denn Christus heilte nicht nur, sondern er erweckte auch Tote zum Leben. Der heidnische Gott, den man *Wohltäter*, *Menschenfreund* und *Heiland* nannte, war ein ernst zu nehmender Konkurrent Christi.

Die Hippokratische Medizin: Die Emanzipation von der Religion

Es gab zwei Arten von Medizin, die des Hippokrates und die der Priester. In Pergamon wurden – anders als in Epidauros – beide Arten praktiziert.

Die Hippokratische Medizin entwickelte sich im 5. Jahrhundert v.Chr. auf der Insel Kos. Von ihrem Begründer Hippokrates weiß man nicht viel.

Er hat von ca. 460 bis ca. 370 v.Chr. gelebt. Unter seinem Namen sind eine Reihe von Schriften überliefert. Die meisten von ihnen sind aber erst nach seinem Tod verfasst worden. Der *Hippokratische Eid* ist wohl erst im 3./2. Jahrhundert v.Chr. entstanden. Mit ihm verpflichtete sich der Arzt unter anderem,

> *niemals, auch nicht, wenn er ausdrücklich darum gebeten wird, jemandem ein Gift zu verabreichen, das tödlich wirkt, oder auch nur einen solchen Rat zu erteilen, und keiner Frau ein Abtreibungsmittel zu geben,*

ein Indiz dafür, dass sich Ärzte häufig mit dem Ansinnen konfrontiert sahen, beim Suizid Hilfe zu leisten. Nicht anders als heute musste sich der Arzt zu absoluter Verschwiegenheit verpflichten.

Gottheiten, Schicksal, Zufall ließ man als Krankheitsursachen nicht mehr gelten. Gebete, Beschwörungen und Opfer wurden als Heilungsmethoden zurückgewiesen. Er sei überzeugt, schreibt Hippokrates, dass das Hinfälligste, der menschliche Körper, nicht vom Reinsten befleckt werden könne. (Über die heilige Krankheit, Kap. 1). Man war sich sicher: Krankheiten haben natürliche Ursachen, ihr Verlauf ist, sind sie einmal aufgetreten und beobachtet worden, vorhersehbar. Der Wunsch, zu prognostizieren, war ein wesentlicher Impetus zur Entstehung der Hippokratischen Medizin.

In der Erforschung der Ursachen wurde eine ganzheitliche Sicht angestrebt. Einflüsse der Konstitution, der Lebensweise, des Alters und Geschlechts, der Ernährung und des Klimas wurden in die Betrachtung einbezogen.

Es ging um den Menschen, nicht nur um den Griechen, den Bürger, den Mann, den Reichen. Das Interesse galt den körperlichen Funktionen, um die Seele kümmerte sich die Philosophie.

Aus der Anamnese und der genauen Beobachtung von Zuständen und Veränderungen wurden Schlüsse gezogen. Die Beobachtungen wurden sorgfältig dokumentiert. In dieser Dokumentation liegt der Wert der Hippokratischen Schriften. Der Arzt lernte durch Erfahrung. Es gab keine experimentelle Forschung. Obduktionen zum Tod verurteilter Verbrecher gab es nur in Alexandreia, und nur im 3. Jahrhundert v.Chr.

Als einen Schlüssel zur Erklärung von Krankheitsursachen betrachtete man die *Vier-Säfte-Lehre.* Als Gesundheit wurde das ausgewogene Verhältnis der gelben Galle (*cholé, trocken und warm*), der schwarzen Galle (*mélaina cholé, trocken und kalt*), des Blutes (*haima*, lat. *sanguis, feucht und warm*) und des Schleims (*phlégma, feucht und kalt*) zueinander definiert. Gesundheit war der Zustand der Symmetrie oder *Eukrasie*, der richtigen Mischung. Der in der griechischen Ethik fundamentale Gedanke des Maßes ist auf die Medizin übertragen worden.

Der berühmteste Arzt nach Hippokrates und zugleich der letzte bedeutende Arzt der Antike war Galen (129–ca. 216 n.Chr.). Er wurde in Pergamon geboren und verbrachte die ersten 30 Jahre – mit Unterbrechungen – in seiner Heimatstadt, bevor er 162 nach Rom ging und dort – mit Unterbrechungen – bis zu seinem Tod blieb. Er stieg zum Leibarzt der Kaiser Marc Aurel (161–180) und Commodus (180–192) auf. Er leitete von dem Übergewicht eines der vier Säfte die vier Temperamente des *Sanguinikers, Phlegmatikers, Cholerikers* und *Melancholikers* ab. Mit dem Begriff *Krise (krísis, Entscheidung)* bezeichnete er den Moment, in dem sich entscheidet, ob eine Therapie Erfolg hatte oder nicht.

In zahlreichen auf Griechisch verfassten Büchern hat er die Hippokratische Medizin weiterentwickelt. Sein besonderes Interesse galt den philosophischen, speziell den ethischen Aspekten der Medizin. Dadurch, dass er Tiere sezierte und als Gladiatorenarzt Verletzungen der Kämpfer behandelte, konnte er sich Kenntnisse der Anatomie des Körpers aneignen. Seine Schriften sind ins Lateinische, Arabische, Syrische und Hebräische übersetzt worden. Bis in die frühe Neuzeit hat er Einfluss auf die medizinische Wissenschaft ausgeübt.

Wie sorgfältig man Beobachtungen aufzeichnete, zeigt der folgende Eintrag:

> *Die Krankheit der Melide, die im Heiligtum der Hera darniederlag, begann mit heftigem Schmerz im Kopf, im Nacken, in der Brust. Gleich danach trat heftiges Fieber auf. Eine geringe Monatsblutung setzte ein. Der Schmerz hielt an. Am 6. Tag war sie müde, ihr war übel und kalt. Die Wangen röteten sich, ihr Sinn verwirrte sich. Am 7. Tag schwitzte sie, das Fieber sank, die Schmerzen blieben. Sie erlitt einen Rückfall, fand wenig Schlaf. Der Harn hatte eine gute Farbe, der Strahl war dünn. Wenig Stuhl. ... Sie schwitzte. Schließlich trat am 11. Tag die Krise ein.* (Hippokrates, Epidemien, 1,26).

Man beobachtete die Merkmale, um sie wiederzuerkennen und Bescheid zu wissen, wenn sie erneut auftauchen. Während des Krankheitsverlaufs hatte man verschiedene Heilmethoden angewandt und jeweils beobachtet und notiert, ob sie wirksam waren oder nicht. Man sammelte Erfahrungen, um sie in der Zukunft nutzen zu können.

Bei aller Bewunderung, die die rationale wissenschaftliche Medizin der Antike verdient, darf man ihre Defizite nicht übersehen. Die Kenntnisse über die Anatomie und Physiologie waren gering. Den Blutkreislauf und die Funktion des Herzens kannte man nicht. Von der Bakteriologie wusste man nichts. Es fehlten Normen, auf die man Abweichungen hätte beziehen können: Man maß und wog nicht. Über die Vier-Säfte-Lehre ist die antike Medizin nicht hinausgekommen. Erst im 18. Jahrhundert ist sie überwunden worden.

Andererseits gewinnt die der antiken Medizin eigene ganzheitliche Sicht auf den Menschen unter dem Begriff der *Diätetik* heute wieder an Bedeutung.

Die Erkenntnis der Medizin, dass es unter dem Aspekt körperlicher Funktionen keinen Unterschied zwischen Griechen und Barbaren, Männern und Frauen, Herren und Sklaven gibt, ist auf die Philosophie nicht ohne Einfluss geblieben.

Die Medizin der Priester: Kalte Bäder, Schlamm und karge Diät

Über die Verfahren der Tempelmedizin sind wir durch die *Heiligen Bücher* gut informiert, die der aus Mysien stammende Redner und Lehrer der Rhetorik Aelius Aristides (117–ca. 185 n.Chr.) nach dem Muster der *Wunderheilungen von Epidauros* verfasst hat. Als er erkrankte und Asklepios ihn im Traum anwies, in seinem Heiligtum Heilung zu suchen, begab er sich nach Pergamon, das er in der Folgezeit nur noch selten und jeweils für kurze Zeit verließ. Seit 171 hat er seine Erfahrungen und Erlebnisse aufgezeichnet. Er vermittelt einen Einblick in die Perspektive eines Patienten.

In allen Asklepieien spielte der Heilschlaf eine große Rolle. Deshalb gab es in ihnen Inkubatioshallen, in denen sich der Heilung Suchende zum Schlaf niederlegte. Im Traum erschien ihm dann der Gott Asklepios und heilte sogleich oder gab Anweisungen für eine Therapie.

Aristides berichtet:

Der Gott habe ihn einmal, als er nach Smyrna kam, aufgefordert, mitten im Winter bei Nordwind und eisiger Kälte im Fluss zu baden. Er habe es getan und sogar eine Zeitlang ausgehalten. Danach habe er sich nicht nur körperlich wohl gefühlt, sondern er sei auch von einer unaussprechlichen, lang anhaltenden Heiterkeit erfüllt worden. (2,18–23).

Ein anderes Mal sollte er sich während eines Schneesturms am heiligen Brunnen mit Schlamm bestreichen und anschließend baden. (2,74–76).

Es wurde ihm empfohlen, auch im Winter barfuß zu laufen (2,80), und immer wieder wurde eine bestimmte Diät angeraten: So sollte er gegen Erbrechen nach dem Aufstehen lediglich eine Nuss, eine getrocknete Feige, eine Dattel und etwas Brot zu sich nehmen. (3,24). Er sollte überhaupt viel Wasser trinken, keinen Wein (3,31) und auf Leckereien verzichten. (3,34–35).

Begründungen wurden grundsätzlich nicht gegeben.

Das pergamenische Asklepieion entwickelte sich zu der bedeutendsten Kult- und Heilstätte nach Epidauros. Seinen Höhepunkt erreichte es im 2. Jahrhundert n.Chr., als Kaiser Hadrian (117–138) es großzügig ausbauen ließ. Bereits 293 v.Chr. war der Asklepioskult nach Rom übertragen worden.

Es gab im Römischen Reich nicht weniger als 400 Asklepieien.

Die Ruinen

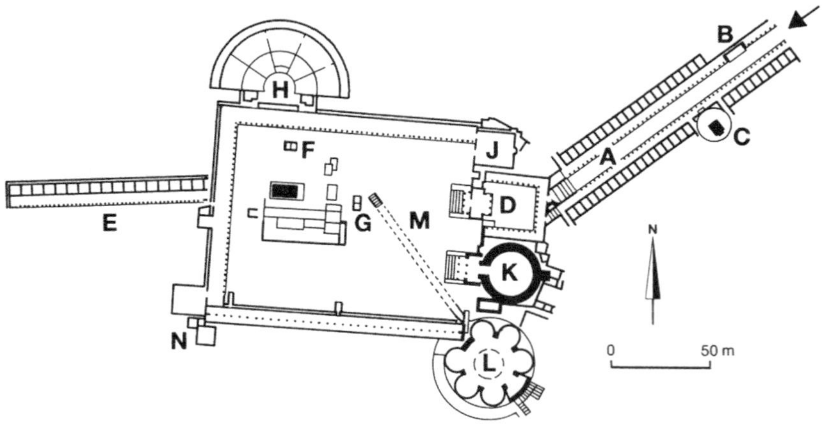

Abb. 35: Detailkarte des Asklepieions von Pergamon

Der Zugang zum Heiligtum (Abb. 35) erfolgte von der antiken Stadt aus – der Burgberg liegt in südwestlicher Richtung gut 1,8 km entfernt – über eine Heilige Straße, deren letzter Abschnitt als eine mit Kreuzgratgewölben gedeckte Hallenstraße ausgestaltet war. An diese schloss unmittelbar eine auch heute noch existierende weitere Säulenstraße aus hadrianischer Zeit an (Abb. 35 a), in deren rückwärtigen Hallen zahlreiche Läden und Geschäfte für den Pilgerbedarf untergebracht waren. In diese via tecta bzw. deren Säulenreihe ist auf der rechten Seite ein Straßenbrunnen (Abb. 35 b), wo sich die antiken Besucher vor Eintritt in das Heiligtum kultisch reinigen konnten, und auf der linken ein runder Grabbau aus der Regierungszeit des Kaisers Augustus (Abb. 35 c) integriert. Sie endet mit einem Bau, über den man das Heiligtum mittels Treppen und asymmetrisch angeordneten Zugängen betrat. Er war als optische Korrektur notwendig, da die Straße nicht gerade, sondern in einem spitzen Winkel auf das Heiligtum zulief. Dieser besondere Zugang führt auf einen von Säulenhallen eingefassten Hof, in dessen Flucht das eigentliche Torgebäude, ein viersäuliges, vom Konsul Aulus Claudius Charax in hadrianischer Zeit gestiftetes Propylon (Abb. 35 d) liegt. Während der antike Besucher von hier aus über eine große Freitreppe zum tieferliegenden Heiligtumsareal hinabsteigen konnte, muss der heutige eine schmale Nebentreppe benutzen. Das pergamenische Asklepieion ist von seiner architektonischen Grundgestalt her eine 92 x 120 m große offene rechteckige Platzanlage, an der alle Bauten liegen beziehungsweise angrenzen. Die überwiegende Mehrzahl der Gebäude stammt aus der Kaiserzeit, wobei einige von diesen bereits auf die hellenistische Epoche zurückgehen. Wo dies der Fall ist, scheint die Orientierung aber gleich geblieben zu sein. Das am besten erhaltene Bauwerk aus der Zeit der attalidischen Könige, eine längere dorische Säulenhalle (Abb. 35 e), grenzt etwa in der Mitte der Westseite des Platzes an das Heiligtum an, während die ionischen Säulenhallen, die den Platz an der Nord-, West- und Südseite umfassen, erst unter Hadrian (117–138 n.Chr.) errichtet wurden. Vor der Nordhalle befindet sich in der westlichen Platzhälfte eine besondere Brunnenanlage (Abb. 35 f), die einem Felsspalt zugeordnet ist, aus dem wahrscheinlich diejenige Quelle mit leicht radioaktivem Wasser entspringt, dem das Heiligtum seinen Ursprung verdankt. Die gesamte Westseite des Heiligtumsplatzes ist abgesehen von der rahmenden Hallenarchitektur vor Ort nur schwer zu verstehen, da die hier liegenden Mauerzüge für den Laien ein unklares Bild ergeben. Sie lassen sich vielfach nicht mehr ganz genau erkennen und voneinander unterscheiden. Bei den Ausgrabungen wurden mehrere Brunnen- und Bade(?)häuser sowie mindestens zwei Tempel entdeckt, deren Zuweisung an die drei von Aelius Aristides erwähnten Bauten für Asklepios Soter, Telesphoros und Hygieia sowie Apollon allerdings unsicher bleiben muss. Deutlicher erkennbar sind dagegen die etwa in der Mitte der Westseite bei einem Schöpfbrunnen (Abb. 35 g) liegenden Fundamentreste einer Hallenarchitektur, sog. Inkubationshallen, in denen die Kranken ihren Heilschlaf absolvierten, wobei der Traumdeutung eine besondere Rolle zukam.

Direkt in der Nordwestecke des Areals gelangte der antike Besucher durch die Säulenhalle hindurch in ein offenes, in den Hang hinein gebautes Theater (Abb. 35 h) mit etwa 3 000 bis 3 500 Sitzplätzen. Was dort aufgeführt wurde, kann nicht mit Sicherheit gesagt werden. Neben Theaterstücken, die möglicherweise der Unterhaltung der antiken Kurgäste dienten, sind dort sicherlich auch wichtige Kultfeiern sowie kultische Wettbewerbe – ebenfalls mit Theaterstücken, hymnischen Gesängen und Musik – abgehalten worden. Ob auch die in der Nordwestecke neben dem Propylon (Abb. 35 d) errichtete Bibliothek (Abb. 35 i) der Unterhaltung gedient hat oder die Fachbibliothek der im Asklepieon tätigen Ärzteschaft beherbergte, lässt sich gleichfalls nicht sicher bestimmen. In den einstmals mit Marmor verkleideten Ziegelwänden des nahezu quadratischen Saals ist neben den rechteckigen Nischen zur Aufnahme der Bücherregale in der Hauptachse eine weitere zu erkennen, in der eine Statue des vergöttlichten Hadrians (Theos Hadrianos) stand, womit das Gebäude folglich auch als Kaiserkultstätte Verwendung fand.

Etwa in der Mitte des Platzes kann ein Tunnel (Abb. 35 m) betreten werden, der zum Untergeschoss eines größeren Baus mit besonderer Gestalt (l) in der Südwestecke führt und wahrscheinlich der Wasserzu/abfuhr diente. Zwischen diesem Gebäude und dem bereits erwähnten Propylon (Abb. 35 d) ist um 140 n.Chr. vom römischen Konsul Lucius Cuspius Pactumeius Rufinus auf der Westseite des Heiligtumsplatzes der große, Zeus und Asklepios gemeinsam geweihte Haupttempel (Abb. 35 k) erbaut worden. Analog zum benachbarten Propylon besaß dieser eine Freitreppe, die zu einer viersäuligen, giebelbedeckten Eingangsvorhalle hinaufführte, von wo aus man in einen dahinterliegenden rechteckigen Vorraum gelangen konnte, der wiederum erst den Zugang zur eigentlichen Cella, einem runden Kuppelbau von 24 m Durchmesser, bildete. Seine Wände besaßen abwechselnd halbrunde sowie rechteckige Nischen, und er war reich mit Wandmosaiken dekoriert. Beleuchtet wurde er wohl durch eine mittige Öffnung in der Kuppeldecke. In dieser Form ähnelt der Bau sehr dem allerdings wesentlich größeren Pantheon in Rom und gilt daher gemeinhin als vereinfachte Replik des berühmten stadtrömischen Vorbilds. Seine Einzigartigkeit in Kleinasien führte dazu, dass der Tempel unter dem Namen Hain des Rufinus später sogar in die Liste der Weltwunder aufgenommen wurde.

Das benachbarte etwas größere Gebäude (Abb. 35 l) ist dagegen nicht als Tempel zu interpretieren, sondern gilt als sog. Kurhaus des pergamenischen Asklepieions. Es war mehrgeschossig und diente – wie neuerdings vorgeschlagen – wohl ebenfalls der Inkubation. Das Erdgeschoss bestand aus einem großen runden Saal, an den sechs tiefe apsidial gestaltete Räume anschlossen. An der Rückseite führte eine recht geräumige Treppenanlage zum tonnengewölbten Untergeschoss sowie zu einer südlich vorgelagerten, als Sonnenterrasse interpretierten Anlage. An den Wänden des Untergeschosses gab es unterschiedliche Installationen, die wohl eine vielfältige Nutzung des Heilwassers zu Kurzwecken ermöglichten.

Als letzte bauliche Anlagen seien schließlich noch die prachtvollen Luxusmarmortoiletten (Abb. 35 N) in der Südwestecke erwähnt. Die Größte besaß 40 Sitzgelegenheiten und zu ihr gehörte ein ständig mit fließendem Wasser gespülter Kanal, der für den ebenso raschen wie hygienischen Abtransport der Fäkalien sorgte.

Das Heiligtum des Heilgottes Asklepios beherbergte folglich nicht nur Bauten, die für die Durchführung der antiken Heilmethoden unerlässlich waren wie die dem Heilschlaf dienenden Inkubationshallen, sondern auch solche, die die allgemeine körperliche Bequemlichkeit (Brunnen, Bäder, Toiletten) als auch die geistige Unterhaltung der oft wochen- oder gar monatelang auf Gesundung hoffenden, kranken Besucher beförderten und damit ganz wesentlich zur Attraktivität des pergamenischen Asklepieions beitrugen. Darüber hinaus galten die dort tätigen Ärzte als mit die besten ihrer Zeit. Der wohl bekannteste dürfte Galen (122–199 n.Chr.) gewesen sein. Dies sowie die mondäne bauliche Infrastruktur begründeten den guten Ruf des Heiligtums im gesamten Imperium und führten zu einem hohen Besucheraufkommen, das in nicht unerheblichem Maß letztlich den Reichtum sowie die Attraktivität Pergamons in der Kaiserzeit sichern half, und ließen die Stadt damit bereits in der Antike zu einem wahren Touristenmagnet werden.

6. Kapitel

Ephesos

6.1 Die Geschichte
Die Anfänge: Die Entstehung der ionischen Stadt

Die ältesten Besiedlungsspuren stammen aus dem 4. Jahrtausend v.Chr. Die Einwanderer, die aus dem Landesinneren kamen, bewohnten die Hügel am Rande der Ebenen.

Im 3. Jahrtausend geriet die Küste unter kretisch-minoischen, im 2. Jahrtausend unter mykenischen (d.h. achäischen) Einfluss. In hethitischen Quellen taucht *Apasa* als Name eines Ortes auf. Er lag dort, wo sich heute die Johannesbasilika erhebt. *Apasa* meint *Ephesos.*

Das kleine mykenische Fürstentum war unter die Herrschaft der Hethiter geraten, der die sog. *Seevölker* ein Ende bereiteten.

Am Ende des 2. Jahrtausends wanderten erneut Griechen ein, Ionier. Ob es Athener waren, wie der griechische Historiker und Geograph Strabon (63 v.Chr.–23 n.Chr.) schreibt (14,1,22), ist nicht sicher.

Im 9. Jahrhundert entstand ein Bezirk, in dem die Göttin Artemis verehrt wurde. Sie war möglicherweise die Nachfolgerin einer am gleichen Ort schon vorher verehrten anatolischen Fruchtbarkeitsgöttin.

Um 800 v.Chr. schlossen sich zwölf, später dreizehn ionische Städte, unter ihnen Ephesos, zu dem Panionischen Bund zusammen. Mittelpunkt war das Heiligtum des Poseidon im Norden der Halbinsel Mykale im Gebiet von Priene, das *Panionion.*

678 oder 669 zerstörten die Kimmerier den nicht lange vorher errichteten Tempel der Artemis.

Die archaische Stadt: Unbeirrbare Treue zu den Persern

560 v.Chr. eroberte der Lyderkönig Kroisos die Stadt. Er verlegte sie vom Koresosberg in die Niederung um das Artemision. Immer wieder hereinbrechende Schlamm-Massen hatten die alte Stadt unbewohnbar gemacht. Die Bauarbeiten an dem im 6. Jahrhundert begonnenen, aber nicht fertiggestellten Artemis-Tempel wurden wieder aufgenommen. Kroisos stiftete die Säulen. Erst 420 v.Chr. wurde der Bau vollendet.

Als Kroisos dem Kyros unterlag (547, 530?), kam Ephesos unter die Herrschaft der Perser.

Im Ionischen Aufstand (500–494 v.Chr.) versammelte sich die Streitmacht der Griechen in Ephesos. Hier trat sie ihren Marsch gegen Sardeis an. Als sie zurückgeworfen wurde, kam es vor den Toren der Stadt zu einer Schlacht, an der sich die Ephesier nicht beteiligten. So entging die Stadt der Zerstörung. 494 brach der Aufstand durch die Niederlage bei der Milet vorgelagerten Insel Lade zusammen. Die Ephesier erscheinen nicht in dem Katalog der an der Schlacht beteiligten Schiffe. Sie hatten sich offenbar rechtzeitig abgesetzt.

Obwohl die Stadt nominell unter der Herrschaft der Perser blieb, wurde sie 467 Mitglied in dem 478/77 gegründeten Attisch-Delischen Seebund. Ihr Jahresbeitrag, der einem Gegenwert von 200 kg Silber entsprach, ist ein Beweis für ihre große Wirtschaftskraft.

Im Kalliasfrieden (449/48 v.Chr.) wurde die Westküste zur entmilitarisierten Zone erklärt, den Städten wurde Bündnisfreiheit zugestanden.

Im Peloponnesischen Krieg (431–404 v.Chr.) kündigte die Stadt das Bündnis mit den Athenern auf. Die Spartaner nutzten sie als Flottenstützpunkt. Durch den Antalkidasfrieden (386) kehrte sie unter die persische Herrschaft zurück.

356 brannte der Artemis-Tempel nieder. Durch Blitz, durch Brandstiftung? Wollte die Priesterschaft den durch Grundwasser gefährdeten Tempel auf ein sicheres Fundament stellen, und stand der berüchtigte Herostrat in ihren Diensten, von dem es hieß, er habe sich unter der Folter zu der Tat bekannt und als Motiv Ruhmsucht angegeben? Noch heute nennt man einen Menschen *Herostrat*, der, um sich einen Namen zu machen, ein Verbrechen begeht. Warum hat die Göttin der Zerstörung ihres Tempels tatenlos zugesehen? Weil sie, meint ein hellenistischer Historiker, der Olympia bei der Geburt Alexanders habe beistehen müssen. (Cicero, Über das Wesen der Götter, 2,69).

Ephesos gehörte zu den Städten, die Alexander dem Großen nicht als Befreier huldigen wollten. Sie blieben den Persern treu. Dieses Mal hatten sie die Lage nicht richtig eingeschätzt. Sie hielten der Belagerung nicht lange stand. 334 fiel die Stadt an den Makedonen. Der war bereit, den den Persern geschuldeten Tribut dem Artemision, dessen Wiederaufbau gerade im Gange war, zugutekommen zu lassen. Er versprach, die bereits aufgewendeten und die noch ausstehenden Kosten unter der Bedingung zu übernehmen, dass er in einer Aufschrift genannt werde. Die Ephesier lehnten ab:

> *Ein Ephesier habe zu dem König gesagt, es zieme sich nicht,*
> *dass ein Gott den Göttern Tempel erbaue.*
> (Strabon, 14,1,22; Übers.: nach A. Förbiger).

Alexander ließ sich nicht beirren: Er tat, was er sich vorgenommen hatte, auch ohne dass sein Name in der Aufschrift genannt wurde.

Die hellenistische und römische Stadt: Neugründung und römische Provinzhauptstadt

Nach Alexanders Tod teilten die Diadochen die Herrschaft unter sich auf. Die kleinasiatischen griechischen Städte fielen 301 dem Lysimachos zu, dem König von Thrakien und Makedonien (305–281 v.Chr.). Er veranlasste um 300 die Ephesier, ihre Stadt an anderer Stelle neu zu gründen, da der alte Siedlungskern erneut durch angeschwemmten Schlamm bedroht war. Als neuer Bereich wurde das Tal zwischen Koresos- und Nachtigallenberg ausgewiesen. Die Bevölkerung weigerte sich, die angestammten Wohnsitze zu verlassen, möglicherweise, weil das neue Siedlungsgebiet ursprünglich ein Friedhof war. Schließlich gelang die Umsiedlung, und vielleicht stimmt ja, was Strabon zu berichten weiß:

> *Als Lysimachos die heutige Stadt ummauert hatte und die Leute ungern wegzogen, wartete er einen Platzregen ab und ließ die Abzugskanäle verstopfen, so dass die Stadt überschwemmt wurde; und nun zogen sie willig fort.*
>
> (14,1,21; Übers.: nach A. Förbiger).

An den Hängen wurden Häuser errichtet. Sie sind im Lauf der Jahrhunderte häufig umgebaut worden.

Die Stadt erhielt nördlich des Handelshafens einen Kriegshafen.

Der römische Architekt und Ingenieur Vitruvius Pollio (ca. 85–20 v.Chr.) beneidet in seinem Werk *Über die Architektur* Ephesos um ein Gesetz, das die Stadt vor überzogenen Baukosten schützte. Wann das Gesetz erlassen wurde und wie lange es in Geltung war, kann man dem Text nicht entnehmen. Zur Stadterneuerung des Lysimachos würde es gut passen:

> *Man sagt, in der bekannten und weiträumigen Stadt Ephesos sei von den Vorvätern ein altes Gesetz erlassen worden mit harten, aber gerechten Bestimmungen. Wenn ein Architekt es unternimmt, ein öffentliches Gebäude zu errichten, gibt er bekannt, wie hoch die Kosten sein würden. Ist die Angabe gemacht worden, wird seine Habe einem Beamten übereignet, und sie bleibt in dessen Obhut, bis das Werk vollendet ist. Entsprechen am Ende die Ausgaben der Voraussage, erhält der Architekt öffentliche Ehrungen. Wenn die Endabrechnung die Schätzung um nicht mehr als 25 % übersteigt, zahlt der Staat, und es wird keine Strafe verhängt. Sind die Kosten um mehr als 25 % gestiegen, wird die zur Vollendung des Werks notwendige Summe aus dem Vermögen des Architekten entnommen.*

> *Ach, hätten die unsterblichen Götter doch bewirkt, dass ein solches Gesetz auch für das römische Volk erlassen worden wäre, und zwar nicht nur für öffentliche, sondern auch für private Gebäude.* (10, Einleitung).

Wir möchten hinzufügen: Auch für das deutsche Volk!

Nach dem Tod des Lysimachos (281) wechselten sich Ptolemäer und Seleukiden in der Herrschaft ab. Als der Seleukide Antiochos III. 190 bei Magnesia am Sipylos von den Römern besiegt wurde, fiel Ephesos dem Pergamenischen Reich zu und kam mit ihm zusammen 133 an Rom. Der römische Statthalter residierte als Prokonsul in Ephesos.

In den Mithridatischen Kriegen erlangte Ephesos durch die sog. *Ephesische Vesper*, als auf Befehl des Mithridates unzählige Römer und Italiker an einem Tag ermordet wurden (88 v.Chr.), traurigen Ruhm. Der Stadt sind dafür von den Römern nach ihrem Sieg über Mithridates als Strafe hohe finanzielle Lasten auferlegt worden.

Nach den Wirren der römischen Bürgerkriege zwischen Caesar und Pompeius, Oktavian und Marc Anton, unter denen Ephesos sehr gelitten hatte, begann unter dem Kaiser Augustus eine friedliche Epoche der Prosperität. Ephesos erlebte in den beiden ersten Jahrhunderten n.Chr. als Hauptstadt der Provinz Asia einen großen Aufschwung, von dem zahlreiche Bauten sichtbares Zeugnis ablegen. Häuser mit fünf und sechs Stockwerken wurden errichtet, die Stadt wurde mehrfach erweitert. Als *Freie Stadt* war sie von Steuern befreit und autonom in den Angelegenheiten der kommunalen Verwaltung.

In der Mitte des 1. Jahrhunderts hielt sich der Apostel Paulus zweieinhalb Jahre in Ephesos auf. Als er die Stadt verließ, blieb sein Begleiter Timotheus als Leiter der Gemeinde zurück. Er gilt als der erste Bischof.

Als der Kaiser Diokletian 284 n.Chr. die Verwaltung neu ordnete und statt der Provinzen zwölf Diözesen einrichtete, wurde Ephesos die Hauptstadt der Diözese Asia.

Im 3. und 4. Jahrhundert richteten Erdbeben schwere Schäden an. Es fehlte der Stadt an Mitteln, sie zu beheben.

Am Ende des 4. Jahrhunderts erlebte Ephesos noch einmal einen Aufschwung, der sich nicht zuletzt der Tatsache verdankte, dass es eine große christliche Gemeinde gab.

Das Konzil und sein Beschluss zur Marienverehrung

431 berief der Kaiser Theodosius II. (408–450) das 3. ökumenische Konzil nach Ephesos ein. Es fand in der der *Jungfrau Maria* geweihten Kirche statt, die man erreicht, wenn man der Arkadiane nach Norden folgt. Sie war im 5. Jahrhundert auf den Ruinen eines Profanbaus errichtet worden. Später ist sie mehrfach umgebaut worden.

Zu dem Konzil hatte der Kaiser auch den berühmten Bischof und Kirchenvater Augustinus (354–430) eingeladen. Das Schreiben hat ihn nicht mehr erreicht, er war kurz vorher gestorben.

Es ging in dem Konzil um eine typische Wesensfrage griechischen philosophischen Denkens: Wie können zwei Wirklichkeiten, die göttliche und die menschliche, unverkürzt in dem einen Christus vereint sein? Wie kann die Zweiheit in der Einheit gedacht werden? War Maria die Mutter des Menschen oder des Gottes Christus, *Christotokos* oder *Theotokos*? Man einigte sich auf *Theotokos, Gottesmutter Maria*.

Es war gewiss kein Zufall, dass es gerade in Ephesos um den Titel Mariens ging, in der Stadt, in der eine weibliche Gottheit, Artemis/Diana, nicht nur hoch verehrt worden war, sondern noch immer verehrt wurde, in der Maria einer Legende nach die letzten Jahre ihres Lebens verbracht haben soll und in der die Hauptkirche der Maria geweiht war.

Zwanzig Jahre später wurde der Beschluss auf dem 4. Ökumenischen Konzil in Chalkedon (bei Konstantinopel) bestätigt und zum Dogma erhoben. Dadurch erhielt die Marienverehrung ihre Legitimation.

Unter dem Kaiser Justinian (527–565) erlebte Ephesos eine Blütezeit. Der Kaiser ließ die riesige Johannesbasilika errichten. Dabei diente das freilich durch Erdbeben schon zerstörte Artemision als Steinbruch. Das städtische Leben verlagerte sich wieder in die alte Stadt.

Seit dem 7. Jahrhundert musste man sich gegen Angriffe der Araber wappnen. Mit dem Material der antiken Monumente wurden Verteidigungsanlagen gebaut.

In den folgenden Jahrhunderten geriet die Stadt, deren Bewohner rings um die Johannesbasilika siedelten, bald unter christlich-byzantinische, bald unter islamische Herrschaft.

1307 wurde ein seldschukisches Fürstentum gegründet. Die Stadt erlebte eine letzte Blüte. Die Johannesbasilika wurde zur Moschee umgewidmet, später für die 1375 fertiggestellte Isa-Bay-Moschee abgetragen.

1425 fiel die nach einem Mongoleneinfall 1403 fast verlassene und bedeutungslose Stadt an das Osmanische Reich.

Nach den Engländern (1863–1874) begannen die Österreicher im letzten Jahrzehnt des 19. Jahrhunderts mit Grabungen, die bis heute fortgeführt werden.

6.2 Der Mythos der Stadtgründung

Eine Stadt, die etwas auf sich hielt und die sich im Kampf um Macht und Einfluss in den unruhigen Zeiten der Diadochen durchsetzen wollte, brauchte einen Mythos, der ihre Gründung weit in die Vergangenheit verlegte. Ephesos besann sich auf die Amazonen (Abb. 36).

Abb. 36: Verwundete Amazone von einem Weihgeschenk im Artemision von Ephesos, römische Marmorkopie in der Ny-Carlsberg-Glyptotek Kopenhagen (sog. Typus Sciarra) nach einem verlorenen hochklassischen Bronzeoriginal (Gipsabguss Klassische Archäologie JGU Mainz)

Von Strabon erfahren wir, dass die kampferprobten Frauen Ephesos erbaut hätten. Die Amazonen, so schreibt er, betrieben Ackerbau und Viehzucht, züchteten Pferde, jagten und führten Kriege. Schon als Kindern werde ihnen die rechte Brust ausgebrannt, damit sie sich ungehindert der Waffen bedienen könnten (11,5). Das Wort *Amazone* haben die Griechen als *brustlos* gedeutet. Strabon verweist die Amazonengeschichten in das Reich der Fabel, die Ephesier haben sie als ihre Gründerinnen verehrt.

Was könnte sie dazu bewogen haben, da doch Frauen in der griechischen Gesellschaft eine eher untergeordnete Rolle spielten? Man bewunderte sicher ihre asketische, ganz und gar auf Arbeit und Krieg ausgerichtete Lebensweise. Sie galten als Töchter des Ares (vgl. auch Diodor 3,53–56). So waren sie gewiss keine schlechten Vorbilder für die Jugend.

Eine Amazone hat ihren Weg bis in das Bildprogramm der 13 v.Chr. vom römischen Senat in Auftrag gegebenen Ara Pacis gefunden. Dort ist sie dargestellt, wie sie mit dem Speer in der Rechten, mit entblößter rechter Brust als eine wehrhafte Frau auf ihrem Schild sitzt. Sie hat sich zur Roma verwandelt.

6.3 Die Ruinen der Stadt

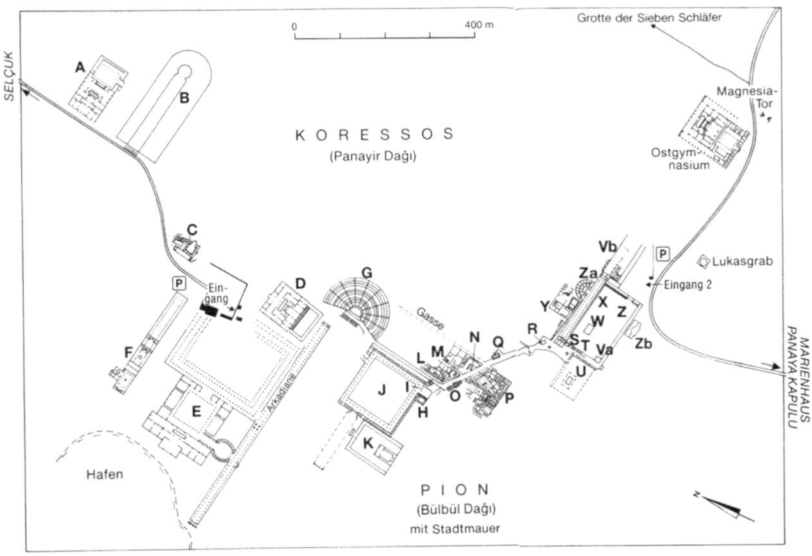

Abb. 37: Übersichtskarte des Stadtgebiets von Ephesos

Ähnlich wie in Milet können die heutigen Reisenden die antike Topographie der einstigen Hafenstadt nur noch in Ansätzen erkennen (Abb. 37). Zudem muss man wissen, dass die erhaltenen Ruinen nicht die der archaischen und klassischen Metropole sind, sondern erst aus der hellenistischen Epoche und der römischen Kaiserzeit stammen, als man die Stadt hierhin verlegt hatte.

Abb. 38: Artemision von Ephesos

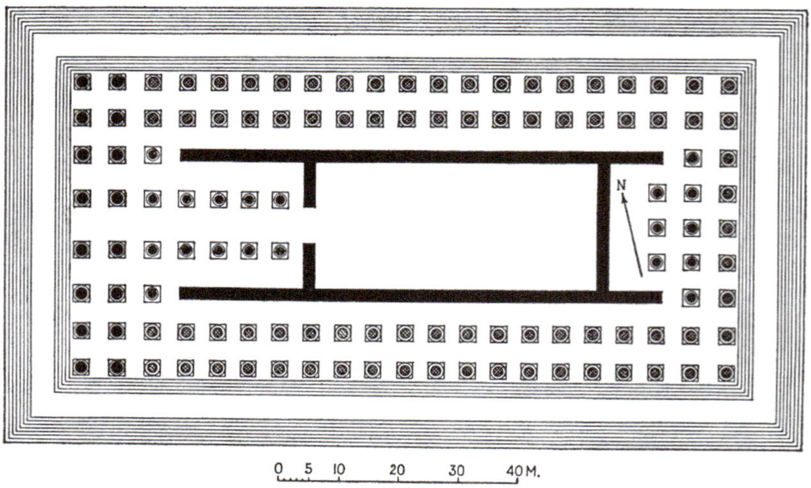

Abb. 39: Grundriss des spätklassischen Artemisions von Ephesos

Berühmtestes Bauwerk von Ephesos war zweifelsohne der große Tempel der Artemis, der sogar zu den bekanntesten sieben Weltwundern der Antike gezählt wurde. Heute sind hiervon freilich nur noch traurige Reste übriggeblieben, die vor der eigentlichen Ruinenstätte links an der Straße nach Selçuk in einer sumpfigen, gelegentlich sogar ganz überschwemmten Niederung liegen (Abb. 38).

Abb. 40: Rekonstruktionszeichnung der Säulenhalle des spätklassischen Artemisions von Ephesos

Viel zu sehen ist daher vor Ort nicht. Es gab mehrere aufeinanderfolgende Tempelbauten. Recht unscheinbar dürfte ein kleiner Tempel des 8./7. Jahrhunderts v.Chr. gewesen sein. Kolossalen Ausmaßes (55 x 115 m) war dagegen ein um die Mitte des 6. Jahrhunderts. v.Chr. begonnener ca. 25 m hoher Bau, der eine große Ringhalle mit doppelter ionischer Säulenstellung besaß (sog. Dipteros). Dieser Tempel wurde 356 v.Chr. infolge von Brandstiftung durch einen Mann namens Herostratos zerstört, der sich damit unsterblich machen wollte, was ihm letztlich auch gelang. Der dadurch notwendige Wiederaufbau ist baldigst in Angriff genommen worden und führte zu keiner großen Planänderung (Abb. 39). Im Großen und Ganzen orientierte man sich dabei am alten Tempel und übernahm sogar den aufwendigen besonderen Reliefschmuck der Säulen (Abb. 40). Im 4. Jahrhundert v.Chr. scheint auch der Platz um den Altar neu gestaltet worden zu sein. Dieser wurde nun an drei Seiten von einer Wand eingefasst, vor der ionische Säulen standen.

An die Stelle des Artemisons von Ephesos trat, was die Bedeutung anbelangt, in christlicher Zeit die auf dem sog. Ayasoluk-Hügel liegende Johanneskirche (Abb. 41). Von einem hochgelegenen Parkplatz aus führt hier durch das sog. Tor der Verfolgung (zwei Torbögen zwischen zwei quadratischen Türmen und mit einem schmalen langen Zwinger) aus dem 6. Jahrhundert n.Chr. ein Weg zum eigentlichen Kirchenareal. An dieser Stelle scheint schon seit dem 2. Jahrhundert n.Chr. das Grab des Johannes verehrt worden zu sein. Wahrscheinlich gab es hier bereits einen kleineren kapellenartigen Bau, als am Ende des 5. Jahrhunderts n.Chr. dann mit der Errichtung einer mehrschiffigen Basilika begonnen wurde. Die heute sichtbaren und zum Teil wiederaufgebauten Reste stammen allerdings nicht hiervon, sondern gehören zu einer 130 m langen Kreuzkuppelkirche mit Vorhalle und Atrium, die, wie die auf einigen Kapitellen erhaltenen Monogramme des byzantinischen Kaisers Iustinian und seiner Gattin Theodora nahelegen, in der Regierungszeit dieses Herrscherpaars (527–565 n.Chr.) errichtet worden sein muss. Typologisch verwandt ist der Bau mit der etwa gleichzeitigen Apostelkirche in Konstantinopel (1462 abgebrochen) und San Marco in Venedig aus dem 11. Jahrhundert n.Chr. Die Kirche besaß über entsprechend dimensionierten Gurtbögen insgesamt 5 kreuzförmig angeordnete Kuppeln, wobei unter der mittleren Kuppel das Grab des Johannes lag. Die Kirche ist sicherlich besonders prachtvoll mit Marmorplatten, (Gold)mosaikdekor etc. geschmückt gewesen. Der im Westen liegende Hof (Atrium) war von Säulenarkaden umgeben und erhob sich als ein von außen unzugänglicher eigener Baukörper über einer durch Bögen gegliederten Terrassenmauer. An der Nordseite sind die freigelegten Reste des Baptisteriums (Kuppelbau) zu erkennen. Schließlich können auf der nördlichen und zugleich höchsten Erhebung des Hügels die Überreste einer byzantinisch-seldschukischen Zitadelle besichtigt werden, die einen dichten Kranz von Wehrtürmen besitzt und in ihrem Innern Zisternen sowie eine kleine Moschee beherbergt. Sehenswert ist ferner die südwestlich der Johanneskirche am unteren Fuß des Hügels um 1375 errichtete Moschee des Seldschuken-Sultans Isa Bey I.

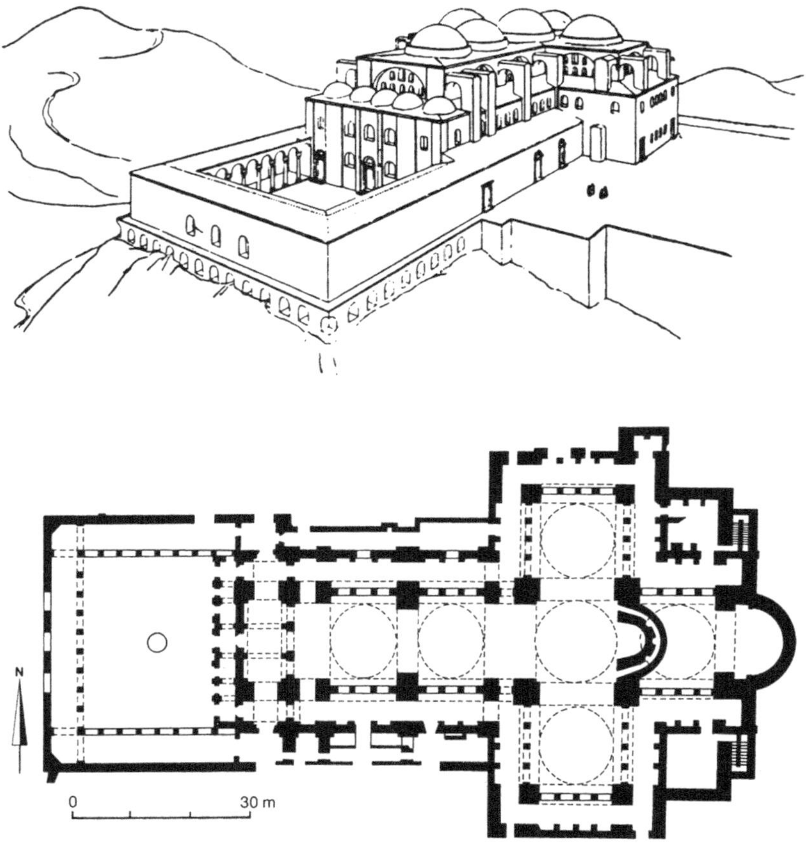

Abb. 41: Grundriss und Rekonstruktionszeichnung der Johannesbasilika von Ephesos

Zur Besichtigung des antiken Stadtgeländes (Abb. 37) gelangt man über die Straße von Selçuk nach Kusadasi, von der eine Zufahrtstraße direkt zu den Ruinen abzweigt. Das Gelände wird von zwei Hügeln gerahmt, dem Koressos-(Panayir Dagi) und dem Pionhügel (Bülbül Dagi). Die Besichtigung beginnt am großen Parkplatz, von dem aus das Hauptruinengelände betreten werden kann. Davor liegen links am Nordhang des Panayir Dagi die Reste zweier Bauten.

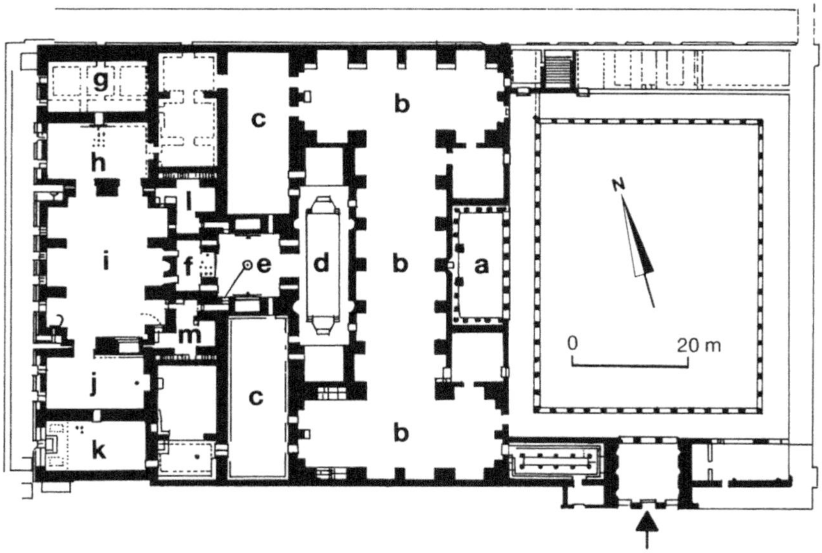

Abb. 42: Grundriss des sog. Vedius-Gymnasions von Ephesos

Bei dem ersten (Abb. 37 A) handelt es sich um ein prunkvolles Gymnasion (Abb. 42), das ein reicher ephesischer Bürger namens Publius Vedius Antoninus in der Regierungszeit des Kaisers Antoninus Pius (138–161 n.Chr.) stiftete. Zusätzlich zu den für Gymnasien üblichen größeren und kleineren Zimmern und dem von Hallen gesäumten offenen Sportplatz (Palaistra) gab es hier Räume für einen ausgedehnten Badebetrieb. Das Prunkstück der Anlage war ein sog. Kaisersaal, der im Innern eine zweigeschossige Säulenarchitektur als Wandschmuck aufwies, in der zahlreiche Statuen standen (heute im Museum von Izmir). Von dem benachbarten Stadion (Abb. 37 B) blieben dagegen nur wenige Reste, die Postamente des Eingangsgebäudes und ein Tor mit dahinterliegender Treppe, in der gut 200 m langen und im Gelände gut sichtbaren Einbettung erhalten. Bevor das eigentliche Ruinengelände betreten wird, erreicht man zunächst noch weiter südlich oberhalb der Straße einen byzantinischen Bau mit Kuppelsaal und 4 Apsiden (Abb. 37 C).

Vom Eingang führt ein Weg als erstes zu dem links davon liegenden sog. Theatergymnasion (Abb. 37 D) aus dem 2. Jahrhundert n.Chr. Rechts zweigt eine antike, wie wir durch eine erhaltene Inschrift wissen, nach Kaiser Arkadius (395–408 n.Chr.) Arkadiane genannte 11 m breite Prunkstraße ab, die auf beiden Seiten von 5 m tiefen Hallen gesäumt war und direkt zum Hafen führte. Die genannte Inschrift überliefert zudem eine Beleuchtung mittels 50 Laternen. In der Mitte der Gesamtdistanz fallen vier dreistufige Anlagen ins Auge, die einst jeweils eine Säule mit zugehöriger Bronzestatue getragen haben. In der Nähe gab es ein weiteres im

2. Jahrhundert n.Chr. errichtetes Gymnasion, das sog. Hafen-Gymnasion (Abb. 37 E), das nochmals im 4. Jahrhundert n.Chr. umgebaut wurde. Das gesamte Gelände ist jedoch recht schwer zu fassen, da es hier in byzantinischer Zeit zur Überbauung durch Wohnhäuser gekommen ist. Östlich zweigt ein kleiner Pfad in Richtung der Marienkirche (Abb. 37 F) ab, in der 431 und 449 n.Chr. für die Kirchengeschichte einige, zum Teil wichtige Bischofstreffen stattgefunden haben. Sie liegt an einer bis heute unausgegrabenen Parallelstraße zur Arkadiane und weist mehrere Bauphasen auf (Abb. 43).

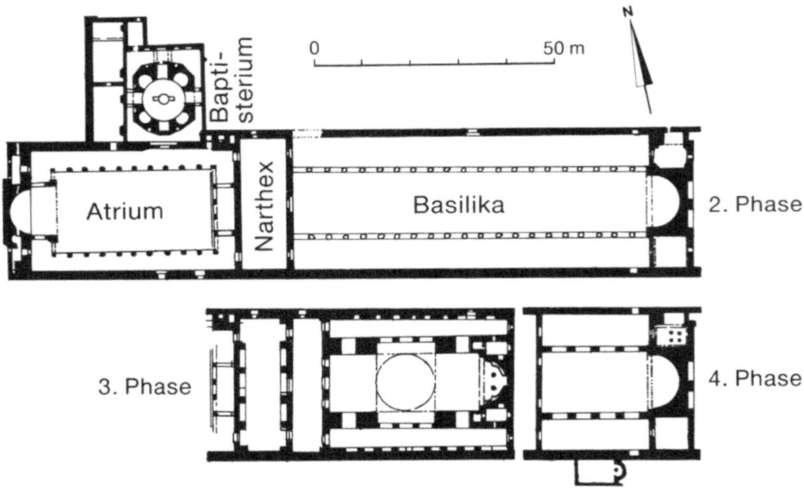

Abb. 43: Grundrisse (3 Phasen) der Marienkirche von Ephesos

Ihr Ursprung war eine dreischiffige römische Basilika mit Apsiden an beiden Enden, die im 4. Jahrhundert n.Chr. erheblichen Umgestaltungen unterlag. Dabei wurde die eigentliche Basilika verkürzt und durch den Einbau einer neuen Apsis im Osten, die zwei Nebenräume erhielt, und eines querliegenden Vorraumes (Narthex) im Westen zu einer christlichen Säulenbasilika. Zeitgleich setzte man an Stelle der westlichen Apsis einen großen, von Säulenarkaden gerahmten Hof (Atrium), an dessen Nordende wiederum ein überwölbtes rundes Baptisterium angebaut worden ist. Im 7. Jahrhundert n.Chr. schließlich hat die gesamte Westhälfte der Anlage das Aussehen einer Kreuzkuppelkirche angenommen, während die Osthälfte offenbar dem Verfall preisgegeben wurde, um nach dem Einsturz der Kuppelkirche aufgrund eines Erdbebens in mittelbyzantinischer Zeit zu einer kleinen dreischiffigen Basilika umgestaltet zu werden.

Abb. 44: Arkadiane mit dem Theater von Ephesos im Hintergrund

Ist man zur Akardiane und anschließend zum Hauptweg zurückgekehrt (Abb. 44), sollte die Besichtigung mit der Betrachtung des Theaters (Abb. 37 G) fortgesetzt werden. Dieses wurde direkt in den Osthang des Koressoshügels eingebettet. Der Baubeginn erfolgte bereits in der hellenistischen Epoche, wobei der heutige Zustand jedoch auf die unter den römischen Kaisern Claudius (41–54 n.Chr.) und Trajan (98–117 n.Chr.) erfolgten Umbaumaßnahmen zurückgeht. Es bot einst gut 24 000 Zuschauern Platz, die auf insgesamt 66 Sitzstufen Platz nehmen konnten. Radiale Zugangstreppen und gewölbte Treppenhäuser lenkten die Besuchermassen. Die runde Orchestra besaß ein fassadenartiges Bühnengebäude mit einem davorliegenden Podium, dem Proskenion. In die Westwand des Theaters ist ein kleines hellenistisches Brunnenhaus eingebaut.

Der südliche Seiteneingang (Parodos) des Theaters führt geradewegs auf die sog. Marmorstraße, auf der man direkt zur Bibliothek (Abb. 37 H) des Tiberius Iulius Celsus Polemaeanus gelangt. Dieser bekleidete zwischen 105 und 107 n.Chr. das hohe Amt des römischen Prokonsuls, ist also Statthalter der Provinz Asia gewesen, deren Hauptstadt Ephesos war. Die eigentliche Erbauung wurde jedoch erst von seinem Sohn, dem Konsul des Jahres 110 n.Chr., durchgeführt und dürfte um 135 n.Chr. fertig gewesen sein. Der Bau diente nicht nur als Bibliothek, sondern auch als Grab des ursprünglichen Stifters, das sich im hinteren Teil des Gebäudes befand. Bemerkenswert ist vor allem die reich gestaltete, heute wieder aufgebaute mehrgeschossige Prunkfassade (Abb. 45, 46) mit ihrem Ornament- und Figurenschmuck, darunter die personifizierten Tugenden des Celsus.

Abb. 45: Bibliothek des Celsus

Rechts neben der Bibliothek gelangte man in der Antike durch einen von zwei Freigelassenen des Agrippa (64–12 v.Chr.) namens Mazaeus und Mithridates finanzierten und 3/4 v.Chr. zu Ehren des Kaisers Augustus (27 v.–14 n.Chr.) errichteten Torbau (Abb. 37 I) direkt auf die Agora (Abb. 37 J), die nach Ausweis von Inschriften tatsächlich als Lebensmittelmarkt genutzt worden ist. Der Platz dürfte bereits in hellenistischer Zeit angelegt worden und dann nochmals im 3. Jahrhundert n.Chr. umgestaltet worden sein. An der Westseite führte eine 24 m breite und 160 m lange gesäumte Prachtstraße zum Hafen, in deren flankierenden Säulenhallen weitere Handelslokale untergebracht waren. Den Abschluss bildete am Hafen ein prunkvolles Tor. Unmittelbar grenzte im Westen an die Agora ein Heiligtum (Abb. 37 K) an, das vielleicht dem ägyptischen Gott Serapis geweiht gewesen ist und laut der erhaltenen Bauornamentik aus dem 2. Jahrhundert n.Chr. stammen dürfte. Es war nach Norden hin ausgerichtet und bestand aus einem hallengesäumten Platz und einem Tempel mit achtsäuliger Fassade, zu der eine dreistufige Freitreppe hinaufführte. Die Säulen waren mindestens 15 m hoch.

Abb. 46: Rekonstruierte Schnittansicht der Celsus-Bibliothek von Ephesos

Um die übrigen ephesischen Ruinen betrachten zu können, muss man wieder zur Celsus-Bibliothek (Abb. 37 H) zurückgehen. Von hier aus erstreckt sich eine in östlicher Richtung verlaufende weitere große antike Straße. Sie hieß im Altertum wohl Embolos. Erst die Ausgräber gaben ihr den heutigen Namen, indem sie sie wegen in der Nähe gefundener Inschriften des Priesterkollegiums, das das heilige Feuer auf dem Herd der Hestia im Prytaneion zu bewahren hatte, Kuretenstraße nannten. Links und rechts der von Säulenhallen eingefassten und im Tal zwischen den Hügeln Koressos und Pion entlangführenden Straße liegen weitere antike Gebäudereste, darunter ein Haus mit Säulenhof (Abb. 37 L) und die nach ihrer Stifterin Scholastikia benannten Thermen (Abb. 37 M) sowie Reste von Grabdenkmälern (Abb. 37 O). Da die beiden mitten im Stadtgebiet liegen, muss es sich um sogenannte Heroa, also regelrechte Verehrungsstätten für verdiente Bürger gehandelt haben.

Abb. 47: Sog. Hadrianeum in Ephesos

Besonders prominent sind ein kleiner, in seiner Funktion weiterhin umstrittener Bau, der sog. Hadrians-Tempel (Abb. 37 N), der – teilweise restauriert – einen guten Eindruck von seiner einstigen Fassadenwirkung gibt (Abb. 47), und die sog. Hanghäuser (Abb. 37 P), die jetzt nach Jahren der Restaurierung wieder besichtigt werden können. Hierbei handelt es sich um verschiedene mehrräumige und mehrgeschossige Wohnkomplexe der römischen Kaiserzeit, die reich ausgestattet (Marmor-, Malerei- und Mosaikdekor) waren und zum Teil private Thermenbereiche besaßen (Abb. 48). Die einzelnen „Häuser" wurden bis zur Zerstörung durch ein Erdbeben in der Spätantike benutzt und mehrfach umgebaut. Wer einen tieferen Einblick erhalten möchte, dem sei unbedingt die Nutzung des vor Ort zu erwerbenden Führers von Sabine Ladstätter, der Direktorin des Österreichischen Archäologischen Instituts und derzeitigen Leiterin der Ausgrabungen in Ephesos, empfohlen.

Wer noch weiter auf der Straße entlanggeht, wird zunächst linker Hand auf die Reste eines großen mehrgeschossigen Prunkbrunnens (Nymphäum) des Kaisers Trajan (Abb. 37 Q) stoßen. Am oberen Ende der Straße wird dann ein dreitoriger Torbogen erreicht, hinter dem rechts ein Straßenbrunnen und vor allem die Reste eines für Gaius Memmius, den Enkel des römischen Diktators Sulla, errichteten Ehrenmonumentes (Abb. 37 R), das Ähnlichkeiten mit einem Grabbau aufweist, zu sehen sind. Von hier aus führt eine gepflasterte Rampe zu einem großen Platz, an dessen Ostseite ein massiver Sockel die Basis eines weiteren römischen Ehrenmonuments bildet. Es ist das Denkmal für C. Sextilius Pollio (Abb. 37 S), den Stifter einer 3,5 km langen Wasserleitung, zu dem das südlich anstoßende Wasserbecken als Teil eines Nymphäums (Abb. 37 T) gehört. Dahinter ragen östlich die Substruktionen einer größeren Terrasse (Abb. 37 U) auf, auf die eine dreiläufige Treppenanlage hinaufführte. Dort stand ein Tempel für Kaiser Domitian (81–96 n.Chr.). Kopf und Arm des kolossalen Kultbildes blieben erhalten.

Das westlich angrenzende 160 x 58 m große Areal, von dem schon die Rede war, wird allgemein als Obere Agora oder Staatsmarkt angesprochen (Abb. 37 Z). Die mit dieser Anlage verbundenen Bauten sind im Einzelnen ein öffentlicher Brunnen des Laecanius Bassus (Abb. 37 Va), ein Tempel des 1. Jahrhunderts v.Chr. (Abb. 37 W) auf dem freien Platz (Tempel der Roma und des Augustus?), eine am Nordrand sich erstreckende lange Basilika ursprünglich rein ionischer Ordnung (Abb. 37 X) und die dahinterliegenden Versammlungsstätten der kommunalen Verwaltungsgremien, das Prytaneion (Abb. 37 Y) und das Buleuterion (Abb. 37 Za). Letzteres ist vom Bautypus her ein gedecktes Theater (Odeion). Vielleicht wurde auch die Basilika, worauf einige Inschriften hindeuten, von dem bereits genannten Pollio gestiftet.

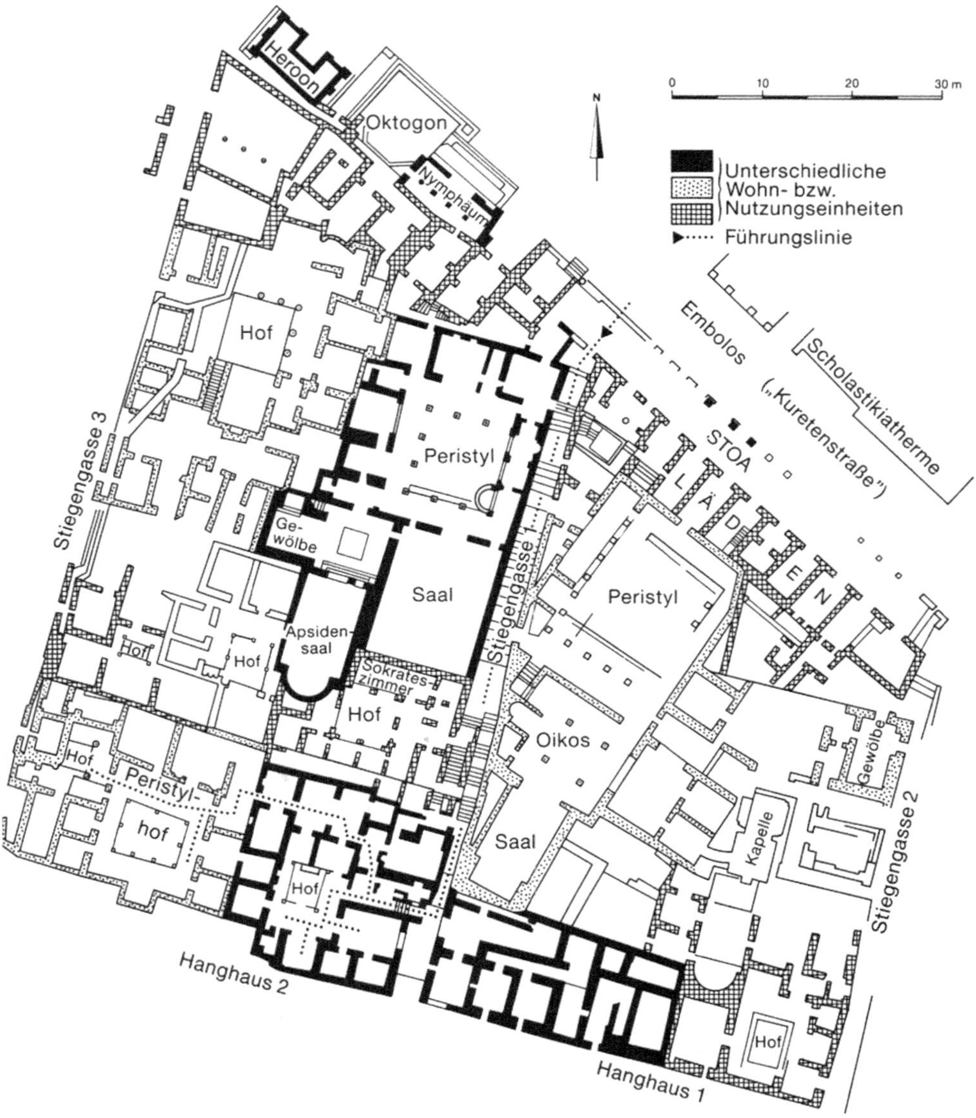

Abb. 48: Grundriss der Hanghäuser von Ephesos

Den Abschluss des am Memmiusmonument beginnenden Weges bildet ganz im Osten am Magnesiator das Ostgymnasion, das jedoch nicht besichtigt werden kann. Viel näher an der Agora liegt rechts des Weges das sog. Lukasgrab, das aber ein antiker Podienbau mit Wasserzufuhr als Zentrum eines Macellums (Marktgebäudes) gewesen ist.

6.4 Artemis und Diana, die sanfte und grausame Göttin

Nicht nur die Stadt, auch das Heiligtum der Artemis ist mit den Amazonen verknüpft. Der griechische Reiseführer Pausanias (ca. 115–ca. 180 n.Chr.) schreibt, die Amazonen hätten das alte Heiligtum gebaut und der ephesischen Göttin Opfer dargebracht (7,2,7). Aus einem Hymnus des griechischen hellenistischen Dichters Kallimachos (ca. 300–ca. 240 v.Chr.) erfahren wir, sie hätten *an der Küste von Ephesos* ein Standbild errichtet und den Tempel in voller Rüstung umtanzt (Hymnus auf Artemis, VV. 237–43).

Vielleicht handelte es sich um die allgegenwärtige asiatische Mutter- und Fruchtbarkeitsgöttin, die die Amazonen verehrten und in der die einwandernden Griechen dann ihre Göttin Artemis gesehen haben. Wenn es so war, haben sie der alten Gottheit neue Züge verliehen, ohne sie ihres ursprünglichen Charakters ganz zu berauben. Die griechische polytheistische Religion war tolerant, sie bekämpfte fremde Kulte nicht, sondern eignete sie sich an.

Der Oberpriester war ein Eunuch (Strabon 14,1,23). *Herrin der Tiere* nennt Homer die Göttin (Ilias 21, V. 470), und er meint die gesamte Welt der Tiere in der Luft, auf der Erde und im Wasser. Artemis repräsentiert die schaffende und zugleich auch die vernichtende Kraft der Natur. Sie ist sanft und grausam. Sie wird von den Frauen bei der Geburt angerufen, und sie bringt ihnen den Tod. Sie ist Muttergöttin und Jungfrau zugleich.

Als mächtige Tod bringende Jägerin und anmutig-schöne, den Tanz der Musen und Chariten leitende Jungfrau hat der Homerische Hymnus die Göttin besungen:

Artemis will ich besingen, die bewehrt ist mit den
goldenen Pfeilen, die lärmende, Ehrfurcht gebietende Jungfrau;
Hirsche tötet sie, und sicher trifft sie mit Pfeilen,
sie, die leibliche Schwester des göttlichen Bruders Apollon,
der als seine Waffe ein schönes, goldenes Schwert trägt.
Sie erfreut sich auf schattigen Bergen und windumwehten
Höhen an der Jagd, sie spannt ihren goldenen Bogen
und entsendet Pfeile, die Seufzer erregen. Die hohen
Berge beben. Furchtbar hallen die schattigen Wälder
wider vom Schrei der wilden Tiere. Es schaudern die Erde
und das fischreiche Meer. Es streift die streitbare Jungfrau
überall umher und bringt den Tieren Verderben.
Hat sie sich lauernd und treffend reichlich ergötzt und hat sie
freudig den biegsamen Bogen entspannt, dann geht sie in das
große Haus ihres Bruders Phoibos Apollon in Delphis
reicher Gemeinde und ordnet dort zum schönen Tanz die
Musen und die Chariten. Sie hängt den elastischen Bogen
und die Pfeile auf; sie schmückt sich und beginnt den

Reigen. Sie führt ihn an, und die Tänzerinnen preisen Leto mit ihren göttlichen Stimmen, die Göttin mit den schönen Füßen, weil die Kinder, die sie geboren hatte, die weitaus besten sind im Denken und in ihren Werken unter den unsterblichen Göttern.

(27; 7. Jh. v.Chr.).

Abb. 49: Artemis von Ephesos, römische Marmorkopie (Neapel, Nationalmuseum)

Unter den Römern verwandelte Artemis sich in Diana. Diana war eine italische Gottheit, die wie die griechische Göttin als Herrin allen Lebens in der Natur verehrt wurde; vor allem die Frauen standen unter ihrem Schutz.

Man hat in Ephesos drei Artemis-Kultbilder gefunden, römische Kopien des 2. Jahrhunderts n.Chr.; aus welcher Zeit das Original stammt, weiß man nicht. Die sog. *Große Artemis* hat zu vielen Diskussionen über die Frage Anlass gegeben, worum es sich bei den ihren Körper bedeckenden Gebilden handeln könnte (Abb. 49). Die These, es seien Brüste, wird inzwischen nicht mehr vertreten. Vielleicht waren es Stierhoden, die man nach dem Tieropfer der Göttin geweiht hat. Neuerdings hat Michael Wanda sie als Weiselzellen gedeutet. Dafür spreche, dass die Biene das Wappentier der Stadt gewesen sei und dass die griechischen Einwanderer Artemis als Bienenkönigin zu ihrer Schutzgöttin erkoren hätten. (Gymnasium, Band 121/2014, S. 521).

Das Asylrecht des Heiligtums

Das Artemision war in römischer Zeit ein sehr reiches Heiligtum, das über Einnahmen aus großen Besitzungen sowie aus der Erhebung von Abgaben verfügte. Es hatte die Funktion einer international agierenden Bank. Es galt als ein sicherer Ort für Wertgegenstände, verlieh Geld und gewährte auf Weihgeschenke Kredite.

Es diente auch als Archiv.

Alle vier Jahre wurden die Artemisia mit sportlichen und musischen Wettkämpfen gefeiert.

Seit jeher besaß der Tempel wie alle heiligen Stätten das Asylrecht, das freilich bei der von Mithridates befohlenen *Ephesischen Vesper* (88 v.Chr.), als sich viele der vom Tod bedrohten Römer und Italiker in das Heiligtum flüchteten, keinen Schutz bot. Dies war nicht der einzige Fall, in dem das Recht verletzt wurde.

Als der Kaiser Tiberius (14 – 37 n.Chr.) die Zahl der Asyl gewährenden Tempel reduzierte, blieb den Ephesern das Privileg erhalten. (Tacitus, Annalen, 3,60 und 61).

War es einer fortwirkenden Tradition geschuldet, dass das Recht der christlichen Kirche, Asyl zu gewähren, bis in das ausgehende Mittelalter unumstritten galt?

6.5 Paulus in Ephesos: *Groß ist die Diana von Ephesos*

Der Schwerpunkt der zweiten Missionsreise des Apostels Paulus in den Jahren 49/50–52 lag in Griechenland. Auf dem Rückweg machte er in Ephesos Station.

> *Und sie kamen nach Ephesos, und er ließ die beiden (Priszilla und Aquila) dort zurück; er aber ging in die Synagoge und redete mit den Juden.*
> *Sie baten ihn aber, dass er längere Zeit bei ihnen bleibe. Doch er willigte nicht ein,*
> *sondern nahm Abschied von ihnen und sprach: „Will's Gott, so will ich wieder zu euch kommen." Und er fuhr weg von Ephesus.*
>
> (Apg. 18, VV. 19–21; Übers.: Martin Luther).

In die Zeit der dritten Missionsreise (ca. 52/53 – 56/57/58) fiel sein zweiter Aufenthalt in Ephesos. Er währte zweieinhalb Jahre. Ein spektakuläres Ereignis zwang ihn, die Stadt zu verlassen:

> *Es erhob sich aber um diese Zeit eine nicht geringe Unruhe über den neuen Weg.*
> *Denn einer mit Namen Demetrius, ein Goldschmied, machte silberne Tempel der Diana und verschaffte denen vom Handwerk nicht geringen Gewinn.*
> *Diese und die Zuarbeiter dieses Handwerks versammelte er und sprach:*
> *„Liebe Männer, ihr wisst, dass wir großen Gewinn von diesem Gewerbe haben;*
> *und ihr seht und hört, dass nicht allein in Ephesus, sondern auch fast in der ganzen Provinz Asien dieser Paulus viel Volk abspenstig macht, überredet und spricht: Was mit den Händen gemacht wird, das sind keine Götter.*
> *Aber es droht nicht nur unser Gewerbe in Verruf zu geraten, sondern auch der Tempel der großen Göttin Diana wird für nichts geachtet werden, und zudem wird ihre göttliche Majestät untergehen, der doch die ganze Provinz Asien und der Weltkreis Verehrung erweist."*
> *Als sie das hörten, wurden sie von Zorn erfüllt und schrien:*
> *„Groß ist die Diana der Epheser!"*
> *Und die ganze Stadt wurde voll von Getümmel; sie stürmten einmütig zum Theater und ergriffen Gajus und Aristarch aus Mazedonien, die Gefährten des Paulus.*
> *Als aber Paulus unter das Volk gehen wollte, ließen's ihm die Jünger nicht zu.*

Auch einige der Oberen der Provinz Asien, die ihm freundlich gesinnt waren, sandten zu ihm und ermahnten ihn, sich nicht zum Theater zu begeben.
Dort schrien die einen dies, die anderen das, und die Versammlung war in Verwirrung, und die meisten wussten nicht, warum sie zusammengekommen waren.
Einige aber aus der Menge unterrichteten den Alexander, den die Juden vorschickten. Alexander aber winkte mit der Hand und wollte sich vor dem Volk verantworten.
Als sie aber innewurden, dass er ein Jude war, schrie alles wie aus einem Munde fast zwei Stunden lang:
„Groß ist die Diana der Epheser!“
Als aber der Kanzler das Volk beruhigt hatte, sprach er:
„Ihr Männer von Ephesus, wo ist ein Mensch, der nicht weiß, dass die Stadt Ephesus die Hüterin der großen Diana ist und ihres Bildes, das vom Himmel gefallen ist?
Weil das nun unwidersprechlich ist, sollt ihr euch ruhig verhalten und nichts Unbedachtes tun. Ihr habt diese Menschen hergeführt, die weder Tempelräuber noch Lästerer unserer Göttin sind. Haben aber Demetrius und die mit ihm vom Handwerk sind einen Anspruch an jemanden, so gibt es Gerichte und Statthalter; da lasst sie sich untereinander verklagen. Wollt ihr aber darüber hinaus noch etwas, so kann man es in einer ordentlichen Versammlung entscheiden. Denn wir stehen in Gefahr, wegen der heutigen Empörung verklagt zu werden, ohne dass ein Grund vorhanden ist, mit dem wir diesen Aufruhr entschuldigen können.“
Und als er dies gesagt hatte, ließ er die Versammlung gehen.
(Apg. 19, VV. 23–40; Übers.: Martin Luther).

In Ephesus *konnte* Paulus *ein letztes* Mal frei seiner missionarischen Tätigkeit nachgehen. Der *neue Weg* meint die christliche Lehre. Sie bot den Anlass zu dem Aufruhr.

Die Erzählung demonstriert eindrucksvoll, wie mächtig den Heiden das Christentum erschien: Die paulinische Mission konnte sogar den weit über Ephesos hinaus angesehenen Kult der Diana bedrohen. Zugleich zeigt sie, wie stark das Vertrauen der Ephesier in das im Herrschaftsbereich der Römer geltende Rechtssystem war.

Paulus kritisiert die unheilvolle Verquickung von Religion und Ökonomie. Demetrius hat die Religion für das Geschäft in Dienst genommen.

Von Paulus selbst erfahren wir, dass er Ephesos wegen einer schweren Krise verlassen hat. (2. Kor. 1, VV. 8–10). Ob Paulus mit der *Bedrängnis* die Demetrius-Episode meint, ist freilich nicht sicher.

6.6 Der Logos, das göttliche Weltgesetz: Heraklit

Heraklit (ca. 545/540–485/480 v.Chr.) war einer der bedeutenden vorsokratischen Naturphilosophen, die das Wesen des Kosmos zu ergründen suchten. Er verbrachte sein ganzes Leben in Ephesos. Er gehörte einer Adelsfamilie an, in der das Amt des Priesters der Artemis erblich war. Er verzichtete auf diese Ehrenstellung und trat sie seinem Bruder ab.

Sein philosophisches Prosawerk bestand eher aus einzelnen sentenzhaften Sätzen als aus einem zusammenhängenden Text. Es beginnt folgendermaßen:

> *Gegenüber diesem hier* (in unserem Werk) *dargestellten Weltgesetz (logos) zeigen sich die Menschen stets verständnislos, sowohl, bevor sie davon gehört haben, als auch, nachdem sie zum ersten Mal davon gehört haben. Denn obwohl alles gemäß diesem Weltgesetz geschieht, gleichen sie Unerfahrenen, sobald sie sich an solchen Worten und Taten versuchen, wie ich sie darlege, indem ich jedes Einzelne seiner Natur (physis) gemäß zerlege und erkläre, wie es sich damit verhält. Allen anderen Menschen aber bleibt verborgen, was sie wachend tun, wie das, was sie schlafend vergessen.* (Diels-Kranz B 1).

Heraklit spricht von einem Weltgesetz, aus dem sich alle Erscheinungen erklären lassen. Die Menschen verstehen es nicht, obwohl sie es begreifen könnten. Und in der Tat haben nicht nur die antiken Interpreten Schwierigkeiten gehabt, seine Botschaft zu entschlüsseln, sondern auch die heutigen Philosophen und Philologen tun sich schwer mit ihm. Er galt und gilt als der „Dunkle" (Cicero, Vom höchsten Gut und größten Übel, 2,5,15).

Nach Heraklit ist der Kosmos antithetisch strukturiert:

> *Das Meerwasser ist den Fischen nützlich, den Menschen, wenn sie es trinken, schädlich.* (B 61).
> *Kaltes erwärmt sich, Warmes wird kalt, Feuchtes wird trocken, Trockenes feucht.*
> *Verbindungen: Ganzes und nicht Ganzes, sich Verbindendes, sich Trennendes, Harmonisierendes, Disharmonisierendes; aus allem eins, aus einem alles.*
> (B 126, B 10).

Krankheit und Gesundheit, Hunger und Sättigung, Ermüdung und Ausruhen, Leben und Tod, Entstehen und Vergehen wechseln einander ab. Heraklit prägt die Formel:

Ein Krieg ist der Vater von allem, der König von allem.
(B 53).

Ein Satz lautet:

Denen, die in dieselben Flüsse hineinsteigen, strömen immer wieder andere Wasser zu. (B 12).

Er bringt die Balance von Identität und ständigem Wechsel zum Ausdruck. Der Kosmos ist stabil und zugleich in Bewegung.

Dieses Strukturprinzip ist identisch mit Gott.

Der Gott ist Tag – Nacht, Winter – Sommer, Krieg – Frieden, Sättigung – Hunger (alle Gegensätze, das ist der Sinn).
(B 67).

Das eine Weise, das für sich existiert, will mit dem Namen „Zeus" angeredet werden und will es nicht. (B32).

Die Vorsokratiker waren keine Atheisten, wohl aber Philosophen, die sich von der Vorstellung der anthropomorphen homerischen Götter gelöst hatten. Sie waren überzeugt davon, dass der Mensch in einem sinnvoll geordneten Kosmos lebt, dessen Wesen sich dem forschenden Geist enthüllt. Die stoische Philosophenschule, die 300 v.Chr. in Athen gegründet wurde, griff den Logosbegriff des Heraklit auf und deutete ihn als das ewige, die Welt durchwirkende göttliche Prinzip.

6.7 Gelehrsamkeit in der Kaiserzeit

In der römischen Kaiserzeit galt Ephesos als ein Zentrum der Gelehrsamkeit. Der Rhetor Flavius Philostratos (2./3. Jahrhundert n.Chr.) preist die Stadt:

Wer würde Ephesos verwehren, gerettet zu werden, einer Stadt, die von den Anfängen ihres Geschlechts an von reinster attischer Herkunft war, die größer als alle geworden ist, so viele ionische und lydische Städte es gibt, die ins Meer vordrang, weil sie über das Land, auf dem sie gegründet wurde, hinauswuchs, die erfüllt ist von den ausgefeilten Reden der Philosophen und Rhetoren, dank derer die Stadt stark ist, und nicht aufgrund ihrer Kavallerie, sondern wegen der zehntausenden Menschen, bei denen sie die Weisheit fördert?
(Ap. 8,7,8; Übers.: J. Fischer).

Zu den nennenswerten Intellektuellen gehörte Artemidoros (2. Jahrhundert n.Chr.), der das einzige vollständig erhaltene Werk über Traumdeutungen verfasst hat. Es vermittelt uns einen guten Einblick in den weit verbreiteten Aberglauben der antiken Menschen. Sigmund Freud (1856–1939) hat es wiederentdeckt und zitiert.

Um 100 n.Chr. haben bedeutende Ärzte in Ephesos gewirkt. Zu ihnen gehörten Soranos und Rufus, von denen mehrere Schriften erhalten sind.

7. Kapitel

Priene

7.1 Die Geschichte: Die klugen Ratschläge des weisen Bias

Über die Gründung Prienes berichtet Diodor in seiner in der Mitte des 1. Jahrhunderts v.Chr. entstandenen *Historischen Bibliothek*, sie verdanke sich den Amazonen. Nach einer ihrer Anführerinnen sei die Stadt benannt worden. (3,55). Milet kennt den gleichen mythischen Ursprung.

Die erste Siedlung, die von den Ioniern gegründet worden ist, lag vermutlich östlich der Stadt, deren Ruinen man heute besucht, am Mäander, der damals noch schiffbar war. Möglicherweise gab es an ihrer Stelle vor der ionischen Einwanderung eine karische Ortschaft.

Dass die Stadt einem Angriff der Lyder standhalten konnte, verdankt sie Bias (Abb. 50).

Abb. 50: Bias, römische Marmorkopie (Vatikan, Museo Pio-Clementino)

Er war der berühmteste Priener. Er stammte aus einem der führenden Geschlechter. Er lebte in der ersten Hälfte des 6. Jahrhunderts v.Chr., war also ein Zeitgenosse der vorsokratischen Naturphilosophen Thales und Anaximander aus Milet. Schon bald nach seinem Tod wurde er zu den sieben Weisen gezählt. Er war offenbar als Richter und Schlichter tätig, ohne ein offizielles Amt zu bekleiden. Es ist unbestritten, dass er lebte; es ist aber zweifelhaft, ob alles, was über ihn berichtet wird, wahr ist.

Als der König der Lyder, Alyattes (Ende des 7. Jahrhunderts – 560 v.Chr.), der Vater des Kroisos, die Stadt belagerte, da – so erzählt Diogenes Laertios in seinem Buch über *Leben und Meinungen berühmter Philosophen* (3. Jahrhundert n.Chr.) –

> *mästete Bias zwei Maultiere und ließ sie in Richtung des Lagers der Belagerer laufen. Der König sah sie und stellte erstaunt fest, dass nicht nur die Menschen, sondern sogar auch die Tiere in bestem physischem Zustand seien. Er beschloss, der Sache auf den Grund zu gehen, und entsandte einen Kundschafter. Bias ließ Sand aufhäufen, die Sandhaufen mit Getreide bedecken und sie dem Gesandten zeigen.*
> *Als Alyattes dies erfuhr, schloss er Frieden mit den Bürgern von Priene.* (1, 83).

Von einer Begegnung des Bias mit Kroisos erfahren wir bei Herodot:

> *Als die Griechen in Asien unterworfen und tributpflichtig gemacht worden waren, beabsichtigte Kroisos, Schiffe zu bauen und die Inselbewohner anzugreifen. Als alles für den Schiffsbau vorbereitet war, sei Bias aus Priene nach Sardeis gekommen. Andere sagen, es sei Pittakos aus Mytilene gewesen. Kroisos habe gefragt, ob es etwas Neues in Hellas gebe. Da habe der Grieche mit seiner Antwort bewirkt, dass der Schiffsbau eingestellt wurde:*
> *„König, die Inselbewohner kaufen gerade unzählig viele Pferde auf. Sie planen, gegen Sardeis und gegen dich zu Felde zu ziehen."*
> *Kroisos sagte in der Hoffnung, dass die Nachricht wahr sei:*
> *„Wenn die Götter ihnen doch diesen Gedanken eingäben, mit Pferden gegen die Söhne der Lyder zu Felde zu ziehen."*
> *Der Grieche habe folgendermaßen geantwortet:*
> *„König, mit großem Eifer scheinst du mir darum gebetet zu haben, dass du die Inselbewohner, wenn sie dich zu Pferde angreifen, auf dem Land in deine Gewalt bringst. Deine Hoffnung ist durchaus berechtigt. Aber meinst du, die Inselbewohner hätten, als sie erfuhren, dass du Schiffe für einen Feldzug gegen sie bauen ließest, um etwas anderes gebetet als darum, die*

Lyder auf dem Meer in ihre Gewalt zu bringen, damit sie sich dafür an dir rächten, dass du die auf dem Festland (in Asien) *wohnenden Griechen versklavt hast?“*
Kroisos habe sich über den Schluss der Rede sehr gefreut, und er sei dem Rat gefolgt und habe den Schiffsbau eingestellt. Der Redner habe, meinte er, vernünftig gesprochen.
Mit den auf den Inseln wohnenden Griechen schloss er ein Freundschaftsbündnis. (1, 27).

Auf die Herrschaft der Lyder folgte die der Perser. Und wieder war es Bias, der einen klugen Rat zu geben wusste, diesmal allerdings ohne Erfolg.

Die Jonier waren über die Lage sehr betrübt. Trotzdem versammelten sie sich im Panionion (dem auf dem Gebiet von Priene gelegenen gemeinsamen Heiligtum). *Da hat, wie ich erfahren habe, Bias einen sehr nützlichen Rat erteilt. Hätten die Jonier ihn befolgt, wären sie die glücklichsten Griechen geworden. Bias forderte sie auf, sich gemeinsam auf den Weg nach Sardo* (Sardinien) *zu machen und dort für alle Jonier eine einzige Stadt zu gründen, sich so aus der Knechtschaft zu befreien und den Grundstein zu einem neuen Glück zu legen, indem sie die größte aller Inseln bewohnten und die Herrschaft über andere ausübten. Blieben sie in Jonien, fuhr er fort, sähe er keine Möglichkeit, dass sie jemals die Freiheit wiedererlangen würden.*
Das war der Rat, den Bias von Priene den Joniern erteilte, nachdem sie von den Persern unterworfen worden waren.
(Herodot, 1, 170).

Herodot könnte die Geschichte von Hekataios, dem milesischen Geschichtsschreiber und Geographen (ca. 560 – ca. 480 v.Chr.), übernommen haben. Sie könnte wahr sein.

500 v.Chr. schlossen sich die Priener dem Ionischen Aufstand mit zwölf Schiffen an. Der Aufstand scheiterte. Der persische Großkönig Dareios (522–486) befahl, alle, die sich gegen ihn erhoben hätten, zu versklaven. Die Strafe traf auch Priene (Herodot 1, 161). Man darf annehmen, dass die Stadt zerstört worden ist.

Der Beitrag für die Zugehörigkeit zum Attisch-Delischen Seebund, der bald nach dem Sieg der Griechen über die Perser gegründet worden war (478/77 v.Chr.), betrug nur ein Talent. Die Stadt war offenbar nun nicht mehr bedeutend.

Mit der Gründung der neuen Stadt (352/50 v.Chr.) am Unterlauf des Mäanders, am Hang des Mykale-Gebirges, befinden wir uns auf sicherem historischem Grund. Priene entwickelte sich zu einer mittelgroßen Hafenstadt mit einer demokratischen Verfassung nach dem Vorbild Athens.

Die Bauten, in denen die Verfassungsorgane, der Rat und der geschäftsführende Ausschuß, tagten, das *Bouleuterion* und das *Prytaneion*, legen davon Zeugnis ab. Die Zahl der Einwohner betrug höchstens 6 000. Möglicherweise bestand das alte Priene mit dem Namen *Naulochos* weiter. Ein Grund für die Verlegung der Stadt war die Verlandung der Häfen durch die vom Mäander herangeführten Schlamm-Massen.

Dass die Stadt schnell wieder eine gewisse Bedeutung erlangte, beweist eine Inschrift am Tempel der Stadtgöttin Athena aus dem Jahr 334 v.Chr.

Alexander errichtete den Tempel für Athena Polias.

Zur Zeit Alexanders war der Tempel noch im Bau. Was gemeint ist, erklärt der Brief Alexanders an die Priener, der unter der Inschrift eingemeißelt war. Der Makedone hat die Einnahmen aus der Verpachtung von Grundbesitz, der ursprünglich dem persischen Großkönig gehörte, zur Verfügung gestellt.

Priene hat viele Jahre den Vorsitz in der Versammlung des Ionischen Städtebundes im Panionion innegehabt.

190 v.Chr. kam die Stadt an Pergamon und mit Pergamon 133 an Rom.

Im 1. Jahrhundert n.Chr. war sie vom Meer abgeschnitten, die Bautätigkeit kam zum Erliegen.

In byzantinischer Zeit war sie Bischofssitz. Bis ins 13. Jahrhundert war sie besiedelt, dann wurde sie verlassen und in die Ebene verlegt.

Systematische Ausgrabungen begannen unter der Leitung von Carl Humann, der auch in Pergamon tätig war, im Auftrag der Königlich-Preußischen Museen 1895. Sie wurden bis 1898 fortgeführt und 1998 vom Deutschen Archäologischen Institut wieder aufgenommen. Etwa die Hälfte der Stadt ist freigelegt. Es ist ein Glücksfall für die Archäologie, dass die hellenistische Stadt weder in der römischen Kaiserzeit noch später überbaut worden ist.

7.2 Die Ruinen der Stadt

Priene bietet die sicherlich beste Möglichkeit, sich eine antike Kleinstadt griechischer Prägung vorstellen zu können, weshalb es zu Recht das Pompeji Kleinasiens genannt wird. So sind nicht nur die öffentlichen Bezirke wie die städtischen Heiligtümer, der Marktplatz (Agora), das Theater oder die Sportstätten (Gymnasien) zu sehen, sondern man gewinnt auch einen Eindruck vom Aussehen und der Wirkung der Wohnhäuser. Wer sich aber eine Vorstellung von der Heimat des Bias machen möchte, ist freilich fehl am Platz, da das archaische Priene noch immer nicht lokalisiert werden konnte. Das zu besichtigende Areal (Abb. 51) ist das der im 4. Jahrhundert v.Chr. aus unbekannten Gründen erfolgten städtischen Neugründung.

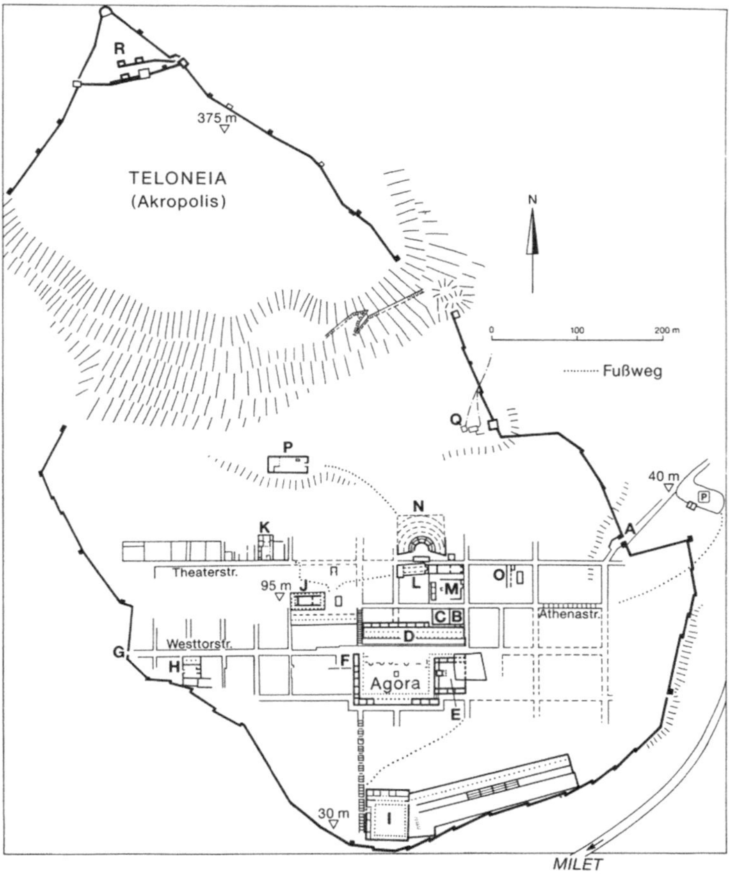

Abb. 51: Übersichtsplan der antiken Ruinen von Priene

Die Besichtigung beginnt im Osten der Stadt am 40 m oberhalb des heutigen Parkplatzes gelegenen Osttor (Abb. 51 A), von dem aus in gerader Linie die nach Westen steil den Hang ansteigende Athenastraße direkt zur Agora mit ihren öffentlichen Bauten führt. Das erste Gebäude auf der linken Seite, ein einfacher Kammerbau mit Peristylhof, war der Sitz des einstigen geschäftsführenden Ausschusses des Rates, der Prytanen (Abb. 51 B), weshalb es als Prytaneion bezeichnet wird. Benachbart ist die Versammlungsstätte (Abb. 51 C) des Rates (Buleuterion). Betreten wurde sie durch zwei Türöffnungen in der Eingangswand (Abb. 52.).

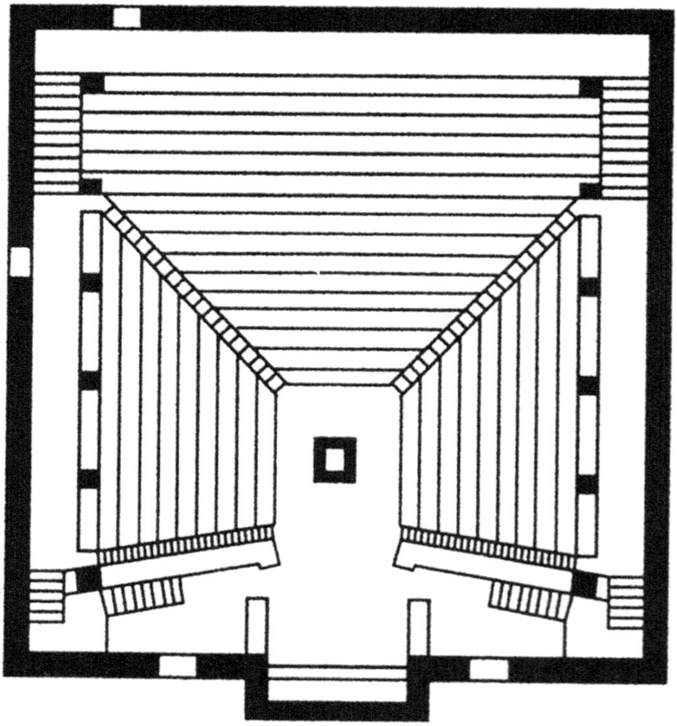

Abb. 52: Grundriss des Buleuterions von Priene

Der dahinterliegende rechteckige Saal bot auf seinen an drei Seiten treppenartig ansteigenden Sitzstufen Platz für etwa 640 Mitglieder des Rates. In der Mitte des Fußbodens befindet sich ein Altar. Das Dach wurde ursprünglich von Pfeilerreihen hinter den obersten Sitzreihen getragen (Abb. 53). Nach einem Brand sind sie dann nach unten zwischen die Stufen versetzt worden, wo sie noch heute stehen (Abb. 54).

Vor den beiden Bauten städtischer Amtsträger liegen die Reste der gut 116 m langen zweischiffigen Nordhalle (Abb. 51 D) mit dorischen Außen- und ionischen Innensäulen, die auf dieser Seite die eigentliche Agora begrenzt (Abb. 55). Sie ist eine Stiftung der Könige Ariarathes V. (163–130 v.Chr.) und Orophernes (158–155 v.Chr.) von Kappadokien. Sie beherbergte in einer ihrer Kammern einen Kultraum der Dea Roma und wurde in der Antike vielleicht deshalb, wie Inschriften bezeugen, Heilige Halle genannt. Auf ihren Wänden brachte man weitere Inschriften an, darunter neben zahlreichen Ehrungen auch Abschriften wichtiger Urkunden.

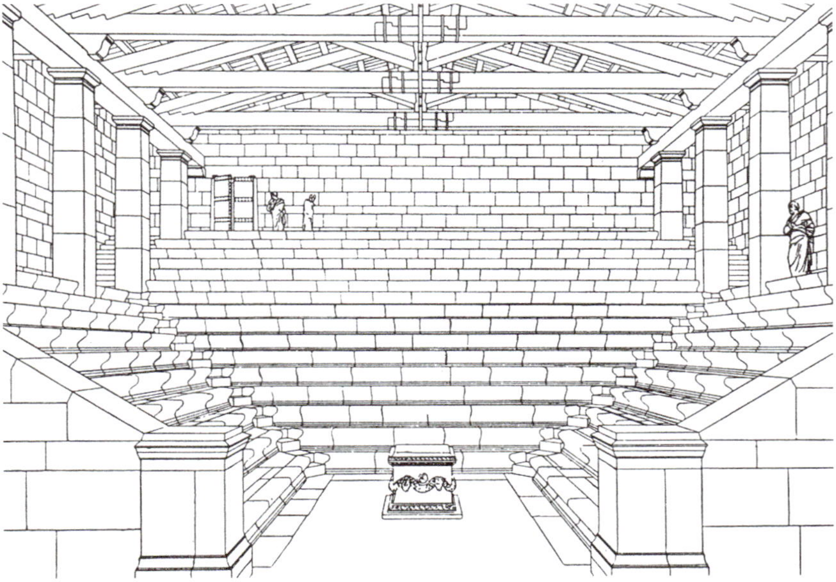

Abb. 53: Rekonstruktionszeichnung des Innenraums des Buleuterions von Priene

Abb. 54: Buleuterion von Priene

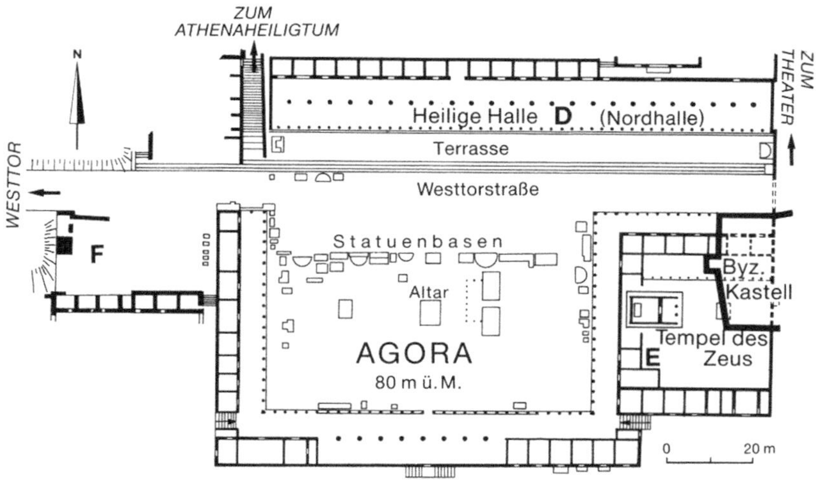

Abb. 55: Grundriss der Agora von Priene

Die freie Fläche der Agora bot ausreichend Platz für zahlreiche Ehrenmonumente, meist Statuen prominenter Persönlichkeiten auf Basen sowie halbkreisförmige Bänke (Exedren), die ebenfalls Bildnisse tragen konnten. Gemeinsam mit den zugehörigen Ehreninschriften vermittelten sie den einstigen Besuchern einen Eindruck von der sozialen Hierarchie der Stadt und taten kund, welche Personen aus welchen Familien eine Machstellung innehatten und Ansehen genossen. An der Ostseite der Agora grenzt ein kleineres Heiligtum (Abb. 51 E) an, das gemeinhin als das des Zeus gilt. Der recht gering dimensionierte Tempel und die Halle dürften etwa gegen 100 v.Chr. erbaut worden sein. Die erhaltenen Tempelfundamente legen eine Rekonstruktion des Baus als Anten-Tempel mit zwei Säulen nahe, vor dem ein Altar stand, dessen Fundamente man ebenfalls erkennen kann. Den gesamten Ostteil des Areals überbauten im 13. Jahrhundert die damaligen Bewohner zum Schutz gegen die Seldschuken mit einem Kastell, dessen Mauern sie aus Abbruchsteinen (Spolien) des angrenzenden Agorabezirks errichteten. Zur Agora im weitesten Sinn gehört auch der unmittelbar westlich an sie angrenzende Lebensmittelmarkt (Abb. 51 F) mit seinen sehr einfachen Verkaufsständen aus Steinplatten. Von dort aus kann man steil hinab durch ein Wohnviertel mit stark zerstörten Häusern, von denen lediglich das sogenannte Heilige Haus sehenswert ist, in dem vielleicht Alexander der Große als Heros verehrt worden ist, zum Westtor (Abb. 51 G) hinabsteigen. Das Heilige Haus (Abb. 51 H) besteht aus einem Hof, an dessen Südseite zwei Zimmer liegen und von dessen Nordseite aus ein größerer, hinter einer Vorhalle liegender Raum mit drei Mittelstützen zu betreten ist. Vor der Ostwand sind die Reste eines Podiums erkennbar, das wohl der Aufstellung von Votivgaben diente. Von der Ostseite der Vorhalle geht ein kleinerer Raum ab, der ein Kieselmosaik als Fußboden sowie wiederum ein Podium besitzt.

Vom Westtor sollte man ein Stück die antike Straße hinab zur Ebene wandern, um von dort aus den Verlauf sowie die Reste der hellenistischen Stadtmauer besser betrachten zu können. Man kann aber auch wieder zurück zur Agora und zum Zeusheiligtum mit dem byzantinischen Kastell gehen, von wo aus ein kleiner Weg bergab zum unteren Gymnasion (Abb. 51 I) führt.

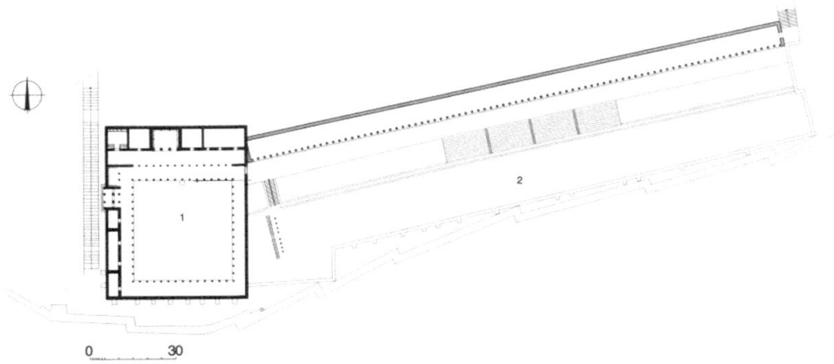

Abb. 56: Grundriss des sog. Unteren Gymnasions von Priene

Dieser hellenistische Bau (Abb. 56) ist im Wesentlichen ein ungefähr quadratischer, von vier dorischen Säulenhallen eingefasster Platz (Abb. 56 Nr. 1), dessen antiker Zugang im Westen ein eigener Torbau (Propylon) bildete. Im Norden und Westen der Anlage befinden sich die Reste zusätzlicher Räume, die als Wasch-, Umkleide- sowie Unterrichtsräume gedient haben werden. Der mittlere nördliche Raum wird als Ephebensaal bezeichnet und die beiden Säulen, die ihn zur Halle hin abgrenzen, wirken als eine besondere architektonische Hervorhebung. Inschriften auf den Steinblöcken des Raums stammen von einigen Epheben und besagen etwa, dass dies der Platz eines bestimmten Schülers sei. Zum Gymnasion gehörte ferner ein etwa 190 m langes tiefer gelegenes Stadion (Abb. 56 Nr. 2), das sich östlich unterhalb des Gymnasionkomplexes parallel zum Hang hin erstreckt. Die Zuschauer saßen wohl ausschließlich auf der Hangseite, wobei offenbar nur das mittlere Drittel mit steinernen Sitzstufen belegt war.

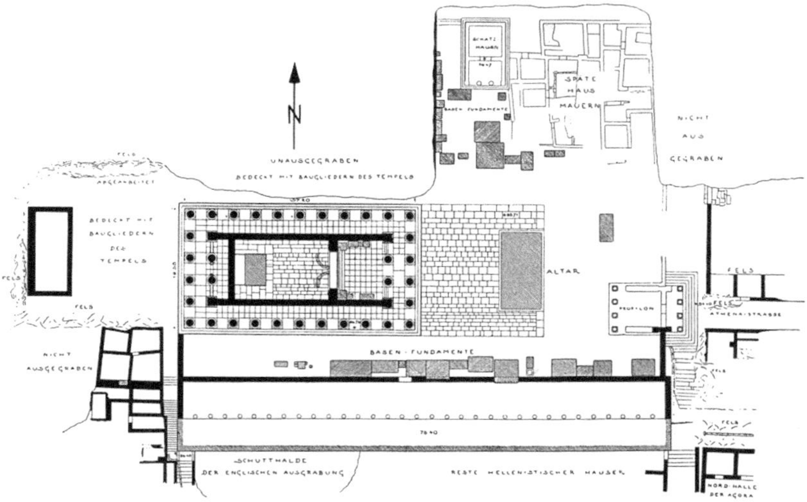

Abb. 57: Grundriss des Heiligtums der Athena Polias von Priene

Zur Besichtigung der übrigen Stadt ist zur Agora zurückzukehren, von deren Nordwestecke aus eine steile Treppe den Weg zum 16 m höher gelegenen heiligen Bezirk (Abb. 51 J) der Stadtgöttin Athena Polias weist (Abb. 57). Dort oben angelangt sind die Reste des einstigen Zugangstors mit seinen beiden ehemals viersäuligen Giebelfronten zu erkennen, das zugleich den Abschluss der am Osttor beginnenden Athenastraße bildete. Zum Heiligtum selbst gehörten mehrere Bauten, so der Tempel, sein Altar, ein weiterer kleinerer Tempelbau, eine Säulenhalle und zahlreiche Ehrenstatuen auf Basen sowie hohen Pfeilern. Zudem muss man sich klarmachen, dass der heutige Eindruck eines in die Landschaft eingebetteten Heiligtums täuscht (Abb. 58). In der Antike wirkte es nach außen hin abgeschlossen, und es waren von dort aus so gut wie keine Ausblicke in die freie Landschaft möglich.

Die Besichtigung beginnt in der Regel am gegenüber dem Propylon gelegenen Altar (Abb. 59). Er stand auf einer eigenen Terrasse, von der aus eine Freitreppe zum Tempel führte. Der Bereich zwischen beiden Gebäuden wurde durch eine Marmorpflasterung eigens hervorgehoben. Der eigentliche Brandopferaltar besaß auf drei Seiten (Ost-, Nord- und Südseite) eine Umfassungsmauer, deren Wände mittels Halbsäulen, die Hochreliefs mit Darstellungen einzelner Priesterinnen sowie anderer Gestalten rahmten, und Gebälk in besonderer Weise verziert waren.

Abb. 58: Tempel der Athena Polias in Priene

Abb. 59: Rekonstruktionszeichnung des Altars der Athena Polias von Priene

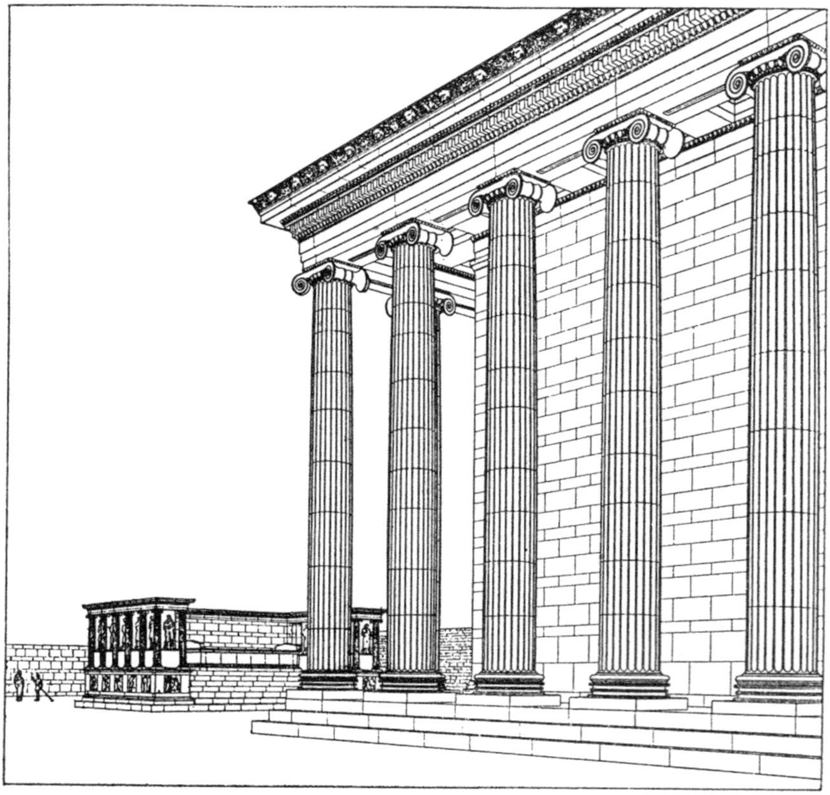

Abb. 60: Rekonstruktionszeichnung
des Tempels der Athena Polias von Priene

Der Athena-Tempel (Abb. 60) ist nach Zeugnis des römischen Architekten und Fachschriftstellers Vitruv (ca. 85–20 v.Chr.) ein Werk des Architekten Pytheos, der auch den Bau des Mausolleions von Halikarnassos beaufsichtigte. Der Blick auf die Bauornamentik am Ort lehrt aber, dass es mindestens zwei Bauphasen gegeben hat. Der der zweiten Hälfte des 4. Jahrhunderts v.Chr. folgte im 2. Jahrhundert v.Chr. eine weitere. Einigermaßen erhalten blieb der dreistufige Unterbau. Der 37,15 x 19,50 m große Stylobat trug einst eine aus sechs ionischen Säulen an den Front- und elf an den Langseiten bestehende Ringhalle. Vom Osten aus war zunächst durch zwei zwischen die vorgezogenen Mauern des Kerngebäudes eingestellte Säulen ein offener quadratischer Vorraum (Pronaos) zu betreten, bevor man durch dessen 4 m breite und 8 m hohe Tür mit zwei Türflügeln und einer hohen Schwelle, zu der drei Stufen führten, die Cella mit dem Kultbild betrat. Dieses ist eine Nachbildung der Athena Parthenos gewesen und stand am rückwärtigen Ende des rechteckigen Cellaraums auf einer 1 m hohen profilierten Basis. Gestiftet hatte die Statue um das

Jahr 156 v.Chr. König Orophernes von Kappadokien. Hinter der Cella schloss sich ein recht engräumiges Opisthodom an mit ebenfalls eingestellten Säulen, das später als Schatzraum genutzt und zu diesem Zweck zugemauert sowie mit einer Tür versehen wurde. Der Aufriss des Tempels lässt sich an Ort und Stelle einigermaßen erkennen. Allerdings sind die modern wieder aufgestellten Säulen bezüglich ihrer Höhe nicht korrekt. Sie müssen in der Antike länger, d.h. gut 11,62 m hoch gewesen sein. Die Säulen ruhten über einer quadratischen Platte (Plinthe) auf profilierten Basen und hatten ionische Volutenkapitelle, die einen lediglich ornamental (Eierstab und Zahnschnitt) verzierten Architrav trugen. Der Umgang der Ringhalle war dagegen mit einer steinernen Kassettendecke eingedeckt, deren Reliefs zum Teil figürlich dekoriert sind.

Nördlich von Athena-Tempel und Altar liegen etwas versteckt die Fundamentreste eines kleinen zweisäuligen Antenbaus aus Quadern, von dem nicht sicher gesagt werden kann, ob er als weiterer Tempel und, falls ja, wessen Verehrung er diente. Zu erwähnen ist darüber hinaus die dorische Halle aus dem 2. Jahrhundert v.Chr., die – auf einer eigenen Terrasse liegend – mit ihrer Rückseite den südlichen Abschluss des Athenabezirks bildet. An ihrer Rückwand angelehnt standen zahlreiche Ehrenstatuen auf Basen sowie hohen Pfeilern.

Nordwestlich des Heiligtums der Athena Polias erstreckt sich entlang der sogenannten Theaterstraße in einer Senke ein ausgedehntes Wohnquartier. Die hellenistischen Häuser Prienes lassen sich wegen ihres Erhaltungszustandes nicht nur im Grund- (Abb. 61), sondern auch im Aufriss rekonstruieren (Abb. 62). Besonders gut erkennbar ist dort der Grundriss eines größeren Wohnhauses mit diversen Höfen und Räumen, das aus zwei ehemals getrennten Wohneinheiten bestand (Abb. 51 K).

Die Theaterstraße führt in westlicher Richtung geradewegs zu den rechts von ihr liegenden Komplexen der Bischofskirche (Abb. 51 L) und des oberen Gymnasions (Abb. 51 M) sowie auf das links davon in den Hang hineingebaute Theater (Abb. 51 N). Die Bischofskirche, ursprünglich eine dreischiffige Basilika, stammt aus dem 6. Jahrhundert n.Chr. und besitzt im Osten eine Apsis sowie im Westen eine rechteckige Vorhalle, deren 2 x 10 dorische Säulen Raubgut von älteren griechischen Bauten sind (Abb. 63). Bei der zweiten Bauphase wölbte man die Kirche komplett ein, wobei zwischen die Säulen einfache rohe Pfeiler gesetzt wurden. Im Mittelschiff liegen die Reste eines Ambos, eines Podiums zur Verlesung von Bibeltexten, seine marmorne Bodenplatte und der vierstufige Aufgang, der über einer Muschelnische Weinlaubdekor aufweist.

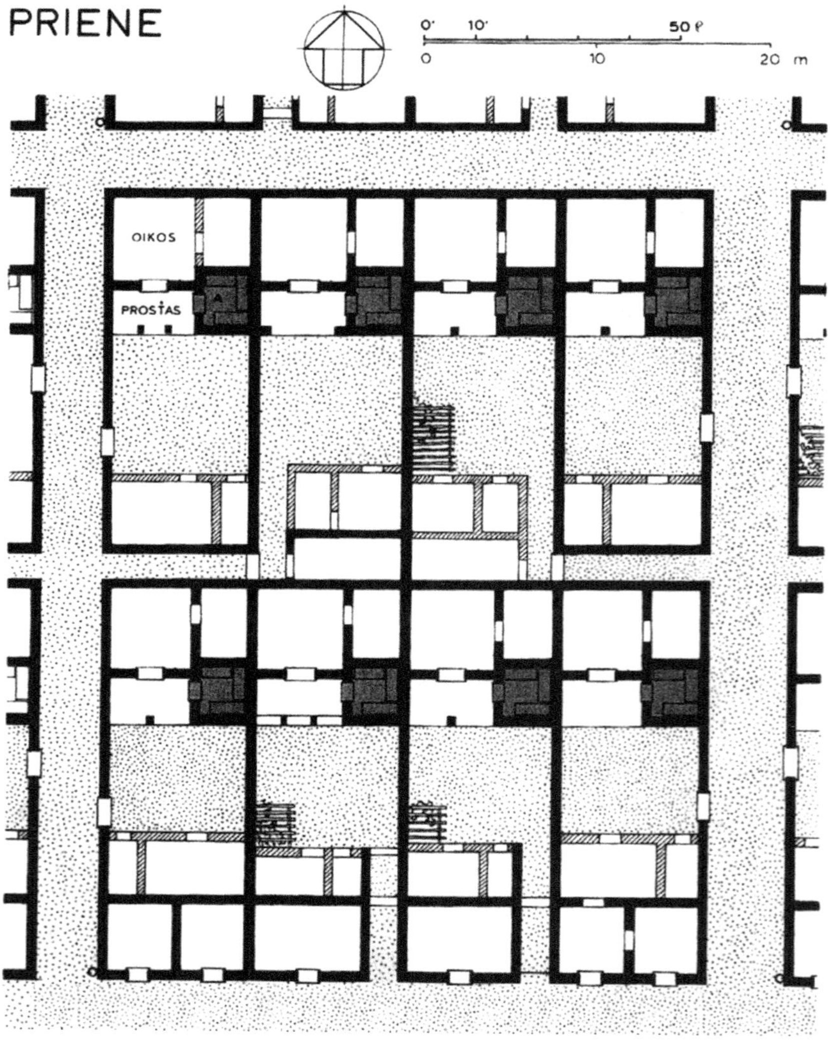

Abb. 61: Grundriss von Wohnbauten in Priene

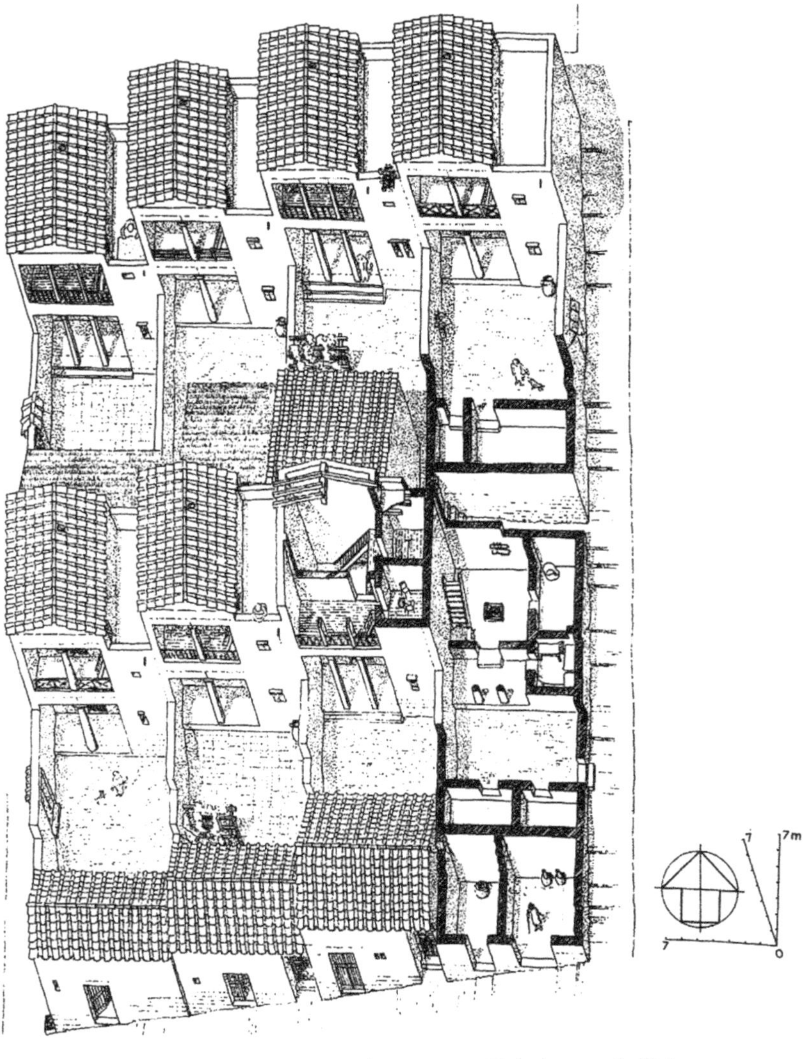

Abb. 62: Rekonstruktionszeichnung von Wohnbauten in Priene

Unmittelbar östlich schließt die Kirche an den westlichen Gewölbetrakt eines römischen Thermengebäudes an, das wiederum in den Nordteil des älteren oberen Gymnasions (Abb. 51 M) eingebaut worden ist, wobei dessen ursprünglicher Peristylhof mit den angrenzenden Räumen stark verkleinert werden musste. Bei diesen Umbauarbeiten errichtete man dort einen Altar, ein Wasserreservoir sowie eine halbrunde Sitzbank (Abb. 64).

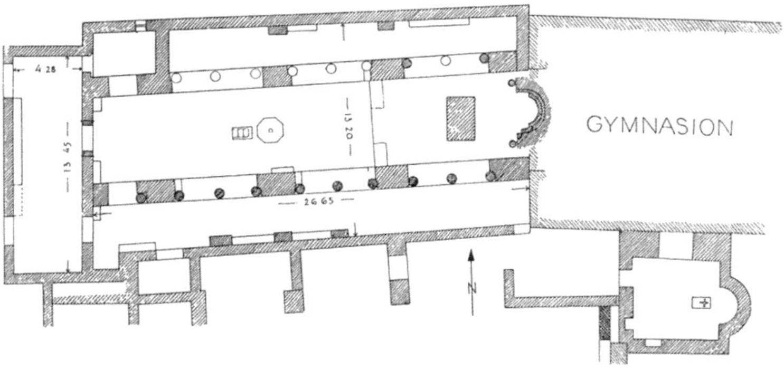

Abb. 63: Grundriss der christlichen Basilika von Priene

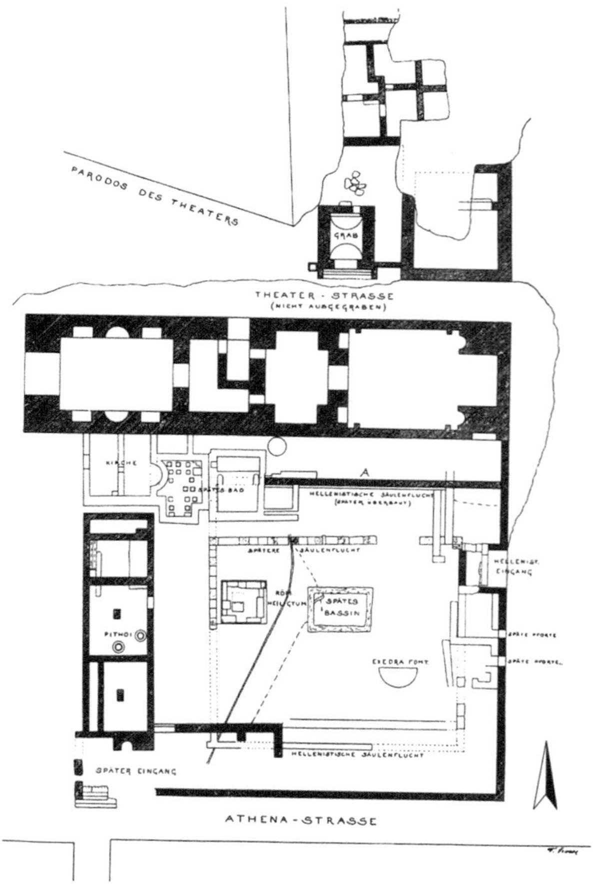

Abb. 64: Grundriss des römischen Bades von Priene

Abb. 65: Theater von Priene

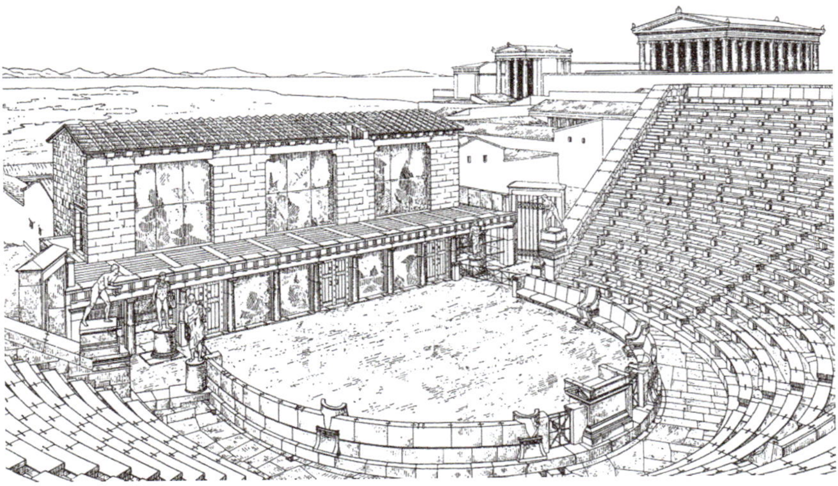

Abb. 66: Rekonstruktionszeichnung des hellenistischen Theaters von Priene

Den interessantesten Bau dieser Gegend stellt das Theater (Abb. 51 N) dar. Betreten wird es heute durch einen an der Straße gelegenen Eingang, der zunächst in den Bereich von Bühne und Orchestra führt (Abb. 65). Das etwa 6 500 Zuschauern Platz bietende Theater ist deshalb besonders interessant, weil es im Gegensatz zu vielen anderen Theatern Kleinasiens keine tiefgreifende Um- oder gar Neugestaltung in der Zeit der römischen Herrschaft erfahren hat, sondern weitgehend seine hellenistische Grundform bewahren konnte (Abb. 66). Der deutlich mehr als ein Halbrund messende Zuschauerbereich besaß Sitze aus Marmorplatten und wird durch vier Zugangstreppen sowie einen horizontalen Zwischenumgang erschlossen. Er ist noch auf die Orchestra als Spielstätte ausgerichtet. Unmittelbar an ihrer Grenze stehen fünf Ehrensessel. In der Hauptachse der gesamten Anlage befindet sich der Altar des Gottes Dionysos, zu dessen Ehren die Theateraufführungen seit alters her stattfanden. Ein besonderes Augenmerk hat das hellenistische Bühnengebäude (Skene) verdient, dessen Untergeschoss aus Bossenquadern mit kleineren römerzeitlichen Mörteleinbauten nahezu komplett erhalten ist. Davor steht eine Proskenion genannte Vorhalle, die aus Halbsäulenpfeilern mit einem kleinen dorischen Gebälk besteht, zwischen denen während der Aufführungen gemalte Szenenbilder/Kulissen eingehängt werden konnten. Während das Theaterspiel zunächst noch in der Orchestra selbst stattfand, wurde es in späterer Zeit auf das Dach dieser Vorhalle verlegt, die dann als eigentliche Bühne fungierte. Hinauf kam man von hinten über eigens angelegte Treppen. Seitlich des Bühnengebäudes konnten die dort liegenden beiden Hauptzugänge mittels einfacher Toranlagen verschlossen werden. Dass das Theater ein eminent wichtiger öffentlicher Ort gewesen ist und nicht nur der Aufführung von entsprechenden Spielen gedient hat, zeigen die Basen für Ehrenstatuen an den Eingängen, von denen an einer sogar Einarbeitungen für eine Wasseruhr festgestellt werden konnten. Damit maß man in der Volksversammlung die jeweilige Redezeit. Man kann sich somit sehr gut vorstellen, dass der Theaterbau wegen des Platzes, den er bot, auch für Volksversammlungen genutzt wurde. Darüber hinaus dürften auch wichtige Prozessionen dort durchgezogen sein, um ebenfalls größeren Teilen der Bürgerschaft eine zuschauende Anteilnahme daran zu ermöglichen.

Auf der rechten Seite der Theaterstraße liegt vom Theater aus gesehen in östlicher Richtung das offene Heiligtum (Abb. 51 O) der ägyptischen Götter (Anubis, Isis und Serapis/Sarapis). Erkennbar sind am Ort die Reste des Fundamentes des Eingangstores, einer Halle an der Westseite sowie die eines Altares in der Mitte des Heiligtums.

Hinter dem Theater beginnt in gewisser Weise die Chora, das Umland Prienes. Es war durchsetzt mit einigen extraurbanen Sakralstätten, darunter kleinere Naturheiligtümer, die erst in jüngster Zeit verstärktes wissenschaftliches Interesse gefunden haben. So führt von den obersten Sitzstufen des Theaters in nordwestlicher Richtung ein Pfad hinauf zum ummauerten heiligen Bezirk der Demeter (Abb. 51 P). Das langgestreckte 45 x 18 m große Gelände (Abb. 67) besitzt an seiner Ostseite ein einfaches Tor, dem auf der Westseite der eigentliche Kultbau gegenüberliegt. Dieser weist einen merkwürdigen Grundriss auf. Vor einem querliegenden Raum mit einer Bank vor der Wand für Votivgaben liegen eine Halle mit dorischem Gebälk und südlich davon eine aus Quadern gefügte Opfergrube, die mit darübergelegten Steinplatten abgedeckt war. Die reichen Funde von Weihgeschenken, mehrheitlich figürliche Terrakotten, befinden sich heute weitgehend in der Berliner Antikensammlung.

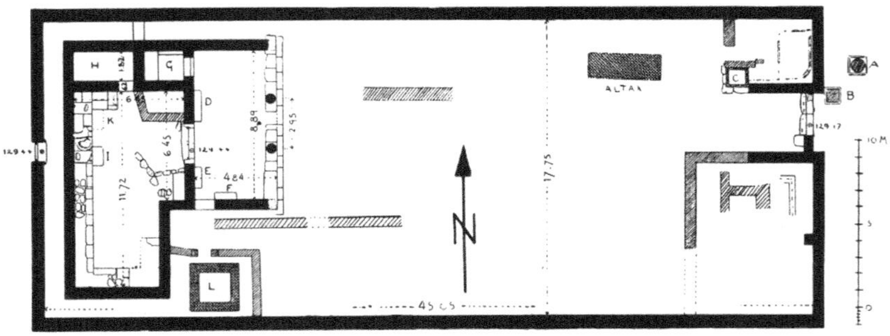

Abb. 67: Grundriss des Demeter-Heiligtums von Priene

Wer Zeit und Ausdauer hat sowie sich eines lokalen Führers versichert, kann zum Abschluss der Besichtigung den Aufstieg zur Akropolis (Abb. 51 R) wagen, der allerdings einige Stunden benötigt. Eine sehr versteckt gelegene antike Treppe führt von der äußersten nordöstlichen Ecke des Stadtgebiets steil hinauf. Zu beachten ist dabei unbedingt, dass auch schwindelfreie Personen angesichts der 90 m hohen Felswände hier schnell an ihre Grenzen gelangen können. Sobald die Treppe ihr Ende erreicht hat, beginnt ein etwas breiterer Weg, an dessen Anfang sogleich ein kleines Heiligtum mit Felsabarbeitungen für Weihgaben (Statuetten, Votivreliefs) erkannt werden kann. Das Gelände der Akropolis bietet neben spektakulären Ausblicken auf die Stadt und ihr Umland noch die Reste der nördlichen sowie westlichen Abschlussmauer, die mit ihren Türmen und Wehrgangstreppen an diesen Stellen in der Regel recht gut erhalten scheint, wobei die Nordseite in byzantinischer Zeit (11.–13. Jahrhundert) nochmals durch eine Festung verstärkt wurde, die über einen mächtigen Turm mitsamt vorgelagertem Graben verfügt. Der Abstieg sollte über den rückwärtigen Sattel durch das östliche Tal erfolgen. Dieser Weg ist weitaus bequemer sowie ungefährlicher und kann daher auch für den Aufstieg empfohlen werden. Im Gelände unterhalb der Akropolis liegt bei der Stadtmauer noch ein Klärbecken (Abb. 51 Q), das zur Wasserversorgung Prienes gehörte, die hier in das Stadtgebiet mündete.

7.3 Lebensweisheiten des weisen Bias

Diogenes Laertios (Ende 3. Jahrhundert n.Chr.) hat in seinem Werk über Leben und Lehren der Philosophen zahlreiche Sprüche unter dem Namen des Bias (Abb. 50) zusammengetragen. Darüber, ob sie historisch sind, gibt es berechtigte Zweifel, darüber jedoch, dass sie noch immer bedenkenswert sind, gewiss nicht.

> *Unglücklich ist der, der das Unglück nicht erträgt.*
> *Es ist eine Krankheit der Seele, das Unmögliche zu begehren und das Unglück des Nächsten zu vergessen.*
> *Als man Bias fragte, was schwierig sei, antwortete er: Mit Anstand eine Verschlechterung der Situation zu ertragen.*
> *Einmal unternahm er eine Schiffsreise in Begleitung von gottlosen Menschen. Als das Boot in Seenot geriet und die Begleiter zu den Göttern beteten, rief Bias ihnen zu: „Schweigt! Ich fürchte, die Götter könnten bemerken, dass ihr an Bord dieses Bootes seid."*
> *Als man ihn fragte, was es an Erfreulichem für die Menschen gäbe, sagte er: „Die Hoffnung."*
> *Er war der Überzeugung, dass es angenehmer sei, zwischen zwei Feinden zu vermitteln als zwischen Freunden. Denn mit Sicherheit werde einer der Freunde ein Feind werden, während einer der Feinde ein Freund wird.*
> *Auf die Frage, welche Beschäftigung dem Menschen Freude bereite, antwortete er:*
> *„Die, von der er einen Vorteil hat."*
> *Er sagte, man müsse den Lebensweg so durchmessen, als ob er lang und als ob er kurz sei.*
> *Er gab folgende Ratschläge:*
> *Wähle deine Vorhaben ohne Eile, aber verfolge das, was du gewählt hast, mit Beharrlichkeit.*
> *Sprich nicht schnell, sonst erweckst du den Eindruck, dass du dich nicht im Griff hast.*
> *Bemühe dich um vernünftiges Denken.*
> *Bekenne dich zur Existenz der Götter.*
> *Lobe einen unwürdigen Menschen nicht, weil er reich ist.*
> *Betrachte als Gewinn, was du durch Überzeugung, nicht, was du mit Gewalt bekommen hast.*
> *Wenn dir etwas Glückliches zustößt, schreib es den Göttern zu.*
> *Nimm die Weisheit als Wegzehrung auf deinem Weg von der Jugend bis zum Alter; denn sie ist sicherer als jeder andere Besitz.*
> (1, 86–88).

Als der Angriff der Perser drohte, flohen viele Priener aus der Stadt. Sie nahmen soviel wie möglich mit. Als jemand dem Bias riet, dasselbe zu tun, sagte er:
omnia mecum porto mea – ich trage alles, was ich habe, bei mir. (Cicero, Paradoxa stoicorum, 1, 1, 8).

Die Sprüche enthalten Gedanken, die die Philosophie später entfaltet hat. Sokrates ist nicht müde geworden, die Menschen aufzufordern, in der Jugend zu beginnen und im Alter nicht damit aufzuhören, das Leben denkend zu bewältigen.

Die Gelassenheit angesichts der Wechselfälle des Lebens, der Wandelbarkeit der Menschen und des Schicksals, hat die Stoa zu ihrer Maxime erhoben. Der Verlust von Gütern galt ihr als unwesentlich.

Die Epikureer haben geraten, jeden Tag als den möglicherweise letzten zu betrachten und zu genießen.

8. Kapitel

Milet

8.1 Mythos und Geschichte: Der ständige Wechsel von Zerstörung und Wiederaufbau

Ludwig Ross (1806–1859) war einer der Pioniere der Archäologie und eine Zeitlang Oberkonservator in Griechenland. In einem Bericht über eine Reise durch Ionien schildert er, wie er sich von Süden Milet nähert und von einer Anhöhe hinabblickt:

> *Überraschend ist der Blick von dieser Anhöhe auf die weite Ebene, durch die sich der Mäander schlängelt, auf die gegenüberliegenden Gebirge von Priene, auf den See von Baffi zur Rechten und auf den hohen Latmos über ihm, das wunderlichst ausgezackte* Gebirge, *welches ich je gesehen. Dies breite Tal zwischen den Hügeln, auf denen Ak-Kiöi steht, und dem Vorgebirge Mykale war vor zwei- bis dreitausend Jahren noch ein Meeresarm, und der Meerbusen, der Latmische genannt, erstreckte sich noch drei bis vier Meilen weiter zur Rechten oder ostwärts ins Land hinein bis an den felsigen Fuß des Latmos, wo die Trümmer der ionischen Herakleia liegen. Ihre Schiffe, die Schiffe von Priene, die gewaltigen Flotten Milets befuhren das Meer. Jetzt hat der Fluss den ganzen Raum von der Nordspitze des Latmos und den Hügeln überMilet bis an das Gebirge von Priene, ein Gebiet von fünf bis sechs deutschen Quadratmeilen, mit fruchtbarer Dammerde zugeschwemmt, und der innerste Winkel des Latmischen Meerbusen ist zu einem großen Binnensee von drittehalb Meilen Länge und anderthalb Meilen Breite geworden, dessen salziges Wasser der Strom noch nicht ganz zu versüßen vermocht hat. Noch ein Jahrtausend oder zwei, und er wird auch dies tiefe Becken mit Dammerde ausfüllen und in Ackerland verwandeln. So wirkt die Natur, langsam aber sicher.*
>
> *Von Ak-Kiöi ritten wir in drei Viertelstunden den sanften Abhang bis Milet hinab. So wie man sich der Stadt nähert, zeigen sich viele Reste alter Gräber an der Straße. Aber wie ist es dir ergangen, du Königin der Städte! In elenderer Verfassung sah ich noch keinen altberühmten Ort auf einem von der Natur so*

> *reich begabten Boden. ... Milets Boden ist überdeckt mit den über alles Maß elenden und schmutzigen Hütten von einem halben Hundert türkischer Kamelzüchter... . Dabei führt ihr Dorf noch in der Erinnerung an den alten Glanz des Ortes den pomphaften Namen Paladschah, das ist Palatia, die Paläste.*
> (L. Ross, a.a.O., S. 135/36).

Die ältesten Besiedlungsspuren stammen aus dem Chalkolithicum, dem 4. Jahrtausend v.Chr. Die Überlieferung spricht von Karern und Lelegern.

Vom 2. Jahrtausend v.Chr. an gewannen die minoischen Kreter zunehmend an Einfluss. Sie bildeten die Oberschicht. Der Mythos weiß von einem Miletos, der, nachdem er die Stadt Milet auf Kreta gegründet habe, zusammen mit dem homerischen Helden Sarpedon nach Kleinasien gekommen sei und dort ein zweites Milet gegründet habe. Auch Sarpedon wird als Gründer genannt. Durch ihn bekam die Stadt Anschluss an den Trojanischen Krieg und seinen Dichter, Homer.

Um 1450 v.Chr. wurde die Stadt zerstört. Man weiß nicht, ob ein Erdbeben oder kriegerische Auseinandersetzungen mit den Mykenern die Ursache war.

Sie wurde mykenisch. In einem Krieg mit den Hethitern wurde sie erneut zerstört. Auch das Ende der mykenischen Stadt vollzog sich gewaltsam (um 1200). Die sog. *Seevölker* macht man dafür verantwortlich.

Um 1100 v.Chr. wanderten die Ionier ein. Als Gründer der neuen Stadt nennt der Mythos Neleus, einen Sohn des Kodros, des Königs von Athen.

Der Bericht Herodots über die Gründung ist zwar unwahrscheinlich, könnte aber die Tatsache spiegeln, dass die Landnahme sich gewaltsam vollzog, und bestätigen, dass die neuen Siedler Athener waren.

> *Diejenigen, die vom Prytaneion Athens aufgebrochen waren und sich für die vornehmsten Jonier hielten, kamen ohne Frauen in die neue Stadt. Sie nahmen sich Karerinnen, deren Eltern sie töteten. Wegen dieses Mordes haben sich die Frauen an einen Brauch gebunden und sich einen Eid auferlegt, dass sie niemals mit den Männern zusammen speisen und niemals ihren Mann mit Namen nennen. Diese Sitte haben sie ihren Töchtern vererbt. Sie taten das, weil die Jonier ihre Väter, Männer und Kinder getötet und sie selbst geheiratet hatten. Das war in Milet geschehen.* (1, 146, 2 u.3).

Trotz Rückschlägen entwickelte sich die Stadt zu einer so mächtigen Metropole, dass sie im 7. Jahrhundert Handelskontakte von Syrien bis nach Etrurien unterhielt und zahlreiche Kolonien rings um das Schwarze Meer gründete (es sollen 90 gewesen sein), außerdem Naukratis in Ägypten.

Mit Erfolg konnte sie sich der Kimmerier erwehren.

Um 600 machte sich Thrasybulos zum Herrn der Stadt. Von der Art seiner Regierung zeugt eine bekannte Geschichte, die wiederum Herodot erzählt.

Die Rede ist von Periander, dem Tyrannen von Korinth (628–585 v.Chr.).

> *Er schickte einen Boten zu Thrasybulos und ließ fragen, wie er die Lage am sichersten beherrschen und die Stadt am besten verwalten könne. Thrasybulos führte den Gesandten des Periander aus der Stadt heraus. Er betrat ein Kornfeld, ging hindurch und fragte den Boten unentwegt und immer wieder, warum er aus Korinth gekommen sei. Währenddessen riss er alle Ähren, die er über andere hinausragen sah, heraus und warf sie, kaum hatte er sie herausgerissen, fort, bis er auf solche Weise den Teil des Feldes, auf dem die Ähren am schönsten und höchsten gewachsen waren, verwüstet hatte. Nachdem er das Gebiet so durchschritten hatte, ohne ein Wort zu sagen, entließ er den Boten.*
>
> *Als der nach Korinth zurückkehrte, war Periander neugierig auf den Rat des Thrasybulos. Der Bote gab ihm zu verstehen, dass der Tyrann ihm keinen Rat gegeben habe. Er wundere sich über ihn, Periander, zu was für einem Mann er ihn geschickt habe, zu einem, der verrückt sei und seinem Eigentum Schaden zufüge. Und er erzählte, was er bei Thrasybulos gesehen hatte. Periander verstand, was Thrasybulos getan hatte. Er begriff, dass er ihm riet, alle Bürger, die andere überragten, zu töten. Von da an steigerte er seine Grausamkeit gegen die Bürger zum Äußersten.* (5, 92, 6 u. 7).

Solche Geschichten lasen die Athener gern. Hob sich doch ihre rechtsstaatlich organisierte Demokratie wohltuend von derartigen Praktiken einer Tyrannis ab.

Eine Zeitlang konnte Milet den Lydern widerstehen, bis es schließlich Kroisos (ca. 560–ca. 547/530? v.Chr.) gelang, die griechischen Städte zu unterwerfen. Milet wurde eine privilegierte Stellung eingeräumt: Es wurde von der Steuerpflicht und von der Heeresfolge befreit.

Da es sich rechtzeitig von den Lydern löste und sich Kyros unterwarf, durfte es auch unter den Persern seine Privilegien behalten.

Trotzdem ging der Ionische Aufstand 500 v.Chr. von Milet aus. Ein machthungriger Herrscher verführte die Stadt zu dem Abenteuer. Als der Krieg 494 mit einer Niederlage der Griechen endete, nahmen die Perser grausam Rache: Die Stadt wurde – wieder einmal – zerstört, die Männer wurden getötet, die Frauen und Kinder versklavt.

492, also nur wenige Jahre nach der Zerstörung Milets, hat in Athen der Dichter Phrynichos eine Tragödie mit dem Titel *Die Einnahme Milets* auf die Bühne gebracht. Sie zeichnete sich dadurch aus, dass ihr Sujet kein Mythos war, sondern ein zeitgeschichtliches Ereignis. Sie verursachte den ersten Skandal in der Geschichte des Theaters. Die Zuschauer waren in hohem Maße erregt. War es Mitleid mit dem Schicksal der Menschen oder Empörung über den Dichter, weil er vielleicht die Weigerung der Athener kritisiert hatte, die Ionier angemessen zu unterstützen? Jedenfalls wurde dem Dichter die Zahlung einer hohen Geldstrafe auferlegt. Von Phrynichos sind nur wenige Verse erhalten.

Erst nach dem Sieg der Griechen über die Perser bei Mykale gegenüber der Insel Samos 479 wurde Milet wieder besiedelt und aufgebaut. Der milesische Architekt, Städteplaner und Staatstheoretiker Hippodamos (geb. ca. 500 v.Chr.) soll den Plan entworfen haben, ein oktogonales System mit parallelen und rechtwinklig sich schneidenden Straßen, die die Stadt in gleich große Quartiere teilten. Hippodamos hat das nach ihm benannte System nicht erfunden, es existierte schon vor ihm. Er hat es zu einer Theorie entwickelt und begründet. Er soll später auch bei den Planungen von Athens Hafen Piräus (450) und von der Stadt Thurioi in Unteritalien (444) mitgewirkt haben.

Die Milesier traten dem 478/77 gegründeten Attisch-Delischen Seebund bei. Als aber Athen im Peloponnesischen Krieg in Sizilien eine empfindliche Niederlage erlitt, verließen sie ihn wieder (412). Die Stadt wurde die Operationsbasis der spartanischen Flotte.

Der Makedonenkönig Alexander wurde 334 ganz und gar nicht mit offenen Armen empfangen. Er musste die Stadt belagern und erobern.

In der Diadochenzeit konnte sich Milet unter wechselnden Herrschern eine relative Selbstständigkeit bewahren.

133 wurde die Stadt mit dem Pergamenischen Reich Teil der römischen Provinz Asia.

Sie beteiligte sich an den Kriegen des Königs von Pontos, Mithridates, gegen Rom (89 v.Chr.), die 63 schließlich mit einer Niederlage endeten.

In der Kaiserzeit entwickelte sie sich noch einmal zu einer reichen und blühenden Metropole, blieb jedoch gegenüber Ephesos immer zweitrangig.

50 n.Chr. hielt sich der Apostel Paulus in Milet auf.

Einer der beiden Architekten, die im Auftrag des Kaisers Justinian (527–561 n.Chr.) die Hagia Sophia in Konstantinopel 532–537 erbauten, war Isidor von Milet. Er war nicht nur Architekt, sondern auch Mathematiker. Er hat die Schriften des griechischen Mathematikers, Technikers und Physikers Archimedes (ca. 385–312 v.Chr.) herausgegeben, die zur Grundlage der Archimedesüberlieferung geworden sind. Als die Kuppel der Kirche durch ein Erdbeben 557 einstürzte, hat sie ein Neffe Isidors wiederaufgebaut. In dieser Form existiert sie noch heute.

Im Mittelalter verlor die Stadt an Bedeutung. Durch Schwemmland des Mäanders versandete der Hafen, die Insel Lade verschmolz mit dem Land, das Gelände versumpfte.

Nach einem von den Byzantinern erbauten Kastel erhielt der Ort den Namen Palatia, türkisch Balat.

Als 1955 ein Erdbeben große Zerstörungen anrichtete, gründete man außerhalb der Ruinen ein neues Dorf.

Die ersten systematischen Grabungen begannen 1899 unter der Leitung Theodor Wiegands im Auftrag der Berliner Museen. Mit Unterbrechung durch die beiden Weltkriege führt sie das Deutsche Archäologische Institut seit 1955 bis heute fort.

8.2 Die Ruinen der Stadt

Das weitläufige Ruinengelände Milets nötigt den heutigen Besucherinnen und Besuchern sehr viel Phantasie ab, will man sich auch nur annähernd die einstige topographische Lage vergegenwärtigen. Das Schwemmland des Flusses Mäander hatte bereits in der Antike dazu geführt, dass Milet mehr und mehr von einer einstigen Hafen- zu einer Binnenstadt wurde. Dieses Schicksal teilt sie unter anderem mit Ephesos und Priene. Heute liegen die Ruinen Milets daher weit verstreut in einer Ebene (Abb. 68).

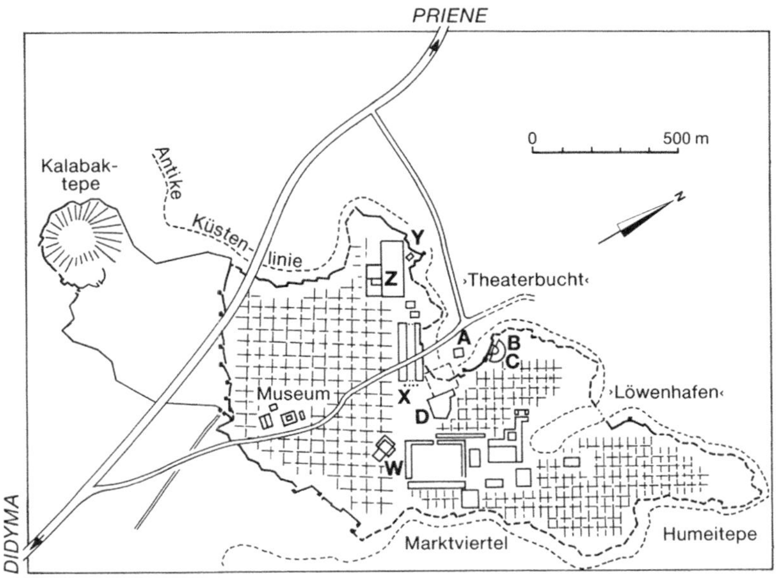

Abb. 68: Übersichtskarte des Ruinengeländes von Milet

Vieles bleibt zudem im hier hoch anstehenden Grundwasser verborgen, so dass je nach Jahreszeit des Besuchs manches Bauwerk gar nicht oder nur teilweise aus dem morastigen Wasser aufragt. In den wärmeren Monaten sind diese Tümpel Brutstätten von Mücken, weshalb der Aufenthalt hier vor oder nach Sonnenuntergang zur reinen Qual werden kann. Immerhin lässt sich auf diese Weise die Pein erfahren, der die spätantiken Bewohner Milets fortwährend ausgesetzt waren und die langsam zu einer weitgehenden Aufgabe der einstmals so blühenden Metropole geführt hatte, wobei die durch die Mücken übertragene Malaria ihr Übriges dazu beitrug.

Die Reisenden beginnen ihre Besichtigung am besten beim weithin sichtbaren römischen Theater von Milet (Abb. 68 B). Von der obersten Stelle aus kann man sich, ausgestattet mit einem Plan, eine gewisse Übersicht verschaffen und zumindest annähernd die antike Topographie nachvollziehen. So lag das Theater direkt an einer Meeres-, der sogenannten Theaterbucht und öffnete sich mit seinem Zuschauerrund auf das Wasser. Von hier aus verlief die Küstenlinie weiter in westlicher Richtung, um dann etwa in Höhe des Athenatempelbezirks (Abb. 68 Z) nach Süden abzubiegen. Weiter in diese Richtung blickend nimmt man die Erhöhung des Kalabaktepe genannten Hügels wahr, der den Karern zunächst als Siedlungsplatz diente und dann in archaischer Zeit ein eigenes, von Mauern umwehrtes Siedlungsgebiet bildete, das durch lange Schenkelmauern mit der eigentlichen Polis verbunden war. Durch die neueren Grabungen Volkmar von Graeves ist dieses Areal erst richtig bekannt geworden und stellt einen der wenigen Plätze dar, an denen nennenswerte Reste des alten archaischen Milets zu Tage kamen. In östlicher Richtung vom Theater liegt das Hauptzentrum der Stadt, das Marktviertel, das wiederum eine eigene tief eingeschnittene Bucht, den sogenannten Löwenhafen, besaß. Dahinter erstreckten sich an den Hängen des Humeitepe weitere Stadtviertel. Etwa 5 km vor Milet erhebt sich im Westen aus der Schwemmebene ein weiterer gut erkennbarer Hügel, die einstige Insel Lade, vor der 494 v.Chr. die für Milet verheerende Seeschlacht gegen die letztlich siegreiche persische Flotte stattfand. In der Folge dieses Ereignisses wurde die archaische Metropole weitgehend zerstört und die Bevölkerung versklavt. Danach scheint man die Stadt langsam wieder aufgebaut zu haben. Laut antiker Überlieferung war es Hippodamos von Milet, der hierfür einen orthogonalen Rasterplan entwickelte, den er dann später auch beim Aufbau von Athens Hafenstadt ein zweites Mal realisierte. In der gegenwärtigen Forschung wird der Anteil des Hippodamos an der Entwicklung des nach ihm hippodamisches Prinzip genannten Stadtplanung kontrovers diskutiert, da gerasterte Stadtpläne schon vor Hippodamos, so im Zusammenhang mit der Anlage griechischer Koloniestädte in Unteritalien und Sizilien, bekannt waren. Fakt bleibt, dass wir die archaische Stadtanlage weiterhin nicht wirklich beurteilen können, und dass das heute Sichtbare zum größten Teil aus der hellenistischen sowie vor allem römischen Epoche stammt.

Prominentester und meist besuchter Bau am Ort ist das auf einen griechischen Vorgängerbau zurückgehende kaiserzeitliche Theater (Abb. 69, 70), das noch von einem byzantinischen Kastell des 12. Jahrhunderts überragt wird. Das Theater lehnt sich an den natürlichen Hügel an und wurde direkt an die hellenistische Stadtmauer aus Quadermauerwerk gebaut, so dass diese den Abschluss, somit gewissermaßen die Fassade von Zuschauerrund und Orchestra bildete. In römischer Zeit blendete man ihr in der Mitte eine Säulenhalle vor, von der aus durch einen überwölbten Gang das Theater direkt betretbar war. Erhalten blieb hiervon vor allem der mittels Pilaster gegliederte Säulenhallenunterbau. Das Theater selbst fasste einst gut 15 000 Zuschauer und ist in seiner sichtbaren Form erst unter der Regierung des Kaisers Traian (98–117 n.Chr.) in dieser Weise umgestaltet worden. Seine heutige Gestalt verdankt es insbesondere den Bemühungen des Architekten und Bauforschers Berthold F. Weber (1954–2005), der die neueren Restaurierungsarbeiten vor Ort leitete und dabei während der Kampagne 2005 durch einen tragischen Unfall im Theater ums Leben kam. Der Bau verfügt nach Süden hin über eine eindrucksvolle Fassade, die aus Quadern mit Bogengliederung über einem glatten Sockel besteht. Links und rechts führen überwölbte Treppenhäuser zu den oberen Rängen. Vom dritten Rang blieben lediglich die Substruktionen erhalten. Das Zuschauerrund selbst ist mittels zweier horizontaler Umgänge sowie mehrerer radial von unten nach oben führender Treppen erschlossen. In der Mitte der ersten Sitzreihe stehen zwei Säulen, die die Reste einer ehemals überdachten Ehrenloge sind. Davor trennt eine Sockelmauer den Zuschauerbereich von der eigentlichen Spielstätte, der Orchestra, ab. Hinter dieser erhob sich in der Antike ein mehrgeschossiges Bühnenhaus, von dem einige Reste erhalten blieben. Das älteste nachweisbare griechische Bühnengebäude muss ein recht flacher, unmittelbar an die Stadtmauer angelehnter Bau gewesen sein. Erst in der Regierungszeit des Kaisers Nero (54–68 n.Chr.) wurde das Bühnengebäude erheblich vergrößert und besaß dann eine zweigeschossige Prunkfassade, die aus übereinandergestellten Säulenordnungen bestand und drei von Ädikulen gerahmte Durchgänge besaß. Im 2. Jahrhundert n.Chr. kam schließlich ein drittes Geschoss hinzu. Die interessantesten Reste der beim Theater liegenden und diesem zuzuweisenden Bauglieder sind solche mit großen ionischen Eierstäben, die eindeutig archaisch zu datieren sind, d.h. aus dem 6. Jahrhundert v.Chr. stammen. Sie gehörten ursprünglich zu einem Tempel im 15 km östlich von Milet liegenden ehemaligen Städtchen Myus, dessen Hafen in der Kaiserzeit bereits so verlandet und mückenverseucht war, dass die Bewohner ihre Siedlung aufgeben und nach Milet umsiedeln mussten.

Abb. 69: Theater von Milet

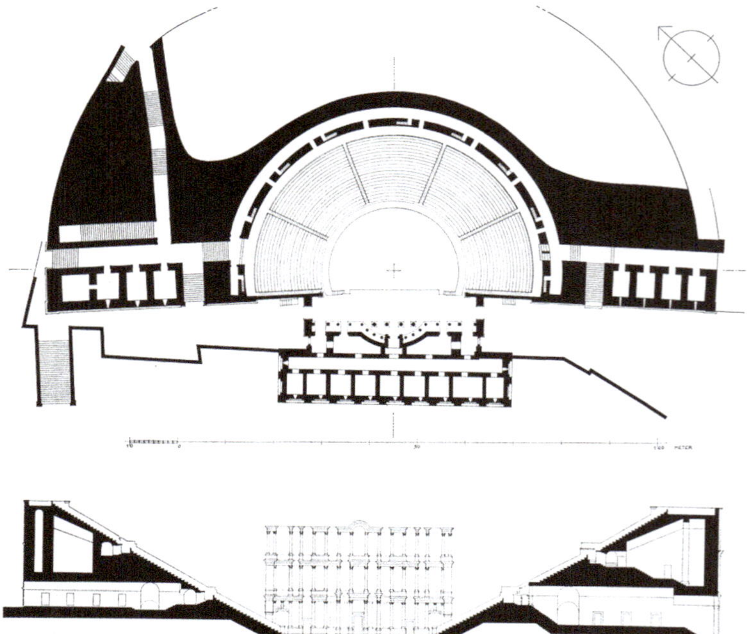

Abb. 70: Grundriss und Rekonstruktionszeichnung des römischen Theaters von Milet

Dabei ist es vielleicht nicht nur zur Mitnahme von Bauornamentik gekommen, die dann an Prestigebauten Milets zweitverwendet wurden. So wurde von Renate Bol vorgeschlagen, dass der durch Rainer Maria Rilkes 1908 publiziertes Gedicht *Archaïscher Torso Apollos* berühmte sogenannte Torso von Milet (Abb. 71) im Pariser Louvre aus dem Heiligtum des Apollon von Myus stamme und von hier den Weg ins Theater nach Milet gefunden und dort auf einer eigenen Basis prominent platziert im Bereich der römischen Bühne gestanden habe. Eindeutig dem Theater zuzuweisen ist ein spätrömischer Fries mit recht naiv wirkenden Jagdszenen, der von einer Terrasse an der Rückseite des römischen Bühnengebäudes stammt und dessen Blöcke teils noch im Gelände liegen beziehungsweise teils in die Museen von Berlin, Izmir und Milet selbst verbracht worden sind.

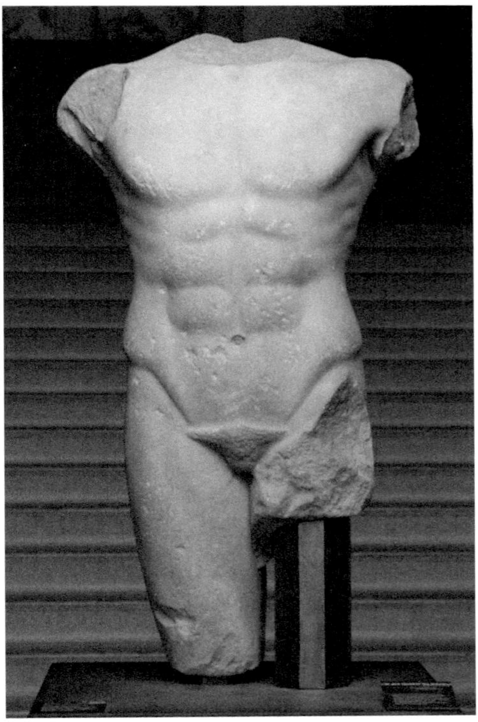

Abb. 71: Sog. Torso von Milet (Paris, Louvre)

Nach Abschluss der Theaterbesichtigung sollte, bevor der Besuch der übrigen städtischen Ruinen folgt, abermals innegehalten werden, um sich zunächst mittels eines Planes die Topographie des von der Rückseite des Theaterhügels recht gut einzusehenden Stadtzentrums zu vergegenwärtigen (Abb. 72).

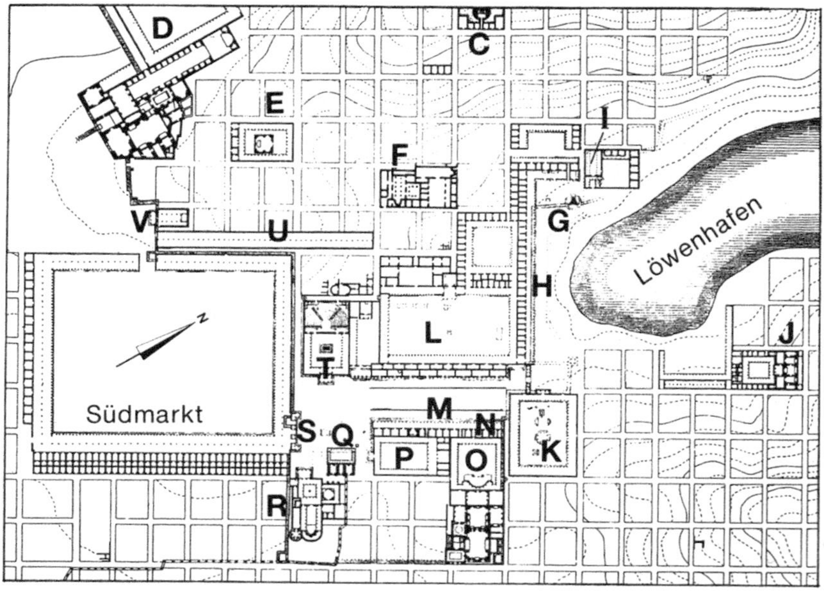

Abb. 72: Detailkarte des Stadtgebiets zwischen Südmarkt
und Löwenhafen von Milet

Auf der Rückseite des Theaters liegt am gleichnamigen Theaterberg ein aus hellenistischer Zeit stammendes Grab, das als Heroon gilt (Abb. 68 C und 72 C). Welcher bedeutende Bürger damit geehrt worden ist, entzieht sich leider unserer Kenntnis. Das Heroon besteht aus einer überwölbten Kammer, die an der Wand fünf Grabstätten aufweist, und einem darüber aus Quadern errichteten Oberbau, der wie ein runder Grabhügel wirkt. Eingebettet ist das Ganze in eine Hofarchitektur mit zwei Reihen von weiteren Kammern.

Von hier aus kann man den Theaterhügel zunächst in südlicher Richtung hinabsteigen, um an seinem Fuß auf die bemerkenswerten Reste großer Thermen (Abb. 68 D und 72 D) zu stoßen. Dieser Bau heißt Faustinathermen, da angenommen wird, die Gattin des Marc Aurel habe ihn bei ihrer Kleinasienreise 164 n.Chr. gestiftet. Im Gegensatz zu den achsialsymmetrisch stadtrömischen Kaiserthermen zeigt die milesische Therme einen sehr ungewöhnlichen unregelmäßigen Grundriss (Abb. 73), was dafürspricht, dass die Erbauer eine entsprechende Leerfläche, deren Grenzen durch Altbebauung, schräge Wegführung und das Küstengelände der Theaterbucht vorgegeben waren, ausnutzten wollten.

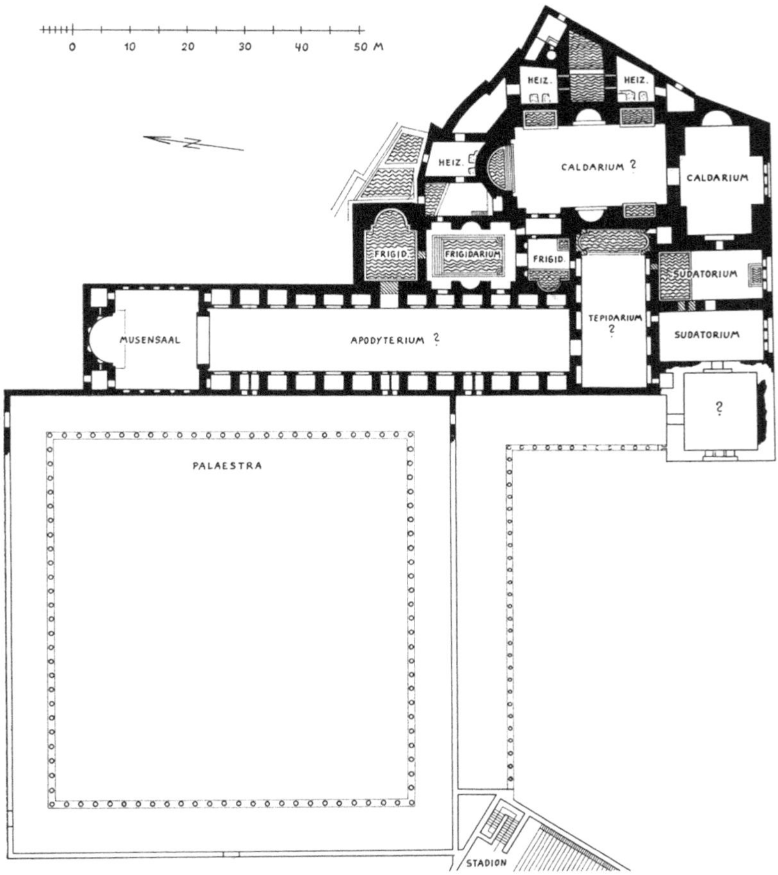

Abb. 73: Grundriss der Thermen der Kaiserin Faustina

In das Gebäude gelangt man heute über den nördlichsten Raum der Anlage. Dort führt eine kleine Treppe in einen Saal, dessen Nordende eine Apsis aufweist und in dessen Ost- sowie Westwand je fünf Nischen eingetieft sind. In diesen stand eine aus Apollon und den neun Musen bestehende, heute im Archäologischen Museum von Istanbul aufbewahrte, Skulpturengruppe. Auf der Südseite des Saals befindet sich ein großer Bogen, durch den ein gut 80 m langer Saal betreten werden kann, der über je 13 Kammern an beiden Langseiten verfügt. Diese werden als Umkleidekabinen gedeutet, womit der Saal als Umkleideraum (Apodyterium) anzusprechen wäre. Von dort konnte in der Antike ein westlich vorgelagerter Sportplatz (Palästra) betreten werden, den Säulenhallen umgaben. Von der Mitte der östlichen Saalseite aus gelangte man dagegen in den eigentlichen Badetrakt, der aus unterschiedlich großen und verschieden gestalteten Räumen besteht, die alle eingewölbt waren. Zu unterscheiden sind hier verschieden eingeheizte Bereiche. Das Bad begann mit dem Kaltwasserbad (Frigidarium). Es folgten dann Tepidarium (lauwarmes Wasser) und Caldarium (warmes Wasser). Den Abschluss bildeten Sudatoria (Schwitzbäder). Die hierfür nötigen Heizräume liegen ganz im Norden und Osten der Anlage. Von dort aus wurde das Feuer unter den beiden Caldariumsbecken geschürt und die dadurch entstehende heiße Luft unter den auf kleinen Postamenten/Säulchen ruhenden Fußböden (Hypokausten) sowie mittels eines ausgeklügelten Röhrensystems in den Wänden (Tubuli) in die übrigen Räume weiterverteilt. Die einstige Pracht der Anlage lässt sich heute nur mehr erahnen. Erhalten blieben lediglich die rohen Gussmauern, die jedoch eine Vielzahl von Dübellöchern aufweisen, was darauf hindeutet, dass die Wände ursprünglich alle mit luxuriösen Marmorplatten und anderen edleren Gesteinssorten verkleidet waren. Hinzu kam eine kostbare Skulpturenausstattung.

Östlich der Faustinathermen erstreckt sich das eigentliche Stadtzentrum. Hinter dem Badekomplex wurde in nördlicher Richtung nur wenig entfernt eine weitere monumentale Grabstätte (Abb. 72 E) gefunden, die wegen ihrer Lage innerhalb der Stadtmauern wiederum als Heroon angesprochen werden muss. Der Stil der Architekturornamentik legt eine Datierung in das 2. Jahrhundert n.Chr. nahe. Der Bau besteht aus einem rechteckigen Hof, der von Säulenhallen mit korinthischen Kapitellen und einem einfachen ionischen Gebälk umgeben war. Auf der Südseite existieren eingebaute Kammern. Das eigentliche Hauptgrab besteht aus einem im Hof leicht versetzt stehenden blockförmigen Grabbau. In ihm stand auf einem Marmorsockel ein Sarkophag. Zudem ist der Bau überwölbt gewesen. Wie schon beim hellenistischen Heroon am Theaterhügel so kennen wir auch hier den Namen des Bestatteten nicht. In beiden Fällen muss es sich aber um einheimische Wohltäter der Stadt gehandelt haben, die aus ihrem Privatvermögen wohl erhebliche Summen für Milet gespendet hatten, sodass ihnen ein solch außerordentliches Privileg zuteilgeworden ist.

Weiter in nordöstlicher Richtung liegt ein etwas ausgedehnterer Komplex aus unterschiedlichen Gebäudetypen, der als Zentrum des spätantikchristlichen Milets gelten kann. Es handelt sich um die Kirche des Heiligen Michael und den unmittelbar daran angrenzenden Palast des milesischen Bischofs (Abb. 72 F). Das heute Sichtbare dürfte in wesentlichen Teilen aus dem 6./7. Jahrhundert n.Chr. stammen. Unter der Kirche liegt das hellenistische Dionysosheiligtum, ein einfacher Tempel mit Cella und zweisäuliger Vorhalle, von dem im Nordschiff des christlichen Kultbaus nahe bei der Apsis noch das Ende einer der Tempelwände zu erkennen ist. Die Kirche selbst ist eine kleine dreischiffige Säulenbasilika, deren Mittelschiff eine Marmorpflasterung aufwies, während die beiden Seitenschiffe sogar aufwendig mit Mosaiken dekoriert waren. Im Westen liegt ein Vorraum (Narthex), von dem aus man offensichtlich über Treppen zu den Emporen gelangen konnte. Die Datierung der Baustiftung um 600 n.Chr. ergibt sich aus gefundenen Inschriften. Auf der Nordseite schließt ein säulenumstandener Hof an, der gewissermaßen den Übergang zum Bereich des Bischofspalastes bildet. Dahinter liegt ein 21,45 x 11,70 m großer Saal, der nicht nur mit marmornen Wandverkleidungen ausgestattet war, sondern wahrscheinlich auch eine reich verzierte Holzdecke trug, die ohne Stützen den gesamten Raum frei überspannte. Im Norden und Süden flankieren kleinere Räume diesen Hauptsaal. Im Westen liegt dagegen ein zweiter großer, diesmal langgestreckter Saal mit einer Apsis im Norden.

Gut 80 m nördlich des Palastes kann man, sofern das Grundwasser nicht zu hoch ansteht, die Reste eines kreisförmigen mehrstufigen Monumentes aus dem 1. Jahrhundert v.Chr. erkennen, das als großes Hafenmonument (Abb. 72 G) bezeichnet wird. Es markiert damit den sogenannten Löwenhafen, der hier in der Antike als Bucht tief in das Stadtgelände einschnitt. Nach der bislang allgemein akzeptierten Rekonstruktion (Abb. 74) bestand das Denkmal oberhalb des Stufenunterbaus aus einem dreiseitigen konkaven Sockel mit vorgeblendeten Sitzbänken, der als Basis für einen Fries mit der Darstellung von Delphinen und Seekentauren diente, von denen letztere ein Steuerruder und andere Attribute mit sich führen (Abb. 75). Die spitzen Ecken des Sockels waren als Schiffsschnäbel gebildet. Hierauf ruhte wiederum eine ebenfalls dreiseitige etwas kleinere und höhere Basis, die wahrscheinlich eine Inschrift trug und vielleicht mit reliefierten Schiffsteilen (u.a. Anker, Steuerruder etc.) im oberen Bereich verziert war. Den Abschluss bildete eventuell ein kolossaler Dreifuß. Die Bildsprache deutet darauf hin, dass das Monument im Zusammenhang mit Seesiegen zu sehen ist, wobei weder der genaue Anlass noch gar ein bestimmter Geehrter ausgemacht werden kann. Vielleicht feierte das Denkmal auch eher allgemein Milet als Seemacht. Immerhin stand es noch in der Kaiserzeit aufrecht, was wohl nicht der Fall gewesen wäre, wenn es dezidiert zu Ehren eines der zahlreichen römischen Kriegsherren der späten Republik errichtet worden wäre.

Westlich vom Hafenmonument erstreckte sich im Südbereich des Löwenhafens eine lange, bereits in hellenistischer Zeit errichtete Halle (Abb. 72 H), die sicherlich dem Umschlag respektive der Lagerung des an dieser Stelle per Schiff eintreffenden Handelsgutes diente (Abb. 76). Wer möchte, geht von hier aus auf der Westseite des Hafens zu den Resten einer Synagoge (Abb. 68 I) und/oder auf der Ostseite zu denen einer römischen Thermenanlage (Abb. 68 J), um sich dann auf die Suche nach den beiden Hafenlöwen zu machen, die seit dem 3. Jahrhundert v.Chr. die Einfahrt zum Hafen bewachten, der sich zwischen ihnen mittels einer Kette absperren ließ.

Abb. 74: Rekonstruktionszeichnung
des sog. Großen Hafenmonuments von Milet

Abb. 75: Reliefplatte mit Seekentaur vom sog. Großen Hafenmonument

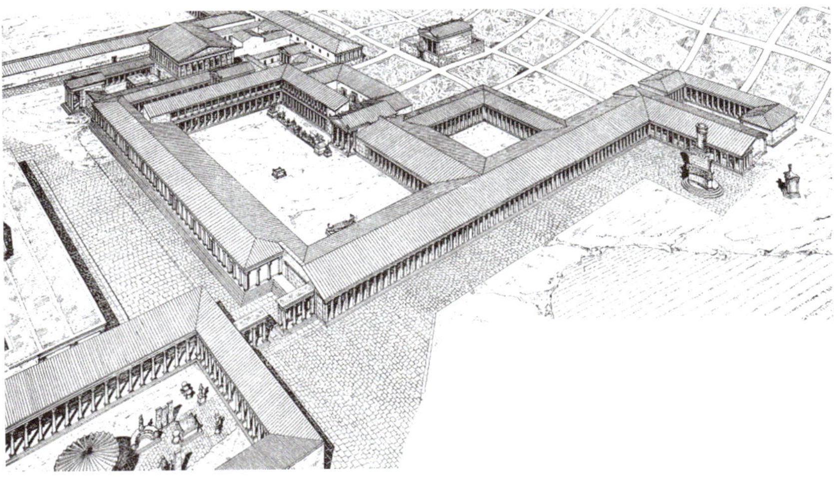

Abb. 76: Rekonstruktionszeichnung des Stadtviertels am Löwenhafen von Milet

Hinter der Hafenhalle kann nun das politische, wirtschaftliche und religiöse Zentrum Milets besichtigt werden. Der Rundgang beginnt am östlichen Ende der Halle. Ihr gegenüber befindet sich das städtische Heiligtum des milesischen Hauptgottes Apollon (Abb. 72 K). Da er über das Meer auf einem Delphin zu den Milesiern gekommen sein soll, wurde es Delphinion genannt. Von hier aus nahm die jährliche Prozession zum gut 15 km entfernten Didyma ihren Anfang. Das Heiligtum selbst verfügt über keine spektakuläre Architektur. Es handelt sich um einen von Hallen gesäumten freien Platz. In den Hallen standen zahllose Inschriftensteine, die wichtige Dokumente wie Ehrungen, Beschlüsse von Rat und Volksversammlung sowie Verträge dauerhaft festhielten. Die auf der Platzfläche verstreut liegenden Fundamentreste dürften von Altären und halbrunden steinernen Sitzbänken (Exedrae) stammen, die wiederum Statuenschmuck getragen haben werden. Beherrscht wurde der große Hof von einem runden Pavillon mit Kegeldach (Monopteros) aus römischer Zeit.

Vor dem Platz beginnt eine nach Süden führende breite Straße, die sogar eine Pflasterung aufweist. Links und rechts von ihr standen einst die wichtigsten Funktions- und Repräsentationsbauten der Polis Milet. Je nach Jahreszeit kann das Gelände wegen der sich witterungsbedingt verändernden Grundwasserstände vor allem im östlichen Bereich allerdings auch sehr feucht, gelegentlich geradezu sumpfig und damit kaum betretbar sein. Beim Verlassen des Delphinion-Bezirks erblickt man, sich nach links wendend, bald in unmittelbarer Nähe die Fundamentreste des Hafentores. Es war eine einfache aus zwei doppelten korinthischen Säulenreihen bestehende Toranlage. Gleich dahinter auf der rechten, d.h. westlichen, Seite der Straße stehen die Reste des sogenannten Nordmarktes (Abb. 72 L) aus dem 2. Jahrhundert v.Chr., dessen rahmende Hallen dorischer Ordnung waren und über 200 Ladenlokale fassten. Parallel zur Osthalle, die die offene Fassade zur Straße hin bildete, wurde auf der gegenüberliegenden Straßenseite über einem hohen Stufenbau in römischer Zeit (drei Bauabschnitte im 1. und 2. Jahrhundert n.Chr.) eine weitere Halle (Abb. 72 M) mit Kammern errichtet, deren Säulen jedoch ionische Kapitelle trugen. Ihr Nordende wurde im 15. Jahrhundert von einem sog. Seldschukischen Bad (Abb. 72 N) überbaut. Hinter dem Komplex liegen weitere antike Bauten, römische Thermen und ein hellenistisches Gymnasion (Abb. 77).

Die Thermen (Abb. 72 O) stammen aus der Zeit des Kaisers Claudius (41–54 n.Chr.) und sind nach dem vermutlichen Stifter, dem Leiter der provinzialen Steuerverwaltung (Procurator Asiae) Cnaeus Vergilius Capito, benannt. Die symmetrisch um 3 in einer Achse liegende Haupträume gruppierte Anlage öffnet sich auf eine Palästra. Das benachbarte Gymnasion (Abb. 72 P) besaß einen 19 x 35 m großen Hof, der von Süden her durch eine besondere Toranlage (Propylon) zu betreten war.

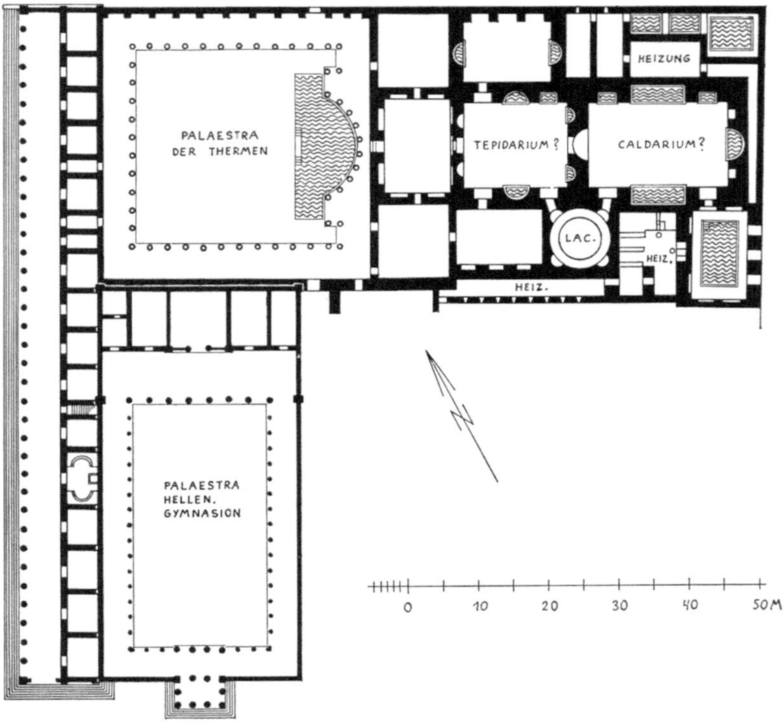

Abb. 77: Grundriss der Capito-Thermen und der angrenzen Gymnasien/Palästren von Milet

Während die Süd-, West- und Ostseiten des Hofes von einfachen Hallen dorischer Ordnung eingefasst gewesen sind, besaß die Nordseite ein etwas aufwendigeres und höheres Hauptgebäude mit ionischen Säulen. Wer diese Halle durchschritt, erreichte in der Antike die dahinterliegenden Räume, die eventuell zu Lehrzwecken dienten. Der mittlere Saal ist durch zwei eingestellte korinthische Säulen besonders ausgezeichnet. Nach dem Verlassen des Baus auf der Südseite des Hofs erreicht man die Reste (Abb. 72 Q) einer einstmals sehr prächtigen Brunnenanlage (Nymphäum). Gestiftet wurde sie im Jahr 79/80 n.Chr. durch den Vater des späteren Kaisers Traian, der zu dieser Zeit als hoher Beamter (Legat) in der Provinz Asia diente. Der eigentliche Brunnen bestand aus einem großen Wasserbecken, dem ein kleineres Schöpfbecken vorgeblendet war. Den besonderen Schmuck des Baus bildete die an 3 Seiten (Rückseite und beide Schmalseiten) das große Wasserbecken einfassende, architektonisch aufwendig gestaltete, zunächst zweigeschossige Prunkfassade (Abb. 78).

Abb. 78: Rekonstruktionszeichnung des Nymphäums von Milet

Im 3. Jahrhundert n.Chr. wurde diese um ein weiteres Stockwerk erhöht. Dort standen in über- und nebeneinander angeordneten einzelnen, von korinthischen Säulen gerahmten, Ädikulen zahlreiche marmorne Götter- und Heroenfiguren, deren Auswahl nicht willkürlich erfolgt war, wie neuere Untersuchungen durch Simone Frede gezeigt haben. Vielmehr bezog sich das Statuenprogramm auf die in Milet verehrten Gottheiten sowie Heroen und spiegelte damit gewissermaßen die zeitgenössische Sakraltopographie der Stadt. Dies passt zu dem auch sonst greifbaren Phänomen, dass sich die griechischen Städte Kleinasiens gerade in der römischen Kaiserzeit ihrer eigenen kultischen Vergangenheit im Sinn einer Städtekonkurrenz bewusstmachten und propagandistisch in Form zahlloser figürlicher Darstellungen darauf hinwiesen. Die hinter der Fassade heute sichtbaren Überreste dreier paralleler Tonnengewölbe dienten in der Antike als Wasserreservoir und enthielten im unteren Bereich öffentlich zugängliche Toiletten. Die Wasserzufuhr sicherte eine sich von hier aus erstreckende Wasserleitung.

Der Bau (Abb. 72 R) südöstlich des Nymphäums ist eine weitere dreischiffige Kirchenbasilika (Abb. 79) des 6. Jahrhunderts mit Emporen, deren Patrozinium wir nicht kennen. Ihr vorgelagert war ein Atrium, das auf der Westseite durch ein viersäuliges Propylon mit sogenanntem syrischem Giebel (über dem Mitteljoch der Säulen erhebt sich ein kleiner Bogen) betretbar war. An der Nordseite des Atriumhofes liegt der Zugang zum großen Baptisterium, das einen quadratischen Mittelraum und schmale Umgänge aufweist.

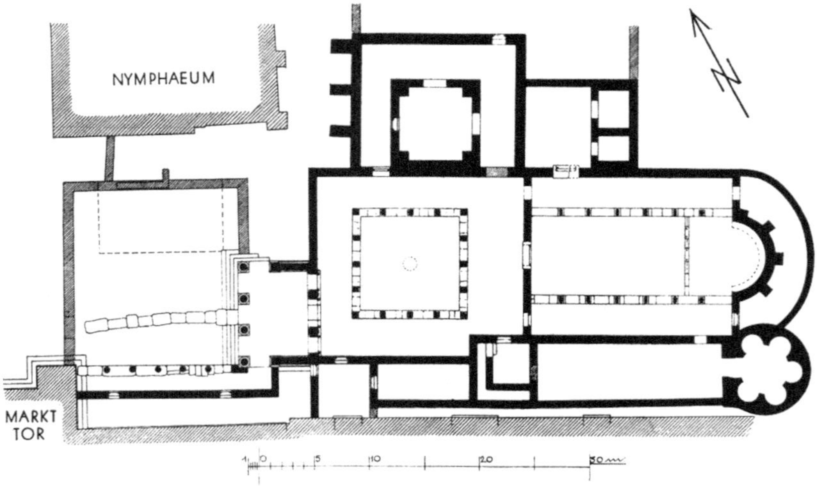

Abb. 79: Grundriss der Bischofskirche von Milet

Die Kirche erreichte man dagegen an der Ostseite über eine Vorhalle, die sich auf den Atriumhof mit einer Säulenstellung und wohl 2 Zugangspforten öffnete. Der Boden der Basilika war wie bei der Michaelskirche mit Marmorplatten (Mittelschiff) beziehungsweise Mosaiken (Seitenschiffe) belegt. Ferner liegen südlich der Kirchenapsis die Fundamente einer kleinen runden Märtyrer(?)kapelle, die fünf Nischen besaß.

Den eigentlichen Abschluss der vom Löwenhafen hierherführenden Prachtstraße bildete an deren südlicher Seite eine weitere große Platzhallenanlage, der sogenannte, wahrscheinlich bereits im 3. Jahrhundert v.Chr. angelegte, Südmarkt, der von der Straße aus durch ein in hadrianischer Zeit errichtetes zweigeschossiges Prunktor (Abb. 72 S) zu erreichen war. Dieses heute im Berliner Pergamonmuseum zu bewundernde Markttor von Milet (Abb. 80) besitzt im Untergeschoss drei Bogentore, die jeweils von zweisäuligen Tabernakeln gerahmt werden. Die beiden Seitenflügel sind leicht nach vorne gezogen und an ihrer Front ebenfalls mit offenen Tabernakeln besetzt. Diese Architektur setzt sich auch im Obergeschoss fort, wo die Tabernakel unterschiedliche Giebelformen tragen. Wie bei der Prunkfassade des benachbarten Nymphäums wies der Bau zusätzlich reichen Statuenschmuck auf.

Abb. 80: Rekonstruktionszeichnung des sog. Markttors von Milet

Gegenüber von Kirche und Nymphäum ließen die beiden Brüder Timarchos und Herakleides, zwei hohe Beamte (Finanzverwalter und Statthalter von Babylon) des Seleukidenherrschers Antiochos IV. Epiphanes, zwischen 175–163 v.Chr. zu Ehren ihres Königs den Milesiern ein Rathaus (Buleuterion) errichten (Abb. 72 T), wie die zum Teil erhaltene Stifterinschrift verrät. Ein Propylon mit viersäuliger und giebelbekrönter Fassade zur Straße hin bildete den Eingang. Dahinter erstreckt sich ein auf drei Seiten (Ost-, Nord- und Südseite) von einfachen dorischen Hallen eingefasster Hof (Abb. 81). Auf der Westseite liegt der eigentliche Sitzungssaal, der gut 1 200 Ratsmitglieder (Buleuten) fassen konnten, die auf den wie bei Theatern halbkreisartig angeordneten, ansteigenden Sitzstufen Platz nehmen konnten. Die Frontseite besaß über einem glatten Sockel eine dorische Halbsäulenordnung und Fenster, die den Innenraum beleuchteten. Im Innern stützen vier ionische Säulen das weitgespannte Holzdach. Auf dem Peristylhof sind zusätzlich die Fundamentreste eines rechteckigen Monumentes (Abb. 82) zu erkennen, bei dem die ältere Forschung meinte, es handele sich hierbei um einen architektonisch gestalteten Altar für Kaiser Augustus, dessen dreiseitige Wandung mit Girlandenreliefs, Stierschädeln sowie figürlichen Reliefs verziert war, die offenbar spezielle Themen der mythischen Frühgeschichte Milets zeigen. Ein abschließendes Urteil über diesen Rekonstruktionsvorschlag ist freilich noch nicht gesprochen.

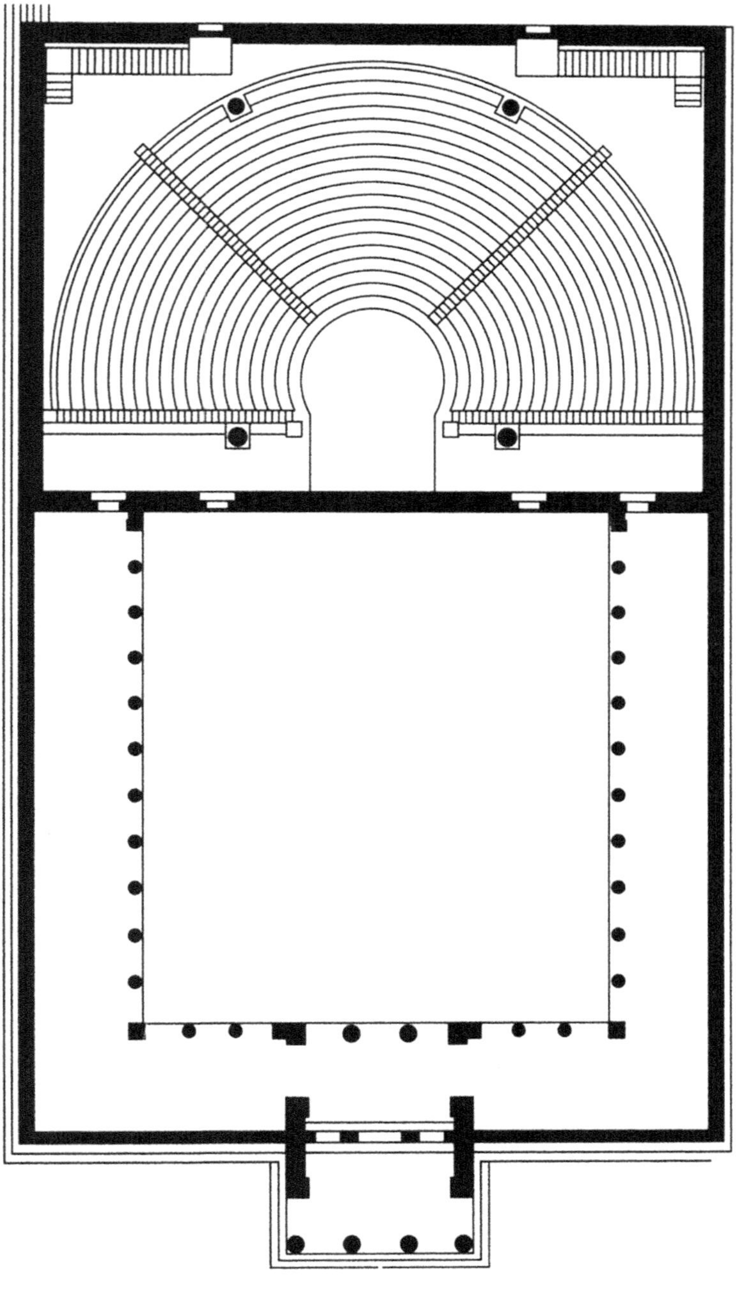

Abb. 81: Grundriss des Buleuterions von Milet

Abb. 82: Rekonstruktionszeichnung des Buleuterions von Milet
mit dem sog. Altar im Innenhof

Weiter westlich des Buleuterions liegen Ruinen eines sehr lang gestreckten, wohl durch eine mittige Stützreihe in zwei Schiffe geteilten Gebäudes (13,40 x 163 m), das als Speicherbau (Abb. 72 U) für Getreide gedeutet wird. An seiner unteren Südwestecke wurde im 3. Jahrhundert n.Chr. ein Tempel (Abb. 72 V) für den griechisch-ägyptischen Mischgott Sarapis/ Serapis erbaut. Dieses Serapeion bestand ursprünglich nur aus einem dreischiffigen Hauptsaal, der in der Flucht des Mittelschiffs ein Podium für das Kultbild (?) aufweist und den unkannelierte ionische Säulen gliedern. Wie die eigentliche Fassade im Süden samt Zugang aussah, wissen wir nicht, da dort nachträglich eine viersäulige Halle vorgeblendet wurde. Die Säulen trugen ionisch-korinthische Kompositkapitelle. Darüber erhob sich an der Stirnseite ein durchbrochener Rankenfries und im Giebel ist eine Büste des Gottes mit Strahlenkranz zu sehen. Die steinerne Kassettendecke der Vorhalle war ebenfalls verziert. In den einzelnen Feldern befinden sich Büsten von Musen und Göttern, die offenbar alle in Milet/ Didyma verehrt worden sind, wobei die antiken Bildhauer möglicherweise deren lokale Kultstatuen als Vorbilder nahmen. Nachweisbar ist dies für die Büste des Apollon, die den Kopf des berühmten, um 500 v.Chr. gefertigten Kultbildes von der Hand des Kanachos in Didyma mehr oder weniger getreu kopiert.
Vom Serapeion aus kann man entweder an den Resten des Südmarktes entlang gut 100 m zu einem bedeutenden Moscheebau (Abb. 68 W), der Ilyas Bey Camii (Abb. 83), oder direkt an den Faustinathermen vorbei zum Hauptparkplatz gehen. Die Moschee wird von einem kleinen islamischen Friedhof umschlossen und wurde 1404, wie die Inschrift über dem Eingang besagt, von dem seldschukischen Emir Ilyas aus Milas gestiftet. Von hier aus führt in nordwestlicher Richtung ein kleiner Weg durch die Felder zur asphaltierten Zufahrtsstraße. Diese geht man etwa 180 m in Richtung des Theaters entlang und stößt dort auf die ersten Reste eines größeren Areals (Abb. 84).

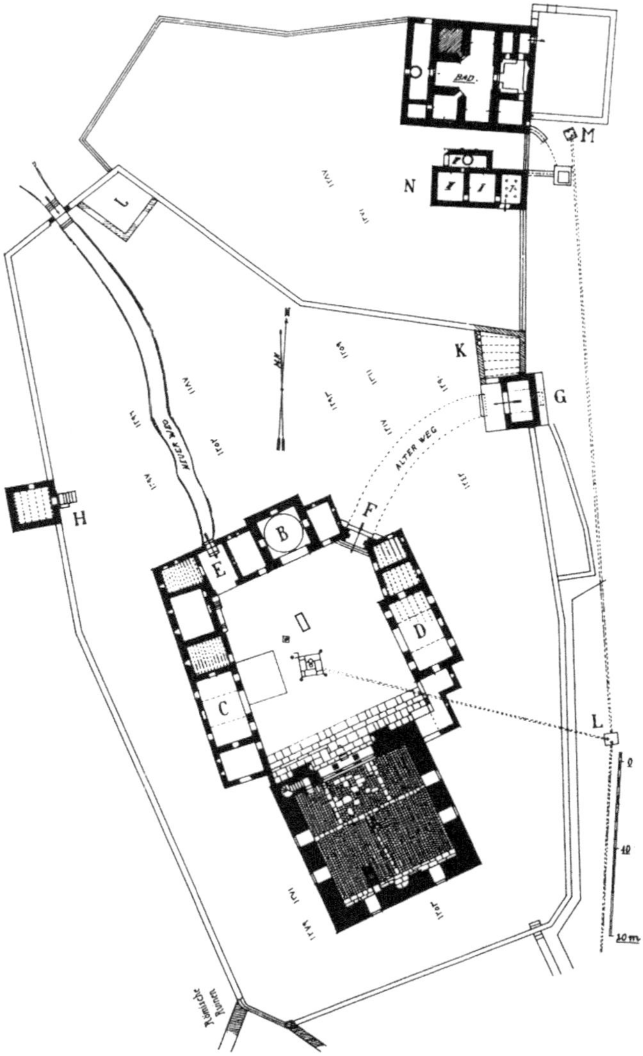

Abb. 83: Grundriss der Ilyas-Bey-Moschee von Milet

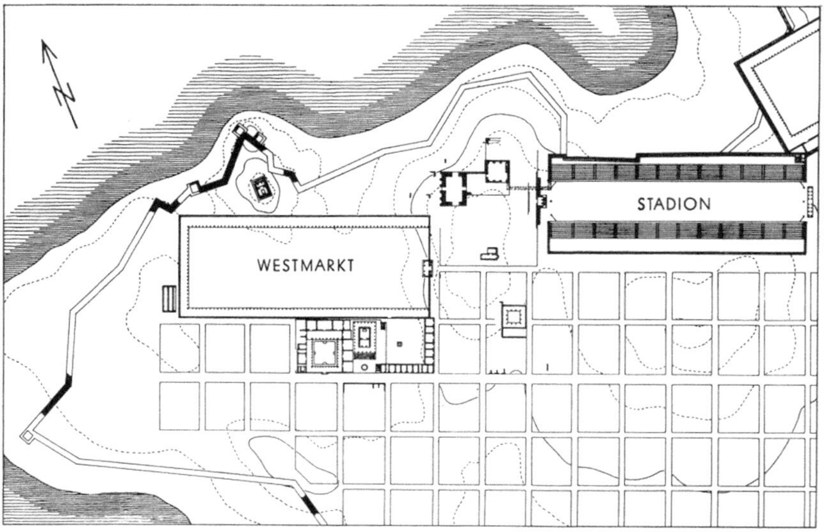

Abb. 84: Grundriss des archäologischen Areals am Athena-Tempel von Milet

Zu sehen sind zunächst die Fundamente eines Torbaus (Abb. 68 X) des 3. Jahrhunderts n.Chr., der als Zugang zum gut 200 m langen Stadion der Stadt fungierte. Geht man hier durch das Gestrüpp auf Trampelpfaden weiter in westlicher Richtung, so wird bald ein weiteres Ruinengelände (nicht ausgegrabener Westmarkt und Heiligtumsareal der Athena) erreicht, das in jüngerer Zeit Schauplatz wichtiger Ausgrabungen gewesen ist. Unter der Leitung von Wolf-Dietrich Niemeier fanden dort am Bezirk des Athena-Tempels (Abb. 68 Z) langjährige Untersuchungen zur Vor- und Frühgeschichte Milets statt, die spannende Einblicke in die minoische und mykenische Epoche der Stadtgeschichte gewährten. Wegen des hohen Grundwassers ist davon an Ort und Stelle jedoch kaum etwas bis gar nichts zu sehen. Selbst das bedeutende Heiligtum der Athena kann nur mehr erahnt werden. Immerhin ragen die 17 x 25 m umfassenden Gneisfundamente noch hervor. Ob der Tempel erst nach der Wiederbesiedlung Milets im 5. Jahrhundert v.Chr. oder doch schon in der Blütezeit der Stadt am Ende des 6. Jahrhunderts v.Chr. vor der Eroberung und Plünderung der Stadt durch die Perser errichtet wurde, ist jüngst wieder kontrovers diskutiert worden. Es spricht einiges dafür, dass der Bau tatsächlich schon spätarchaisch ist. Die westlich von hier auszumachenden Fundamente und Mauern gehörten zu einem römischen Haus, das einen Peristylhof besaß.

Als letzte gut sichtbare Ruinen stehen nordwestlich des Tempels die Reste eines weiteren hellenistischen, turmartigen Grabbaus, des sogenannten Heroons an der Theaterbucht (Abb. 68 Y), das einst direkt oberhalb der Stadtmauern an der Küste lag. Der marmorne Unterbau trägt heute einen teils zerstörten Bruchsteinturm aus der seldschukischen Epoche. Von hier aus sind es dann noch gut 200 m in östlicher Richtung, bis der Parkplatz am römischen Theater erreicht wird.

8.3 Thermen: Ein Vergnügen für die einen, ein Albtraum für andere

Kein Besuch Milets ohne die Besichtigung der gut erhaltenen Faustinathermen. Sie sind eine Stiftung der Ehefrau des Kaisers Marc Aurel (161–180 n.Chr.), nach der sie benannt sind. Dass reiche Bürger und Angehörige des Kaiserhauses Stiftungen gründeten, war in der Zeit des Hellenismus nichts Ungewöhnliches

Thermen gehörten zu einer römischen Stadt wie Gymnasien zu einer griechischen. Im Unterschied zu den Gymnasien waren die Thermen aber Männern und Frauen zugänglich, die sie aber selten gemeinsam, vielmehr in der Regel in getrennten Abteilungen oder zu unterschiedlichen Zeiten nutzten. Sie wurden von einem Mäzen, einer Mäzenin oder der Kommune erbaut und dann verpachtet, der Betrieb wurde durch Eintrittsgelder finanziert.

Es gab ein festes Schema von Räumen, deren jeder eine bestimmte Funktion hatte. Man konnte sich in beliebiger Reihenfolge und beliebig oft von einer Abteilung in die andere begeben. Die Zeit, die man sich für einen Aufenthalt nahm, war nicht begrenzt, es konnte ein ganzer Tag sein. Viele reiche Römer verfügten über private Anlagen, sie mussten sich nicht unter das Volk mischen. Dass sie die öffentlichen Einrichtungen mieden, versteht man gut, wenn man den folgenden Brief des römischen Politikers und Philosophen L. Annaeus Seneca (ca. 4–65 n.Chr.) liest, der einen lebendigen Eindruck von dem munteren Treiben in einer Thermenanlage vermittelt:

> *Ich müsste längst tot sein, wenn, wie allgemein angenommen wird, Ruhe wirklich so notwendig ist für jemanden, der sich wie ich in seine Studien vertieft. Hier umdröhnt mich von allen Seiten mannigfacher Lärm. Ich wohne direkt über einem Bad. Stell dir jetzt alle Arten von Geschrei vor; sie können dich dazu bringen, deine Ohren zu verfluchen.*
>
> *Ziemlich kräftige Männer trainieren und schwingen ihre bleischweren Hände; ich höre sie stöhnen, wenn sie sich anstrengen oder so tun, als ob sie sich anstrengten; wenn sie die Luft einhalten und dann ausstoßen, höre ich Zischen und ganz raues Wiederatemholen.*

Wenn ich auf einen unfähigen Masseur stoße, der sich nur auf die gewöhnliche Art der Massage versteht, höre ich, wie seine Hände auf die Schultern klatschen. Der Ton ändert sich je nachdem, ob er mit offener oder geschlossener Hand auftrifft.
Kommt ein Ballspieler dazu, der anfängt, seine Aufschläge zu zählen, bin ich vollends am Ende.
Stell dir weiter einen Raufbold vor, einen Dieb, der gefasst wird, einen, der sich im Bad gern singen hört; stell dir Leute vor, die du hörst, wenn sie ins Becken springen und krachend auf das Wasser aufschlagen.
Deren Töne sind wenigstens natürlich, aber denk dir einen Haarausrupfer, der ununterbrochen hohe und knarrende Töne von sich gibt, um sich bemerkbar zu machen, und der nicht eher den Mund hält, als bis er jemandem die Achselhaare ausrupft und zur Abwechslung ihn dazu bringt zu schreien.
Endlich die verschiedenen Schreie der Kuchenbäcker, Zuckerbäcker und Wursthändler, nicht zu vergessen die Verkäufer von Garküchenspeisen, die ihre Waren anpreisen, jeder in einer anderen Tonart. (Ep. 56, 1und 2).

Wie oft das Wasser – z.B. in den Wannen des Caldariums – gewechselt wurde, wissen wir nicht. In einem Epigramm Martials (ca. 40–ca. 104 n.Chr.) lesen wir:

Zoilus, du wäschst deinen Hintern und beschmutzt das Wasser.
Tauchst du den Kopf hinein, wird es noch dreckiger sein.
(2, 42).

8.4 Die milesischen Vorsokratiker: Forschen um des Forschens willen

Mit Homer beginnt die abendländische Literatur, mit Thales beginnt die abendländische Philosophie. Von Thales wissen wir mehr als von Homer: Wir kennen seinen Geburtsort, Milet, und wir kennen ein sicheres Datum: Thales hat die Sonnenfinsternis des Jahres 585 v.Chr. vorausgesagt. Am Tag einer Schlacht zwischen den Lydern und den Medern wurde es plötzlich Nacht. (Diels-Kranz 11 A 5).

Thales kannte sicher babylonische Aufzeichnungen über Mond- und Sonnenfinsternisse, eine Sonnenfinsternis hatte es im Jahr 763 gegeben. Trotzdem war es wohl dem Zufall zuzuschreiben, dass seine Prophezeiung am 23.5.585 tatsächlich eintrat. Sie begründete seinen Ruhm.

Die Überlieferung kennt ihn ebenso als weltfremden Philosophen wie als raffinierten Kaufmann.

Als Thales, um die Sterne zu beobachten, nach oben blickte und in einen Brunnen fiel, soll eine witzige und charmante thessalische Magd gespottet haben, dass er sich zwar bemühe, die Dinge im Himmel zu kennen, dass es ihm aber verborgen bleibe, was hinter ihm und vor seinen Füßen liege.
Als ihm die Leute wegen seiner Armut Vorhaltungen machten und sagten, die Philosophie sei eine nutzlose Beschäftigung, habe er, sagt man, auf Grund seiner astronomischen Kenntnisse vorausgesehen, dass es eine gute Olivenernte geben werde; und noch im Winter habe er, mit den geringen Mitteln, über die er verfügte, alle Ölpressen in Milet und auf Chios für einen niedrigen Preis gemietet, weil ihn niemand überboten habe. Als dann die Zeit der Ernte gekommen sei, habe auf einmal und zur gleichen Zeit eine sehr große Nachfrage nach Pressen eingesetzt, und da habe er sie so teuer, wie er wollte, vermietet und damit viel Geld verdient. So habe er bewiesen, dass es für Philosophen leicht sei, reich zu werden, wenn sie es nur wollten, dass sie aber gerade darauf keinen Wert legten.
(DK 11 A 9 und 10).

Seine Geschäftstüchtigkeit half ihm nicht; seit Thales haftet an den Philosophen der Ruf der Weltfremdheit.

Er war nicht der Erste, der nach dem Wesen des Kosmos gefragt hat – das hatte bereits Hesiod (7. Jahrhundert v.Chr.) getan –, aber er war der Erste, der als Naturphilosoph nach einer Erklärung gesucht hat, die ohne göttliches Wirken auskommt. Im Unterschied zu den Babyloniern und Ägyptern, deren Forschungen zu bewundernswerten Ergebnissen geführt hatten, strebte er nach einer Erkenntnis, die keinen praktischen Nutzen versprach.

Thales stellte fest:

Das Wasser ist der Urgrund (arché). (DK 11 A 10).

Das Wasser ist das zeitlose Prinzip ohne Anfang und Ende, aus dem alles entsteht, aus dem alles besteht und in das alles vergeht. Jedenfalls hat Aristoteles den Philosophen so verstanden. Thales hat den Kosmos entmythisiert. Er entwarf ein umfassendes System und postulierte spekulativ die Einheit alles Seienden. Er reduzierte das Viele auf etwas Einfaches, eine Materie (*hýle*), die lebendig ist und die Kraft hat, aus sich heraus alles Seiende hervorgehen zu lassen (*Hylozoisnmus: zoé – Leben*). Er unterschied die Phänomene von dem, was ihnen zugrunde liegt und was nur denkend erfasst werden kann.

Wie kommt es, fragte Thales, dass die Erde manchmal bebt? Sie schwankt wie ein Schiff durch die Bewegung des Wassers. (DK 11 A 15).

Thales war kein Wissenschaftler, er war ein Naturphilosoph. Er hat nicht experimentiert, hat keine Beweise geliefert. Seinem Denkansatz, den Erscheinungen auf den Grund zu gehen, ist die Wissenschaft aber bis heute verpflichtet.

Wir besitzen von ihm selbst kein einziges schriftliches Dokument. Wir wissen noch nicht einmal, ob er seine Gedanken notiert oder nicht vielleicht nur mündlich vorgetragen hat. Wir verdanken die Texte, die wir kennen, antiken Autoren, die sie zitiert haben.

Der folgende Text ist bei einem griechischen Kommentator des 6. Jahrhunderts n.Chr. überliefert. Der 2. Abschnitt gilt als ein originales Dokument des milesischen Philosophen Anaximander, der etwa 15 Jahre jünger war als Thales:

> *Anaximander aus Milet, der Sohn des Praxiades, der Nachfolger und Schüler des Thales, hat gelehrt, der Urgrund (arché) und das Element des Seienden sei das Grenzenlose (ápeiron). Er war der Erste, der den Urgrund mit diesem Begriff bezeichnet hat. Er sagt, dass es weder Wasser noch ein anderes der sog. Elemente sei, sondern eine andere unendliche Natur, aus der alle Himmel entstünden und die in ihnen enthaltenen Welten.*
> *Woraus den seienden Dingen Entstehung zuteil wird, in das hinein geschieht das Vergehen nach der Notwendigkeit; denn sie leisten einander Recht und Strafe für das Unrecht gemäß der Ordnung der Zeit.* (DK 12 A 9, B 1).

Anders als Thales ging Anaximander von einer Substanz aus, die es in der durch die Sinne erfahrbaren Welt nicht gibt, das *ápeiron*, wie er es nennt. Das war eine neue Stufe der Abstraktion.

Im Kosmos erkennt er eine Ordnung, die in dem Wechsel besteht: Alles, was entsteht, realisiert eine Möglichkeit und verhindert zugleich andere mögliche Existenzen. Dafür sühnt es, indem es vergehen muss, um anderem Raum zu geben. Altern und Tod, Geburt und Wachstum konstituieren das ewige Sein. Der Kosmos ist ein sich selbst steuerndes System, das sich beständig im Gleichgewicht hält. Aus dem Apeiron entstehen unendlich viele Welten, es selbst altert nicht und existiert ewig, im Unterschied zu den unsterblichen Göttern ist es auch ungeworden (DK 12 A 11; A 14; B 2). Die zeitliche Dimension wird abgestreift.

Wenn Thales gelehrt hatte, die Erde schwimme auf dem Wasser, so stellte sich die Frage, worauf denn das Wasser ruhe. Anaximander vertrat die Auffassung, die Erde werde durch nichts gehalten, sie schwebe und beharre infolge desselben Abstands zu allen Himmelskreisen auf ihrem Platz (DK 12 A 11). Mit diesem Symmetriegesetz entdeckte er das Prinzip des zureichenden Grundes, – nach dem aus Österreich stammenden Philosophen Karl R. Popper (1902–1994) – einer der kühnsten, revolutionärsten und außergewöhnlichsten Gedanken in der gesamten Geschichte des menschlichen Denkens.

Auf die Frage, was der Mensch sei, hat Anaximander geantwortet:

> *Der Mensch sei aus einem anderen Lebewesen entstanden, und zwar aus einem Fisch, dem er am Anfang ähnlich gewesen sei.* (DK 12 A 11).

Charles Darwin (1809–1882) hätte sich auf Anaximander berufen können.

Es war nicht das geringste Verdienst Anaximanders, dass er sich kritisch mit seinem Vorgänger und Lehrer auseinandersetze, ihm widersprach. Mit ihm beginnt die Wissenschaftsgeschichte, die bis heute währt und noch lange nicht an ein Ende gekommen ist.

Der dritte milesische Naturphilosoph war Anaximenes (ca. 586–ca. 520 v.Chr.). Er war wiederum ca. 15 Jahre jünger als Anaximander. Er lehrte, dass die Luft die allem Seienden zugrundeliegende Materie sei, also ein sinnlich wahrnehmbarer Stoff.

> *Anaximenes aus Milet, der Sohn des Eurystrates, erklärte die Luft zum Urgrund (arché) der seienden Dinge. Aus ihr entstehe nämlich alles und in sie vergehe es wiederum. Wie unsere Seele, sagt er, Luft ist und uns zusammenhält, so umfasst auch Wind/Atem und Luft den gesamten Kosmos.* (DK 13 B 2).

Wie das Apeiron des Anaximander ist die Luft des Anaximenes unendlich und überall. Sie ist in ständiger Bewegung (DK 13 B 3). Durch Veränderung des Aggregatzustands, Verdünnung und Verdichtung, entsteht, was ist (DK 13 A 5). Qualitäten wurden auf Quantitäten zurückgeführt.

> *Anaximenes hat die Luft Gott genannt* (DK 13, A 10).

Die Naturphilosophen waren keine Atheisten, aber sie lösten sich von der homerischen Vorstellung der anthropomorphen Gottheiten.

Jede neue Theorie entstand in einer Auseinandersetzung mit einer früheren, sie wollte kohärenter sein, die Phänomene schlüssiger und einleuchtender erklären. Da es nicht um Falsifikation gehen konnte, ging es auch nicht um Fortschritt. Es wurde jeweils ein anderer Zugriff auf die Welt gesucht. Deshalb hat jede Theorie einen eigenen Wert, und es lohnt, sich mit jedem einzelnen der vorsokratischen Denker zu beschäftigen.

Während die Naturphilosophen allgemeine Sätze über die Welt formulierten, wird Platon (427–347 v.Chr.) fragen, wie es möglich ist, allgemeine Sätze zu formulieren.

8.5 Die Geburt der kritischen Geschichtsschreibung: Hekataios

Hekataios ist uns schon begegnet, als er den Milesiern im Jahr 500 v.Chr. in richtiger Einschätzung der Machtverhältnisse geraten hat, sich nicht mit den Persern anzulegen oder erst dann, wenn sie über starke Bundesgenossen verfügten.

Man rechnet ihn der Schule des Thales zu. Seine Lebenszeit kann man mit 560–480 v.Chr. nur ungenau bestimmen. Er hat zwei Werke verfasst: eine *Erdbeschreibung – Períodos ges* und eine Abhandlung über Stammbäume: *Genealogíai.*

Für die erste Schrift hat er ausgedehnte Reisen unternommen. In zwei Büchern hat er Europa und Asien beschrieben, den dritten Erdteil hat er Libyen genannt. Er ist dem Verlauf der Küsten gefolgt und hat, von ihnen ausgehend, das Binnenland bereist. Er hat eine Erdkarte entworfen (Abb. 85). Ihn haben keine merkantilen Interessen geleitet, sondern Neugier, der Wunsch, neue Erkenntnisse zu erwerben.

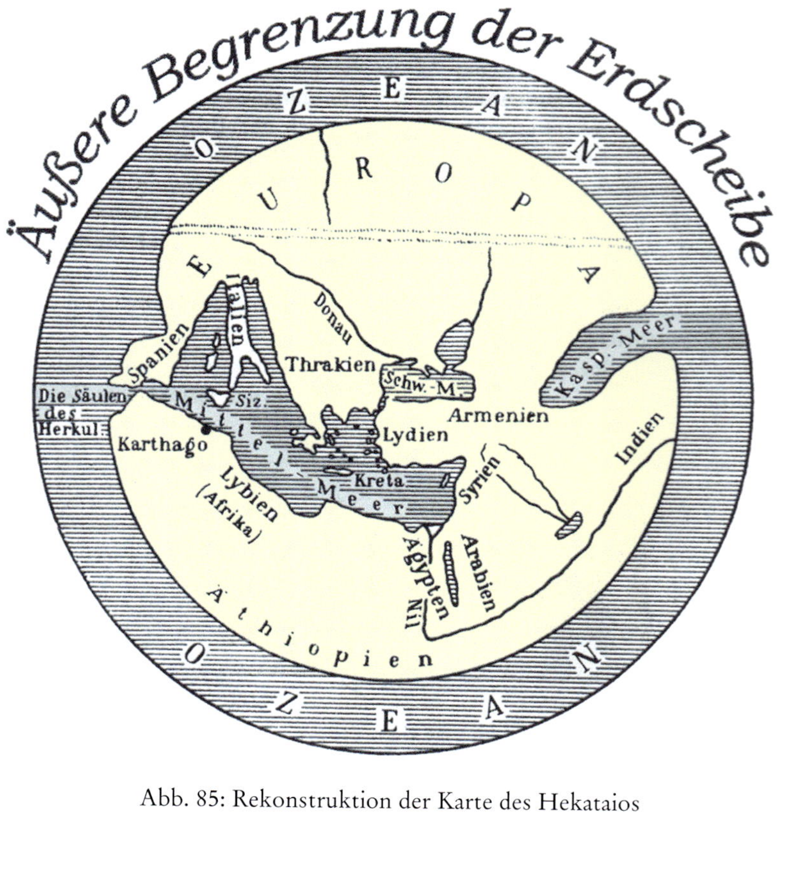

Abb. 85: Rekonstruktion der Karte des Hekataios

Indem er in den *Genealogien* den Stammbaum mythischer Helden Generation für Generation darlegte, schuf er ein Gerüst, in das Ereignisse zeitlich eingeordnet werden konnten.

Der Anfang des Buches ist überliefert:

> *Hekataios von Milet spricht folgendermaßen: Ich schreibe dies auf, wie es mir wahr zu sein scheint. Denn die Berichte der Hellenen sind ebenso zahlreich wie lächerlich. So erscheinen sie mir jedenfalls.*

Vergleicht man diese Zeilen mit den bis dahin üblichen Tatsachenberichten, so ermisst man den Fortschritt. Spricht dort ein Herrscher über seine Leistungen, so hier ein Beobachter, der sich der Welt des Geschehens zuwendet und sie seiner kritischen, auf Wahrheit bezogenen Betrachtung unterzieht. Gewiss, Hekataios sah zwar in den Mythen noch unbezweifelbar-wahre Geschichte, aber er unterzog sie rationaler Prüfung. Aigyptos kann, meint er, unmöglich 50 Kinder gehabt haben, höchstens 20 (Frg. 19).

Hekataios war noch kein Historiker, aber ein wichtiger Vorläufer des *Vaters der Geschichtsschreibung*, Herodots.

8.6 Die Abschiedsrede des Apostels Paulus

Im Anschluss an seinen Aufenthalt in Ephesos besuchte Paulus Gemeinden in Makedonien und Griechenland. Bei seiner Rückkehr machte er in Milet Station (56 n.Chr.), bevor er nach Jerusalem weiterreisen wollte. Von dort wird ihn der Weg nach Rom führen, und das heißt, in den Tod.

Er ließ die Ältesten der Gemeinde von Ephesos nach Milet kommen und sprach so zu ihnen:

> *Ihr wisst, wie ich mich vom ersten Tag an, als ich in die Provinz Asien gekommen bin, die ganze Zeit bei euch verhalten habe, wie ich dem Herrn gedient habe in aller Demut und mit Tränen und unter Anfechtungen, die mir durch die Nachstellungen der Juden widerfahren sind.*
> *Ich habe euch nichts vorenthalten, was nützlich ist, dass ich's euch nicht verkündigt und gelehrt hätte, öffentlich und in den Häusern, und habe Juden und Christen bezeugt die Umkehr zu Gott und den Glauben an unsern Herrn Jesus.*
> *Und nun siehe, durch den Geist gebunden, fahre ich nach Jerusalem und weiß nicht, was mir dort begegnen wird,*
> *nur dass der heilige Geist in allen Städten mir bezeugt, dass Fesseln und Bedrängnisse auf mich warten.*
> *Aber ich achte mein Leben nicht der Rede wert, wenn ich nur meinen Lauf vollende und das Amt ausrichte, das ich von dem*

Herrn Jesus empfangen habe, zu bezeugen das Evangelium von der Gnade Gottes.
Und nun siehe, ich weiß, dass ihr mein Angesicht nicht mehr sehen werdet, ihr alle, zu denen ich hingekommen bin und das Reich gepredigt habe.
Darum bezeuge ich euch am heutigen Tag, dass ich rein bin vom Blut aller;
denn ich habe nicht unterlassen, euch den ganzen Ratschluss Gottes zu verkündigen ...
Und nun befehle ich euch Gott und dem Wort seiner Gnade, der da mächtig ist, euch zu erbauen und euch das Erbe zu geben mit allen, die geheiligt sind.
Ich habe von niemandem Silber oder Gold oder Kleidung begehrt.
Denn ihr wisst selber, dass mir diese Hände zum Unterhalt gedient haben für mich und die, die mit mir gewesen sind.
Ich habe euch in allem gezeigt, dass man so arbeiten und sich der Schwachen annehmen muss im Gedenken an das Wort des Herrn Jesus, der selbst gesagt hat: Geben ist seliger als nehmen.
Und als er das gesagt hatte, kniete er nieder und betete mit ihnen allen.
Da begannen alle, laut zu weinen, und sie fielen Paulus um den Hals und küssten ihn,
am allermeisten betrübt über das Wort, das er gesagt hatte, sie würden sein Angesicht nicht mehr sehen. Und sie geleiteten ihn auf das Schiff.
(Apg. 20, VV. 17 – 27; 32 – 38; Übers.: Martin Luther).

Wie Lukas in dieser Rede Zeugnis für den Apostel Paulus ablegt, so hat Platon in der *Apologie* Zeugnis für Sokrates abgelegt. Es sind Abschiedsreden. Platon und Lukas haben sie gestaltet. Wie Sokrates und Paulus wirklich gesprochen haben, wissen wir nicht.

Mit ein paar Hinweisen sei auf Verbindendes und Trennendes hingewiesen:

Beide glaubten, dass sie von einer höheren Macht geleitet werden. Sokrates berief sich auf sein *daimónion,* Paulus auf den *heiligen Geist.* Während aber das *daimónion* nur davon abriet, etwas zu tun, erfuhr Paulus Weisungen, denen er Folge leistete.

So wenig sich Sokrates durch den Hass, der ihm entgegenschlug, bange machen ließ, so wenig Paulus durch die Nachstellungen der Juden.

Beide erachteten ihr Leben gering gegenüber der Aufgabe, die es zu erfüllen galt. Sokrates machte seine Armut als Beweis für seine uneigennützige Tätigkeit im Dienst seiner Heimatstadt Athen geltend, Paulus hat sein Leben den Schwachen gewidmet und nach der Maxime gelebt, dass geben seliger ist als nehmen. Er ging über Sokrates hinaus, indem er das Gebot der Nächstenliebe erfüllte.

Der Schluss ruft in Erinnerung, was Platon im *Phaidon* berichtet. Paulus betete zu Gott, Sokrates bat, dem Gott Asklepios einen Hahn zu opfern. Beide waren gefasst, während die Glaubensbrüder des Paulus und die Freunde des Sokrates weinten.

Sokrates hat differenziert: Als Philosoph wußte er nichts über den Tod, als Mensch hoffte er, dass er ein Gut sei. Für Paulus gab es diese Trennung nicht: Er wird in der Gewissheit sterben, *dass die Toten unverweslich auferstehen werden*. (1. Kor. 15, V. 52).

Es ist ein großer Schritt von der Antike zum Christentum, aber erst Antike und Christentum gemeinsam begründen unsere abendländische Wertegemeinschaft.

9. Kapitel

Didyma

9.1 Die Geschichte des Heiligtums, Apollons Orakelstätte

Didyma, auch Didymaion oder Didymoi, hieß der Tempel des Apollon. Das griechische Wort *dídymoi* heißt *Zwillinge.* Und tatsächlich hat man ganz in der Nähe einen zweiten Tempel gefunden, der der Artemis, Apollons Zwillingsschwester, geweiht war. Unter der nahe gelegenen Moschee, die bis 1922 eine Kirche war, sind Fundamente ergraben worden, die ihm zugeschrieben werden.

Wahrscheinlich ist der Name jedoch gar nicht griechisch, sondern karisch.

Nach Pausanias, dem griechischen Reiseschriftsteller (ca. 115–ca. 180 n.Chr.), existierten Tempel und Orakelstätte im 2. Jahrtausend v.Chr. bereits vor der Einwanderung der Ionier (7,2,4). Die ersten nachweisbaren Spuren lassen sich aber erst auf die Zeit um 700 v.Chr. datieren. Um 600 war das Heiligtum bereits so bedeutend, dass der ägyptische Pharao Nerkes II. es mit wertvollen Weihgeschenken bedachte. (Herodot, 1,92). Auf die Zeit um 600 wird auch die älteste erhaltene Inschrift datiert.

Die Gründungslegende berichtet, dass Leto, eine kleinasiatische Göttin, hier mit Zeus *die heilige Hochzeit* gefeiert und Apollon empfangen habe (Dittenberger SIG 590).

Schon gleich nach seiner Geburt hat, so heißt es in einem Homerischen Hymnos, der Gott prophezeit:

> *Künftig werde ich den Menschen den unfehlbaren Willen des Zeus verkünden.* (3, V. 132; 7. Jahrhundert v.Chr.).

Im späten 6. Jahrhundert begann man, an Stelle der alten Anlage einen großen archaischen Tempel zu errichten. Der Lyderkönig Kroisos hat ihn mit einem umfangreichen Schatz beschenkt. (Herodot, 1, 92). Das Heiligtum wurde bis zu seiner Zerstörung durch die Perser 494 v.Chr. von der Priesterdynastie der *Branchiden* verwaltet, die ihre Herkunft auf den mythischen Seher und Orakelgründer Branchos zurückführten, über dessen Identität es unterschiedliche Versionen gibt. (u.a. Kallimachos, frg. 194, VV. 28–31). Es war ursprünglich ein Branchide, der die Prophezeiungen verkündete. 494 trat eine Priesterin an seine Stelle.

Im Zusammenhang mit dem geplanten Ionischen Aufstand 500 v.Chr. schlug der Geschichtsschreiber Hekataios vor, die Weihgeschenke, die

Kroisos gestiftet habe, zur Finanzierung des Krieges zu verwenden. (Herodot, 5, 36).

494 v.Chr. brach der Aufstand zusammen. Milet wurde zerstört.

Die heilige Quelle hörte auf zu fließen, es gab keine Weisungen mehr.

Erst nach dem Sieg Alexanders des Großen sprudelte das Wasser wieder, und das Orakel nahm seine Tätigkeit wieder auf (331 v.Chr.). Die Milesier beeilten sich, den Makedonen über Orakel in Kenntnis zu setzen, die seine Abstammung von Zeus zum Ausdruck brachten und ihm militärische Erfolge verhießen.

Mit dem Wiederaufbau des Tempels wurde ab dem späten 4. Jahrhundert begonnen. Seleukos I. von Syrien trug erheblich zur Finanzierung bei. Der König wollte sich damit nicht nur der Unterstützung des Gottes versichern, sondern auch der Bündnistreue der Milesier. Außerdem hatten die Seleukiden eine besondere Affinität zu Didyma, da sie ihre Herkunft auf Apollon zurückführten.

Seleukos II. proklamierte zu Beginn der 2. Hälfte des 3. Jahrhunderts v.Chr. das Asylrecht.

Um 200 v.Chr. wurden die *Didymeen*, die bis dahin nur von örtlicher Bedeutung waren, in den Rang panhellenischer Festspiele erhoben. Sie umfassten athletische und musische Wettkämpfe (Rhetorik, Musik, Drama).

Bauherr des Tempels war die Stadt Milet, sie zeichnete für die Verwaltung verantwortlich und setzte die Priester ein. Als Arbeitskräfte bediente sie sich tempeleigener und angemieteter Sklaven. Auf Stein überlieferte Inschriften geben Auskunft über den Baufortschritt, die Arbeitsorganisation und die Kosten. Für eine einzige der 120 geplanten Säulen wurden 40 000 Drachmen veranschlagt. Zum Vergleich: Das Jahresgehalt eines Sport- und Grammatiklehrers betrug am Ende des 3. Jahrhunderts v.Chr. 360–480 Drachmen.

Der Bau blieb unvollendet, obwohl immer wieder einmal römische Kaiser die Arbeiten fortführen ließen.

Seit dem Edikt des Kaisers Theodosius I. (391 n.Chr.), das alle heidnischen Kulte verbot, schwieg das Orakel.

Am Anfang des 5. Jahrhunderts ließ Kaiser Theodosius II. (408–450) im Hof des Heiligtums eine dreischiffige Basilika erbauen, die durch ein Erdbeben zerstört wurde.

Im 9. Jahrhundert ist ein Schiff wieder aufgebaut worden.

Als 1453 und 1493 erneut Erdbeben den schon stark zerstörten und längst aufgegebenen Tempel vollends zum Einsturz brachten, verödete der Ort.

Am Ende des 18. Jahrhunderts wurde er wieder besiedelt. Den Siedlern diente der Tempel als willkommenes Baumaterial.

Ludwig Ross (1806–1859) war ein Pionier der Archäologie und eine Zeitlang Oberkonservator in Griechenland. In seinem Bericht über eine Reise durch Ionien schreibt er:

> *Strabons Wort, die Cella sei so groß angelegt, dass sie fast ein Dorf fassen könnte, ist heute zum Teil in Erfüllung gegangen; Auf dem wüsten Steinhaufen, den die Quadern des eingestürzten Tempels bilden, steht eine Windmühle und andere Gebäude. Nur drei Säulen, von denen zwei mit ihrem Architrav gegen 70 Fuß hoch sind, haben sich aufrecht erhalten.*
>
> (a.a.O., S. 132).

Der Geograph und Historiker Strabon hat von 63 v.Chr. bis nach 23 n.Chr. gelebt.

Nachdem von 1765 bis 1858 die englische *Society of Dilettanti* alles erfasst und dokumentiert hatte, was aufrecht stand, führten 1872 Franzosen Grabungen durch.

1906 begann Theodor Wiegand im Auftrag der Königlich-Preußischen Museen mit systematischen Untersuchungen. Die Arbeiten dauerten zunächst bis 1937, sie wurden 1962 vom Deutschen Archäologischen Institut wieder aufgenommen und werden bis heute fortgeführt. Durch verantwortungsvolle und vorsichtige Restaurierung wird versucht, den Besuchern einen Eindruck von den gewaltigen Ausmaßen des Bauwerks zu vermitteln.

9.2 Der Tempel

Das extraurbane, weit über die Grenzen Milets hinaus bekannte Orakelheiligtum des Apollon von Didyma ist die aktuell größte Tempelruine der Westtürkei. Sie liegt inmitten der heutigen Siedlung Didim rund 20 km südlich von Milet. Bei dem heute sichtbaren Bau handelt es sich aber nicht um den der archaischen Epoche, als Milet im späteren 6. Jahrhundert v.Chr. offenbar in Konkurrenz zum ephesischen Artemision begann, ein älteres bescheidenes Heiligtum durch einen riesenhaften Tempel mit doppelter Säulenstellung (Dipteros) und reliefgeschmückten Säulen zu ersetzen. Er wies an Stelle der Cella einen offenen Hof auf, in dem sich die heiligen Stätten befanden und das ehrwürdige um 500 v.Chr. gefertigte Kultbild von der Hand des berühmten Bildhauers Kanachos in einem eigenen Naiskos stand (Abb. 86). Im Zusammenhang mit dem Ionischen Aufstand ließ der persische Großkönig 494 v.Chr. diesen Prachtbau zerstören und das Kultbild in seine Residenzstadt Susa verschleppen. Erst nach dem Untergang des Persischen Reiches gelangte es unter Seleukos I. wieder nach Didyma, wo ab dem späten 4. Jahrhundert v.Chr. alles darangesetzt wurde, das Heiligtum glanzvoll wiederaufzubauen. Dabei orientierte man sich grundsätzlich am alten archaischen Plan mit einem kleinen eigenen Kultbild-Tempel in einem offenen Hof, der wiederum von einem von außen wie ein kolossaler doppelter Ringhallen-Tempel (Dipteros) wirkenden Bau umfasst war, dessen vermeintliche Cellamauern die Hofmauern bildeten (Abb. 87).

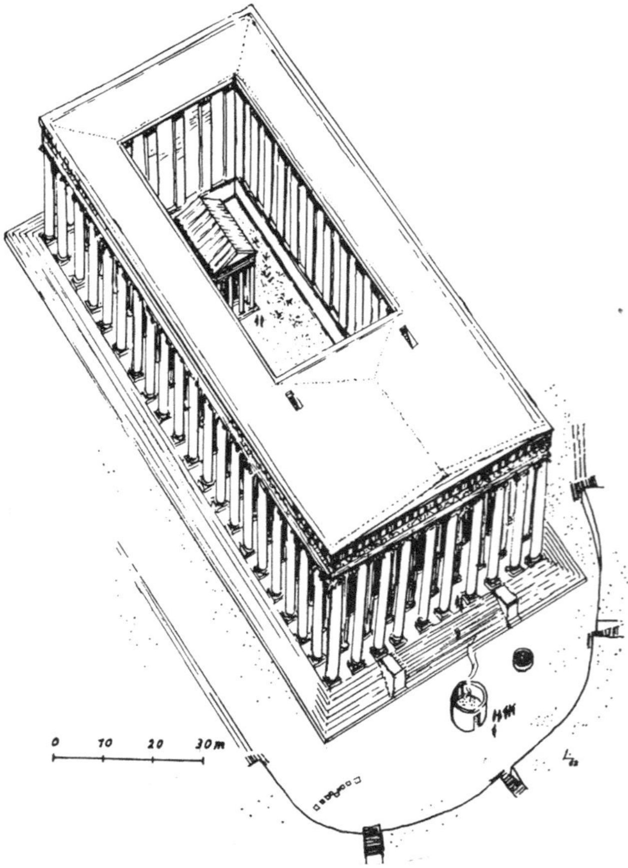

Abb. 86: Rekonstruktionszeichnung des Apollon-Tempels von Didyma

Allein die Dimensionen sollten noch kolossaler werden, was freilich dazu führte, dass der Tempel niemals fertiggestellt werden konnte. In der hellenistischen Epoche gelang lediglich die Errichtung des 50 x 110 m messenden Stufenbaus, des ungedeckten Hofensembles und des Pronaos sowie die Aufrichtung eines Teils der äußeren Ringhallensäulen. Unter den Kaisern Caligula (37–41 n.Chr.) und Hadrian (117–138 n.Chr.) wurde weitergebaut, wobei die hadrianischen Baumaßnahmen umfangreicher waren. Nachdem man den Tempel möglicherweise bereits 262 n.Chr. zum Teil in eine Festung gegen den drohenden Gotenansturm umgewandelt hatte, wurde im 5. Jahrhundert n.Chr. schließlich in seinem Innern eine Kirche eingebaut. Eingestürzt dürfte der Tempel erst bei dem Erdbeben des Jahres 1493 sein. Cyriacus von Ancona sah ihn jedenfalls 1446 noch weitgehend aufrechtstehend.

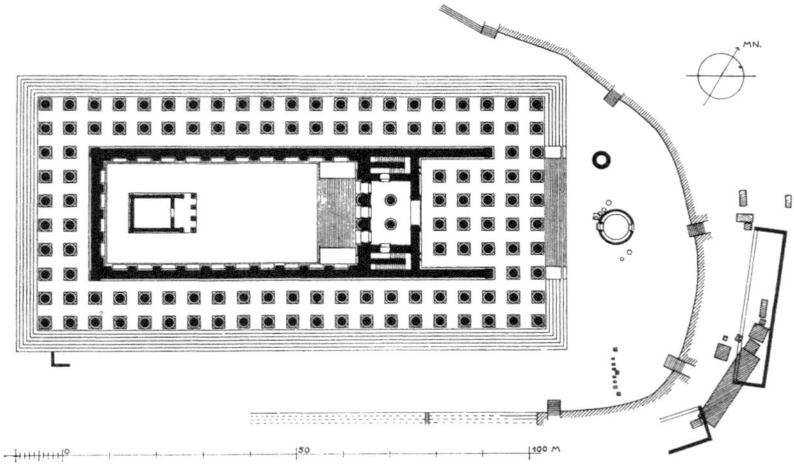

Abb. 87: Grundriss des Apollon-Tempels von Didyma

Der Tempel selbst liegt in einer Senke, weil sich dort die für den Kult essentielle heilige Quelle befand, die sich nicht einfach verrücken ließ und daher den Ort des Heiligtums ein für alle Mal bestimmte. Der 51 x 109 m große Stylobat, auf dem sich, wie der Name sagt, die Säulen erhoben, bildete die oberste Stufe eines insgesamt siebenstufigen Unterbaus. Vor dem Haupteingang an der Ostseite führte eine breite Freitreppe mit niedrigeren Stufen bequem zum Marmorpflaster des vorderen Stylobatbereichs hinauf. Die äußere Säulenstellung der doppelten Ringhalle umfasste 10 x 21 und die innere 8 x 19 Säulen. Die durchweg kannelierten, 2 m im Durchmesser messenden Säulen waren gut 20 m hoch und ruhten an der Frontseite auf reich profilierten, sogenannten ephesischen Basen aus quadratischer Grundplatte (Abb. 88), einer runden Scheibe mit zwei tiefen Hohlkehlen (Spira) sowie einer weiteren Scheibe mit kanneliertem Wulst (Torus). Sie trugen Kapitelle ionischer Ordnung. Zusätzlich waren die Frontsäulen, die erst in römischer Zeit errichtet worden sind, an den Basen noch mit Relieffriesen geschmückt. Eine Besonderheit stellen die Ecksäulen mit Fabelwesen und großen Büsten in den Kapitellen dar. Über den Frontsäulen erhob sich ein mit einem Fries aus Gorgonenköpfen und Ranken verzierter Architrav (Abb. 89).

Abb. 88: Säulenbasen des Apollon-Tempels in Didyma

Abb. 89: Gorgonenfries vom Apollon-Tempel in Didyma

Nach dem Durchschreiten der beiden Frontsäulenreihen gelangt man in den großzügig dimensionierten Pronaos des Tempels, dessen Decke einst von drei Reihen zu je vier Säulen getragen wurde. Die antike Raumwirkung lässt sich heute nur sehr schwer erahnen, da nicht nur die Decke selbst fehlt, sondern die sie tragenden Säulen nur zu einem Fünftel ihrer eigentlichen Höhe erhalten geblieben sind. Von mindestens ebenso beeindruckender Größe ist die an der Rückwand des Pronaos liegende 5,6 x 14 m messende Riesentür, deren Schwelle nicht überschritten werden konnte. Vielleicht war dies die Stelle, an der die Priester die Orakel verkündeten. Den eigentlichen Zugang bilden daher zwei seitlich liegende, bewusst niedrige Tunnel mit sorgfältigen Gewölben, die in den 21,7 x 53,6 m großen Hof hinab führen. Dieser wurde in der Antike Adyton (das Unbetretbare) genannt. Ihn umgeben auf allen Seiten Mauern, die aus einem ehemals 5,5 m hohen glatten Sockel und darauf sich erhebenden über 20 m hohen durch Pilaster gegliederten Wänden bestehen. Die Pilasterkapitelle haben einen sofaartigen Umriss und weisen eine Dekoration mit Ranken sowie Greifen auf. Darauf lagerte ein ionischer Wandarchitrav.

Im Westteil des Hofes stand das Allerheiligste, der eigentliche Tempel des Apollon (Abb. 90). Die rechteckige Cella, der vier ionische Säulen vorgestellt waren, barg das Kultbild des Gottes. Es handelte sich hierbei um ein bronzenes Bildwerk des spätarchaischen Künstlers Kanachos. Auf seiner ausgestreckten rechten Hand hielt der Gott eine bewegliche Hirschfigur, die wahrscheinlich eine Art Klappmechanismus besaß. Der kleine Naiskos verfügt über ein sehr feingearbeitetes ionisches Gebälk mit Lotos-Palmetten-Fries und Zahnschnitt.

Auf der Ostseite des Hofes führt gegenüber dem Kultbildschrein eine breite Freitreppe hoch zur Rückseite des Pronaos- und Zugangsbereichs (Abb. 91). Diese ist fassadenartig gestaltet. In ihrer Mitte fällt der Blick auf einen größeren Zugangsbereich, der sich deutlich von den links und rechts sich anschließenden geschlossenen Wandpartien mit vorgelagerten Pilastern abzeichnet. Durch zwei mittig eingestellte korinthische Halbsäulen ergeben sich insgesamt drei gleich große Durchgänge, die in einen dahinterliegenden quer gestellten Saal führen, dessen Mitte wiederum zwei korinthische Säulen einnehmen. Dies ist der Saal direkt hinter dem riesigen Portal an der Rückwand des Pronaos, dort, wo die Priester eventuell das Orakel verkündeten (s.o.). Seitlich des quergelagerten Saales führen zwei Treppenhäuser auf das Dach des Tempels. Möglicherweise war von hier aus der vordere Tempelgiebel betretbar, der Erscheinungstüren/-fenster (?) gehabt haben könnte, um den Priestern Gelegenheit zu geben, von hier aus den vor dem Tempel wartenden Gläubigen heilige Gegenstände oder vielleicht sogar das Kultbild selbst zu präsentieren, wie dies auch von anderen kleinasiatischen Tempeln überliefert ist.

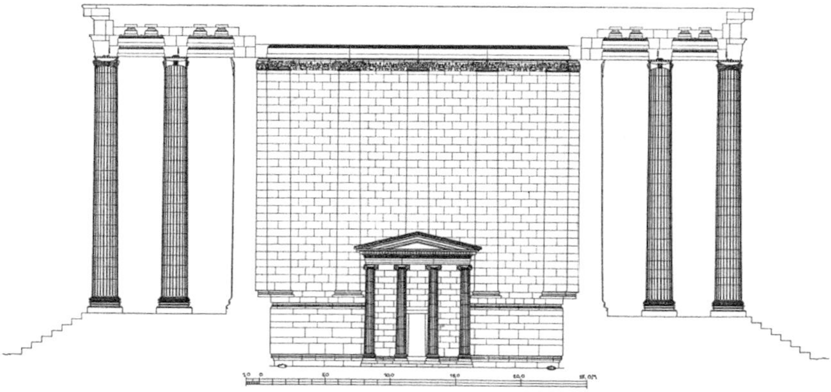

Abb. 90: Querschnitt durch den Apollon-Tempel von Didyma
mit dem Kultbildnaiskos im Innenhof

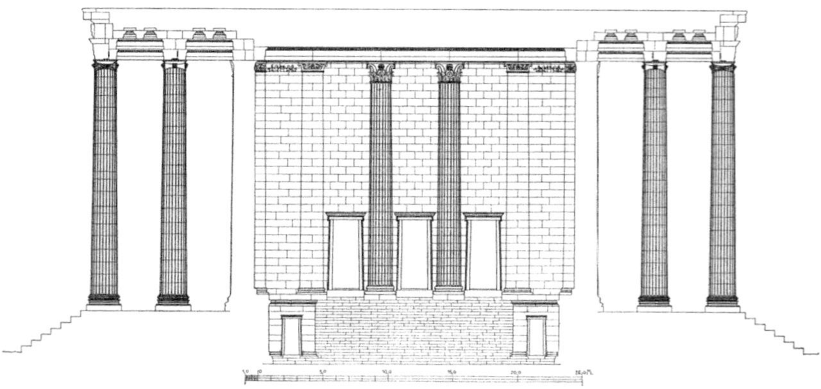

Abb. 91: Querschnitt durch den Apollon-Tempel von Didyma
mit den hofseitigen Treppen und Zugängen

Neben dem Tempel selbst umfasste das Heiligtum noch weitere sakrale Einrichtungen. So wird der Tempelvorplatz in unregelmäßiger Linienführung von einer archaischen Stützmauer begrenzt und weist darüber hinaus eine ringförmige niedrige Steinlage auf, die wohl als Stelle des antiken Brandopferalters zu deuten ist. Diese kleine Ringmauer dürfte einen hohen Aschenkegel gestützt haben. Unmittelbar daneben wurde ein ebenfalls kreisförmiger Brunnenschacht aus der 2. Hälfte des 6. Jahrhunderts v.Chr. ergraben, der einst von einem viersäuligen Baldachin besonders umfasst war. An der Südseite des Tempels muss in der Antike ein Stadion für die Durchführung kultischer Wettkämpfe gelegen haben, worauf die Reste einiger Sitzstufen hindeuten, und nördlich schließlich mündete die von Milet kommende Heilige Straße direkt in das Heiligtumsareal. Diese ist in den letzten Jahren verstärkt archäologisch untersucht worden. Hierbei kamen unter anderem Stationsheiligtümer zu Tage, an denen die Prozessionen Halt machten, und die zum Teil selbst über recht aufwendige Bauten und Skulpturenschmuck verfügten.

Die neuesten Ausgrabungen unter der Leitung von Helga Bumke haben vor allem wichtige Erkenntnisse zur übrigen Sakraltopographie Didymas, insbesondere zum Tempel der Artemis erbracht. Eine Besichtigung der entsprechenden Areale ist allerdings einstweilen nicht möglich.

9.3 Das Orakel

9.3.1 Die Organisation: Fragen, Antworten, Verkündigung

Der höchste Würdenträger war der Prophet. Von dem ehrenamtlich tätigen Amtsinhaber erwartete die Gemeinde, dass er finanzielle Leistungen, sog. *Leiturgien*, erbrachte. Nur wer reich und adlig war, konnte diese Tätigkeit ausüben.

Für die Prophezeiungen war bis 494 v.Chr. ein Priester zuständig, ein Branchide.

Von da an trat eine Priesterin an seine Stelle. Sie war gleichsam der Mund des Apollon. Sie musste sich, bevor sie mit dem Gott in Verbindung trat, rituellen Waschungen unterziehen, drei Tage fasten und sich eine längere Zeit im *ádyton* aufhalten, dem heiligen, nur ihr zugänglichen Raum.

Der Prophet nahm die auf Wachstäfelchen schriftlich formulierten Fragen der Ratsuchenden, die sich auf dem Platz vor dem Tempel versammelt hatten, entgegen und überreichte sie der Priesterin. Sie trat mit dem Gott in Verbindung, indem sie ihre Füße in das heilige Quellwasser tauchte und den Dunst des Wassers einatmete. (Jamblichos, 4. Jahrhundert n.Chr., 3,11, S. 127). Der Prophet hörte die Worte, die die Priesterin sprach, interpretierte und formulierte sie. Der Hexameter war die dafür angemessene Form. Um den Text zu verkündigen, bestieg er die mannshohe Schwelle des Zweisäulensaals. Sobald er erschien, stimmte die Menge einen Hymnos an. Er ist uns in einer aus dem 3. Jahrhundert n.Chr. stammenden Inschrift überliefert, leider verstümmelt.

Am Anfang spricht der Gott:

O Menschen, was sollen mir fette Rinderhekatomben,
glänzende Menschenstatuen aus wertvollem Gold
und Götterbilder, aus Bronze und Silber gefertigt?
Unsterbliche bedürfen nicht der Viehherden
und des Besitzes von Sterblichen, an denen sich Sterbliche erfreuen. ...
Ich freue mich über jeden Gesang, wenn er mir dargebracht wird.

(Ergänzung und Übersetzung: Richard Harder).

Das Lied ist ein Zeugnis für die Verinnerlichung des Kults.

Zum Abschluss händigte der Prophet den Bittstellern die Texte aus.

In den Wintermonaten schwieg das Orakel.

Der Einfluss des Orakels von Didyma war auf den Osten beschränkt.

9.3.2 Göttliche Weisungen

Privatpersonen stellten verständlicherweise Fragen zur Gesundheit, zu Erfolgsaussichten von Unternehmungen, zur Hochzeit und zur Ehe, zum Zeitpunkt des Todes.

Bei den Orakeln, die als Inschriften auf Stein erhalten sind, handelt es sich hauptsächlich um Antworten auf offizielle Anfragen von Gemeinden und Amtsträgern.

Anlässe, den Gott um Hilfe zu bitten, waren Naturkatastrophen, Angelegenheiten des Kults, Rechtsfragen.

Eine Naturkatastrophe: Im 2. Jahrhundert n.Chr. wurde eine Anfrage, wie man sich angesichts eines befürchteten Erdbebens verhalten sollte, folgendermaßen beschieden:

Den Poseidon, der vor dem Fallen bewahrt, stimmt euch gnädig mit Opfern
auf dieses Vorzeichen hin und fleht ihn an, freundlich zu kommen
und Ordnung und Schmuck eurer Stadt unerschüttert zu bewahren
fern von Gefahr. Denn gar sehr kommt er eilends euch nahe.
Vor ihm müsst ihr euch in Acht nehmen und ihn mit Gebeten anrufen, damit ihr

sodann
auf das Alter zugeht, ohne Übel kennengelernt zu haben.
(Ch. Oesterheld, a.a.O., S. 232).

Apollon hatte, weil er im Namen von Zeus sprach, die Kompetenz, auch für andere Götter Anweisungen zu geben. Er fungierte als Repräsentant aller Gottheiten des polytheistischen Pantheons.

Die Gemeinde Herakleia am Latmos (ein Gebirge nordöstlich von Milet) möchte im 1. Viertel des 1. Jahrhunderts v.Chr. wissen, ob das Amt des Priesters der Athena auf Lebenszeit verkauft oder jährlich durch Wahl vergeben werden soll.

Der Gott hat folgendes Orakel erteilt:

... Wer nach Abkunft und Lebensführung der hervorragendste ist,
den wählt jedes Jahr aus der Mitte aller Bürger,
und verwendet auf diese Angelegenheit die Sorgfalt und den Eifer,
die erforderlich sind.
Denn das ist die Satzung, dass solche Männer zum heiligen Haus der Göttin schreiten.
(Ch. Oesterheld, a.a.O., S. 396).

Auf diese Weise wurden viele Vertreter der Oberschicht an den Kult gebunden, Religion und Politik wurden miteinander verknüpft. Vorausgegangen war offenbar ein Streit in der Bürgerschaft, wie zu verfahren sei. Man darf annehmen, dass der Gott für eine Reform der bisher üblichen Regelung eintrat.

Aus dem Jahr 234/33 v.Chr. stammt die folgende Anfrage:

Das Volk von Milet fragt, ob es besser und vorteilhafter für es ist, jetzt und für die Zukunft, Männern aus Dreros und Milatos (Kreta) das Bürgerrecht zu verleihen (oder nicht). *Der Gott weissagte: „Nehmt freudig alle Fremden, die bei euch wohnen, als Helfer in eure Gemeinschaft auf. Denn das ist besser und vorteilhafter.“* (Ch. Oesterheld, a.a.O., S. 578, Nr. 6).

Der Gott wurde angerufen, weil man sich in der Volksversammlung nicht hatte einigen können. Er entschied sich für die Integration. Es mag eine Rolle gespielt haben, dass Milet von einem Kreter gegründet worden sein soll.

Die Alternativfrage war die typische Art, sich an den Gott zu wenden.

Aus der Tatsache, dass die Orakel in Stein gemeißelt und im Heiligtum aufgestellt wurden, kann man folgern:

1. Man glaubte den Orakeln und befolgte die Anordnungen.
2. Die empfohlenen Maßnahmen haben sich als erfolgreich erwiesen.
3. Man dokumentierte, dass sich der Gott dem oder den Ratsuchenden gnädig zugewandt hatte.
4. Man schrieb den Anweisungen über den aktuellen Anlass hinaus Bedeutung für die Zukunft zu.

Dass man das Orakel ein zweites Mal in derselben Angelegenheit befragte, wenn man mit dem Bescheid nicht einverstanden war oder wenn man sich über seine Deutung stritt, war nicht ungewöhnlich.

Dadurch, dass das Orakel als unangefochtene Autorität anerkannt wurde, konnte es in Anspruch genommen werden, um Streit über kontrovers diskutierte Fragen beizulegen. Es leistete einen wichtigen Beitrag zum sozialen Frieden in den Gemeinden. Religion und Politik waren eng miteinander verbunden. Die Polis war eine Kultgemeinschaft.

Die Sophisten, die Epikureer, Skeptiker und Kyniker haben sich kritisch und sogar ablehnend über Orakel geäußert. Für die Stoiker waren sie über alle Zweifel erhaben. Einer von ihnen, Epiktet aus Hierapolis in Phrygien (ca. 50–ca. 130 n.Chr.), wies jedoch darauf hin, dass durchaus nicht alle Arten von Fragen zulässig seien:

> *Zur Befragung eines Orakels schreite nach Vorschrift des Sokrates nur in Angelegenheiten, bei denen der Ausgang ungewiss ist und wo weder durch Vernunft noch irgendein anderes Mittel Anhaltspunkte zum sicheren Erkennen des vorliegenden Gegenstands geboten werden. Wenn es also gilt, dem Freund oder dem Vaterland Beistand zu leisten, so ist nicht das Orakel zu befragen, ob der Beistand geleistet werden soll.*
>
> (Kap. 32, Übers.: Ernst Neitzke).

Orakel wurden eifrig befragt, bis die Stätten 391 n.Chr. von Kaiser Theodosius I. geschlossen wurden

9.3.3 Das absolute Recht auf Asyl

Ein Beispiel für eine unstatthafte Frage und zugleich für eine zweite Befragung bietet die folgende von Herodot überlieferte Geschichte.

Als der Perserkönig Kyros bald nach 550 v.Chr. den Lyderkönig Kroisos besiegt hatte, vertraute er dem Lyder Paktyes das erbeutete Gold an. Der nutzte die Abwesenheit des Persers und wiegelte die Lyder gegen ihn auf. Als Kyros davon erfuhr, befahl er, alle Lyder, die sich gegen ihn erhoben hätten, zu versklaven und Paktyes lebendig zu ihm zu bringen.

Der floh nach Kyme an der kleinasiatischen Küste. Als seine Auslieferung gefordert wurde,

> *beschlossen die Kymäer, eine Gesandtschaft zu den Branchiden zu schicken und von dem Gott einen Rat zu erbitten. ... Auf ihre Frage erhielten sie die Antwort, sie sollten Paktyes den Persern ausliefern. Als die Kymäer die Botschaft hörten, schickten sie sich an, Paktyes auszuliefern.*
> *Als die Menge damit beschäftigt war, hielt sie Aristodikos, der Sohn des Herakleides, ein angesehener Bürger, davon ab. Er misstraute dem Orakelspruch und meinte, dass die Orakelbefrager den Spruch nicht wahrheitsgetreu wiedergegeben hätten.*
> *Schließlich brachen Orakelbefrager ein zweites Mal auf, um sich wegen Paktyes Rat zu holen. Diesmal waren es andere, einer von ihnen war Aristodikos. Als sie zu den Branchiden kamen, bat Aristodikos den Gott im Namen aller um ein Orakel. Er stellte folgende Frage:*
> *„Herr, der Lyder Paktyes ist als Schutzflehender zu uns gekommen. Er wurde von den Persern mit dem Tod bedroht. Nun befehlen diese den Kymäern, ihn auszuliefern. Wir fürchten zwar die Macht der Perser, haben uns aber trotzdem noch nicht dazu entschließen können, den Schutzflehenden preiszugeben, bevor uns nicht von dir unmissverständlich kundgetan wird, was wir tun sollen."*
> *Das Orakel gab ihnen dieselbe Weisung wie vorher, indem es befahl, Paktyes den Persern auszuliefern.*
> *Daraufhin tat Aristodikos in kluger Berechnung folgendes: Er umrundete den Tempel und nahm die Sperlinge aus den Nestern und auch alle anderen Vögel, die am Tempel ausgebrütet worden waren. Während er das tat, soll eine Stimme aus dem Innern des Tempels erschollen sein, die sich an Aristodikos richtete und sagte:*
> *„Schlimmster Frevler, was wagst du da zu tun? Du plünderst die Nester und mordest die, die bei mir Schutz gesucht haben?"*
> *Aristodikos war um eine Antwort nicht verlegen und sagte:*
> *„Herr, so schützt du die, die bei dir Schutz suchen, den Kymäern aber befiehlst du, den auszuliefern, der sie um Schutz bittet?"*
> *Dem soll der Gott wiederum geantwortet haben:*
> *„Ja, das befehle ich, damit ihr, wenn ihr diesen Frevel vollbracht habt, um so schneller vernichtet werdet, damit ihr nie mehr zu meiner Orakelstätte kommt, um eine Frage über die Preisgabe eines Schutzflehenden zu stellen."*

Als die Kymäer diese Botschaft vernahmen, wollten sie Paktyes zwar nicht ausliefern und so ihr eigenes Verderben heraufbeschwören, ihn aber auch nicht bei sich behalten und sich einer Belagerung aussetzen. Also schickten sie ihn nach Mytilene.
(1, 157–161).

Von Mytilene kam er nach Chios. Die Chier lieferten ihn schließlich für den Preis eines Stücks Land aus. Über diesem Land aber lag für lange Zeit ein Fluch.

Kritiker mögen meinen, das Orakel habe sich geschickt aus der Affäre gezogen, Gläubige dagegen sind überzeugt, es habe den Kymäern die Lehre erteilen wollen, dass es ein Gebot der Menschlichkeit sei, jedem Hilfsbedürftigen ohne Ansehen der Person Schutz zu gewähren.

Paul Heyse (1830–1914) ist ein fast vergessener deutscher Schriftsteller und Übersetzer. Seine Mutter war Jüdin. 1910 erhielt er den Nobelpreis für Literatur. Aus dem Jahr 1899 stammt das folgende Gedicht:

Asylrecht
(Den Antisemiten gewidmet)

In eine Stadt des alten Hellas kam
einst ein verfemter Mann mit Weib und Kind,
um schwere Blutschuld als ein Götterfeind
verjagt von Haus und Herd.
Er siedelte
sich schüchtern an und sorgte Tag und Nacht,
dem Hunger wehrend mit geduld'gem Fleiß,
und da die Not erfindrisch macht, gedieh
ihm sein Gewerb.

Das sahn die Mächtigen
der Stadt voll Neid und Hass und sprachen so:
Liegt nicht die Blutschuld über seinem Haupt
noch ungesühnt, und der Verfemte doch
wird hier geduldet? Wenn der Götter Zorn
auf uns herabfährt, büßen wir für ihn.
Und doch – ein Gastrecht ward ihm eingeräumt;
wer es verletzt, den straft Zeus Xenios.

So sandten sie nach Delphi Botschaft hin,
zu forschen aus Orakelmund, wie sie
mit ihm verfahren sollten. Da erscholl
an des Gesandten Ohr der Pythia Spruch:
Nimm alle Nester junger Vögel aus,
die droben hangen rings am Tempelsims!

Und jener, ob erschreckt und zögernd auch,
gehorcht und tat's. Da, wie er noch am Werk,
erklang aus heitrer Luft ein Donnerschlag,
und unterirdisch dröhnt' ein Echo nach.
Tag ward in Nacht verkehrt, als bräch' herein
von Erd' und Himmel her Weltuntergang.
Entsetzt zur heil'gen Pythia flüchtete
der Mann und klagte: War's nicht dein Gebot,
was nun der Über-, Unterird'schen Grimm
zumal empört? Nun schütze mich!
Alsbald
kam Antwort ihm aus gottgeweihtem Mund:
Dir zum Verderben tat ich meinen Spruch!
Wer fragt, ob er am Gastrecht freveln darf,
ist gottlos, und gerechter Götterzorn
fällt auf sein Haupt.
So sprach ein Heidenmund
vor zwei Jahrtausenden. Und ihr, die ihr
euch rühmt der reinen, tiefern Gottesfurcht,
was redet ihr?

Nach Herodot

10. Kapitel

Halikarnassos

10.1 Die Geschichte: Die kühne Tat der Königin Artemisia

Halikarnassos liegt in dem Gebiet, in dem sich am Ende des 2. Jahrtausends v.Chr. Karer angesiedelt hatten. Als bald darauf die Griechen, zuerst die Dorer, dann die Ioner, einwanderten, begann ein Prozess der Hellenisierung.

Wie die meisten Küstenstädte kam auch Halikarnassos im 6. Jahrhundert v.Chr. zuerst unter die Herrschaft der Lyder, dann der Perser. Unter deren Oberhoheit regierte Lygdamis, ein einheimischer Dynast, als Satrap. Er hatte eine bemerkenswerte Tochter, Artemisia. Als Vormund ihres Sohnes trat sie um 480 die Nachfolge ihres verstorbenen Vaters an und nahm als Flottenführerin auf Seiten der Perser an der Schlacht von Salamis (480 v.Chr.) teil. Über die Ereignisse, die sich während der Schlacht und danach zutrugen, berichtet Herodot, der selbst aus Halikarnassos stammte.

Sie hatte dem Großkönig mit guten Gründen von einer Seeschlacht abgeraten.

> *Xerxes achtete den Rat der Artemisia. Er hatte sie schon früher für tüchtig gehalten, aber jetzt achtete er sie noch höher. Trotzdem befahl er, dem Rat der Mehrheit zu folgen.*
>
> Herodot, 8, 68/69).

Es ist eine Warnerszene, wie sie so oft in den Tragödien vorkommt. Wer die Argumente nicht ernst nimmt, erweist sich als verblendet. Er ist dem Untergang geweiht.

Artemisia nahm an der Schlacht teil.

> *Als die Flotte des Großkönigs in Bedrängnis geriet, wurde das Schiff der Artemisia von einem attischen Schiff verfolgt. Sie konnte nicht entkommen: Vor ihr befanden sich befreundete Schiffe, von hinten waren feindliche Schiffe schon ganz nahe herangekommen. Da entschloss sie sich zu einem gewagten Manöver, aber es glückte.*
>
> *Als sie von dem attischen Schiff verfolgt wurde, rammte sie ein befreundetes Schiff mit hoher Geschwindigkeit, es stammte aus Kalydna und hatte auch den König Damasithymos an Bord.*

Indem sie es rammte und versenkte, verschaffte sie sich einen zweifachen Vorteil:
Als der Befehlshaber des attischen Schiffes sah, wie sie ein Schiff der persischen Flotte rammte, hielt er ihr Schiff entweder für griechisch, oder er glaubte, dass es von den Persern abfalle und für die Griechen kämpfe. Er drehte ab und wandte sich anderen Schiffen zu.
So gelang es ihr einerseits, zu fliehen und der Vernichtung zu entkommen, andererseits bei Xerxes höchste Anerkennung zu ernten. ...
Man sagt, Artemisia habe vor allem dadurch Glück gehabt, dass von dem kalydnischen Schiff niemand gerettet worden sei, der sie habe anklagen können.
Xerxes soll sich zu dem Ereignis folgendermaßen geäußert haben:
„Die Männer sind mir zu Weibern geworden, die Weiber zu Männern."
Das soll Xerxes gesagt haben. (8, 87/88).

Sie war entkommen und befand sich mit den anderen, deren Schiffe gerettet worden waren, in Phaleron. Über ihr weiteres Schicksal ist nichts bekannt.

Halikarnassos trat 468 v.Chr. dem Attisch-Delischen Seebund bei.

Wir wissen von einem Lygdamis II., der 455/54 gestürzt wurde.

392 v.Chr. begründete Hekatomnos von Mylasa als persischer Satrap eine neue heimische Dynastie, die Dynastie der Hekatomniden. Sein Sohn und Nachfolger war Maussolos (377–355). Er verlegte ca. 367 die Hauptstadt von Mylasa nach Halikarnassos. Er förderte nach Kräften die griechische Kultur und Zivilisation. Das berühmte Mausoleum ist seine Grabstätte.

Für Alexander den Großen war Halikarnassos das letzte Bollwerk an der kleinasiatischen Westküste, das sich gegen ihn zur Wehr setzte. Er eroberte und zerstörte es. Das Mausoleum blieb unbeschädigt.

280–220 gehörte die Stadt zum Ptolemäischen Reich.

129 v.Chr. wurde sie Teil der römischen Provinz Asia, nach der Reichsteilung am Ende des 4. Jahrhunderts n.Chr. des Byzantinischen Reiches.

Als die Kreuzritter 1523 ihre Burg St. Peter kampflos räumten, wurde die Stadt türkisch. Aus dem griechischen Namen Petronion wurde Bodrum, aus der einst blühenden Metropole ein Verbannungsort.

1852–1857 untersuchte der englische Forscher Sir Charles Newton die Gegend und entdeckte Teile des Mausoleum-Frieses. Er ließ sie nach London transportieren.

Seit 1866 erforschen dänische Archäologen das Bauwerk. Es gibt zahlreiche Rekonstruktionsversuche.

In der 2. Hälfte des 20. Jahrhunderts begann für Bodrum eine Zeit des Aufschwungs. Die malerisch gelegene Stadt wurde zu einem beliebten Ziel des Tourismus.

10.2 Die Ruinen der Stadt – das Mausoleum und das Theater

Das heutige Bodrum, ein Zentrum des Massentourismus an der türkischen Westküste, gibt nur wenig Preis von seiner einstigen glanzvollen Vergangenheit, als es unter dem Namen Halikarnassos eines der sieben Weltwunder der Antike, das Grabmal des karischen Dynasten Maussollos in seinen Mauern barg. Wie die Geburtsstadt des Herodot aussah, wissen wir nicht. Ebenso wenig kennen wir die Details der unter Maussollos und seiner Schwester Artemisia neu gestalteten Stadtanlage. Die Neuanlage war mit der Verlegung der Residenz dieses wohl bedeutendsten lokalen Herrschers aus dem karischen Geschlecht der Hekatomniden von Mylasa nach Halikarnassos notwendig geworden, bei der zugleich mehrere kleinere Orte der Halbinsel zusammengelegt worden sind. Maussollos, der offiziell als Satrap für den persischen Großkönig das Gebiet in dessen Namen regierte, ließ eine 5,3 km lange Mauer sowie bedeutende öffentliche Bauten errichten. Da er die Stadt dadurch gleichsam neu gegründet hatte, konnte er nach griechischem Verständnis für sich das Recht beanspruchen, in der Stadt selbst begraben und als Heros Ktistes (= Gründer) sogar kultisch verehrt zu werden. Dies gab seiner Schwestergemahlin Artemisia nach dem 353 v.Chr. erfolgten Tod des Herrschers die Möglichkeit zur Errichtung eines gewaltigen Grabmals innerhalb der Stadtmauern, wobei allerdings davon auszugehen ist, dass bereits Maussollos selbst die Pläne hierfür vorangetrieben und die Lage des Grabes zumindest mitbestimmt hatte. Bei der Anlage des neuen orthogonalen Straßennetzes scheint man jedenfalls von Anfang an Rücksicht auf das Grabmalareal genommen und es exakt in den Stadtplan eingefügt zu haben (Abb. 92). Berühmt war das Maussolleion nicht nur für seine schiere Größe, sondern vor allem auch für seine Dekoration mit einem exquisiten figürlichen Bildschmuck von der Hand der größten griechischen Bildhauer der Zeit, Bryaxis, Leochares, Skopas und Timotheos. Den eigentlichen Grabbau planten die ebenfalls aus Griechenland stammenden Architekten Satyros und Pytheos.

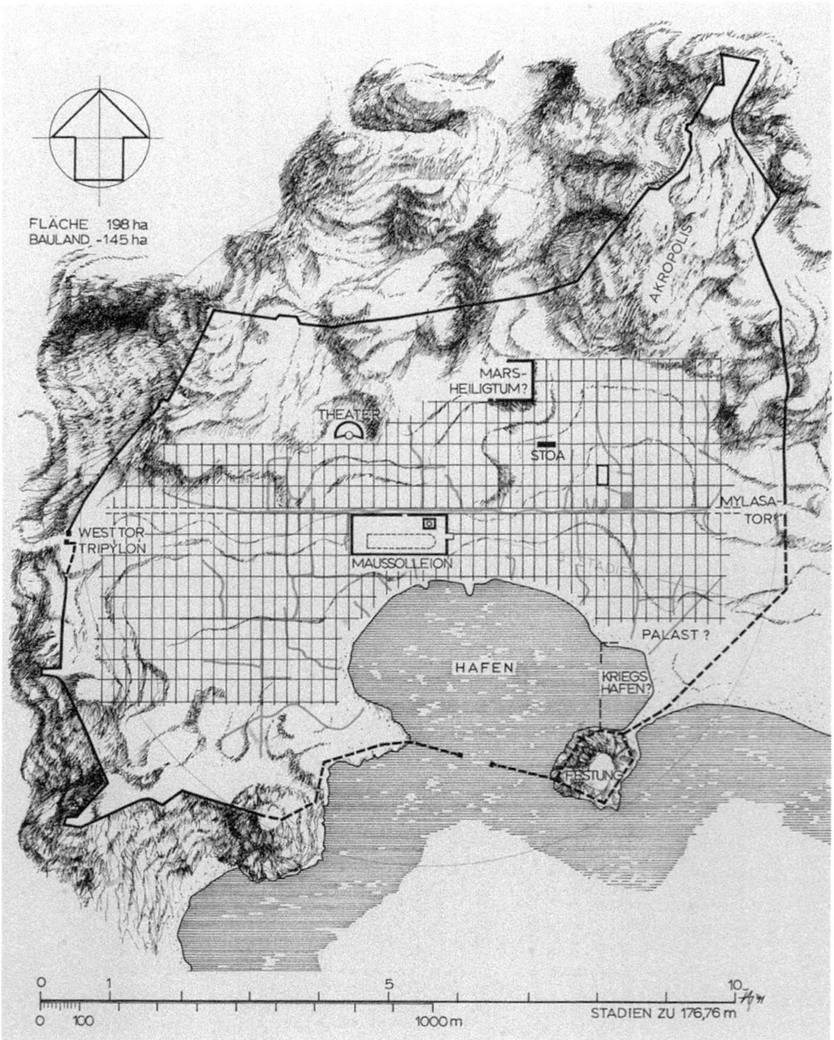

Abb. 92: Karte des spätklassisch-hellenistischen Stadtgebiets von Halikarnassos

Am Ort selbst, der heute inmitten der Gärten des alten türkischen Ortes liegt und von der am Hafen stehenden kleinen Moschee Tepecik Camii in gut 100 m landeinwärts zu erreichen ist, kann man die einstige Pracht allerdings nur noch erahnen. Lediglich die unteren Fundamentschichten aus grünlichem Sandstein und einige wenige verstreute Marmorbauglieder des Oberbaus blieben vom Grabmal des Maussollos erhalten. Der überwiegende Teil wurde im 15. Jahrhundert an den Hafen verschleppt und dort zum Bau der gigantischen Kreuzritterburg der Johanniter wiederverwendet. Die Reste des figürlichen Baudekors, darunter die berühmten

Friesplatten mit dem Kampf der Amazonen gegen die Griechen, sind schließlich im 19. Jahrhundert nach London ins British Museum gelangt. Verunklärend wirken ferner ältere Kammern und Gänge, die nicht zum Maussolleion gehören. Immerhin bezeugen sie, dass in dieser Gegend bereits vorher Gräber existiert haben müssen, als das Areal noch nicht zum eigentlichen Stadtbereich gehörte.

Abb. 93: Rekonstruktionszeichnung des Mausoleums von Halikarnassos (Variante 1)

Aufgrund der tiefgreifenden Zerstörung des Baus ist eine genaue Rekonstruktion (Abb. 93–95) selbstverständlich schwierig. Die antiken Schriftquellen sowie die weite Rezeption dieses Bautypus in der nachfolgenden griechischen und römischen Grabarchitektur ermöglichen jedoch, sich zumindest eine in den Grundzügen mittlerweile weitgehend akzeptierte Vorstellung vom einstigen Aussehen zu machen. Das marmorne Grabmal stand auf einem 240 x 105 m großen weiten Platz, der von einer ebenfalls marmornen Mauer eingefasst war. Über einem etwa 26 x 32 m großen und 15 m hohen reliefgeschmückten Sockel erhob sich um einen Kernbau herum, der wie eine Tempelcella wirkte, eine ionische Ringhalle aus 9 x 11 Säulen. Deren Gebälk trug als Dach eine Stufenpyramide, auf deren oberster Stufenlage in gut 40 m Höhe eine marmorne Quadriga stand. Obwohl neben den Figurenfriesen, darunter die bereits erwähnte Amazonomachie sowie eine Kentauromachie und ein Wagenrennen, auch rundplastische Figurenreste gefunden worden sind, deren berühmteste die Statuen des sogenannten Maussollos und der sogenannten Artemisia im British Museum sind, muss es unklar bleiben, ob das Viergespann leer oder mit Figuren besetzt war. Die genannten Statuen gehören jedenfalls nicht hierher, auch wenn man dies sehr lange glaubte. Vielmehr standen sie mit weiteren Figuren wahrscheinlich in den Interkolumnien der Ringhalle und dürften die Ahnen des Maussollos sowie Götter darstellen (Abb. 93). Neuerdings hat man zudem darauf hingewiesen, dass der Sockel im unteren Bereich gestuft gewesen sei und ebenfalls reichen Figurenschmuck, wohl Jagd- und Kampfgruppen (Griechen gegen Perser) getragen habe (Abb. 94).

Auffällig bei all dieser Pracht ist, dass zumindest auf der formalstilistischen Ebene das Griechische eindeutig dominiert, obwohl Maussollos selbst Karer war und zudem als Satrap in den Diensten des persischen Großkönigs stand. Dies braucht jedoch nicht zu verwundern. Gerade in den Kontaktzonen wie auf Zypern, in der Levante und Kleinasien hatten sich die einheimischen Eliten schon seit dem 6./5. und verstärkt im 4. Jahrhundert v.Chr. der technischen Fertigkeiten griechischer Künstler versichert, ohne dass sie ihre lokalen Identitäten aufgegeben hätten oder dass darin gar eine gefährliche Parteinahme für den Feind des persischen Großkönigs, ihres gemeinsamen Oberherrn, gesehen worden wäre. Vielleicht war es sogar viel unverfänglicher, sich der griechischen Formensprache und Ikonographie zu bedienen, wenn man seinen eigenen Rang herausstellen wollte, als Anleihen bei der achämenidischen Hofkunst zu machen, wo man Gefahr lief, Grenzen zu überschreiten und sich etwas anzumaßen, was gemeinhin als Privileg des Großkönigs selbst galt. Die Sprache der Bilder des Maussolleions ist gemeinsam mit der der Architektur jedenfalls darauf ausgerichtet, den heroischen Rang des Bestatteten vor aller Augen sichtbar zu machen (Abb. 95).

Abb. 94: Rekonstruktionszeichnung des Mausoleums von Halikarnassos (Variante 2)

Abb. 95: Rekonstruktionszeichnung des Mausoleums von Halikarnassos
(Variante 3)

Die Ringhalle stellt ein nobilitierendes Zitat sakraler Architektur dar und weist das Grabmal als einen Verehrungsbau aus. In eine ähnliche Richtung deuten die Friese mit den Amazonen- und Kentaurenkämpfen. Solche Bilder schmückten in den griechischen Städten und Heiligtümern der archaischen sowie klassischen Epoche vor allem die Tempel der Götter. Der Fries mit dem Wagenrennen erinnert an die Leichenspiele, wie sie insbesondere für Heroen abgehalten worden sind, während die Jagd- und Kampfgruppen die traditionellen Bewährungsfelder aristokratischer Herrscher abbilden, auf denen man nach allgemeiner Auffassung allein fortdauernden Ruhm sowie Ansehen erringen konnte. Zusätzlich zu dieser Form der Legitimation kam die traditionelle Herrschaftssicherung durch Einbindung in einen dynastischen Zusammenhang, für den die Ahnenfiguren in den Interkolumnien der Ringhalle stehen. Das, das Grabmal bekrönende Viergespann kann schließlich als Herrschafts- und Machtzeichen verstanden werden, war die Quadriga doch in der antiken Welt ein allseits anerkanntes Statussymbol. In der Bildkunst der Zeit kommt sie vor allem im Kontext von Heroen- und Götterdarstellungen vor, darunter in nicht wenigen Szenen mit der Himmelfahrt des Herakles in Begleitung der Göttin Athena. Eine solche Apotheose hat Maussollos zwar nicht erreicht, doch wurde er immerhin als Heros verehrt.

Insgesamt haben die Auftraggeber, Planer und ausführenden Künstler ein Gesamtkunstwerk erschaffen, das nicht nur den vor Ort lebenden zeitgenössischen Bewohnern von Halikarnassos, unter ihnen nicht wenige Griechen, Karer und Perser, als gebauter Ausdruck des damit intendierten heroischen Rangs des Maussollos verständlich gewesen ist, sondern in seiner Vollendung modellhaft wirkte. Nicht von ungefähr wurde der Bau bereits unmittelbar nach seiner Errichtung, wenn auch in kleinerem Maßstab, zahlreich nachgeahmt und sein Name im Lateinischen als Mausoleum zum Inbegriff gehobener Grabarchitektur schlechthin.

Vom übrigen antiken Halikarnassos kann oberhalb des Mausoleums jenseits einer sehr befahrenen modernen Umgehungsstraße noch das antike, wahrscheinlich erst im 3. Jahrhundert v.Chr. errichtete Theater aufgesucht werden (Abb. 96).

Es ist gemäß griechischer Bautradition in den anstehenden natürlichen Hang eingebettet. Von ihm sind die unteren Marmorstufen der ansteigenden Sitzreihen erhalten. In der Orchestra steht der Dionysosaltar. Das in Trümmern liegende Bühnengebäude mit drei Eingängen besaß im Untergeschoss eine Halbsäulenfassade, während das Obergeschoss freistehende ionische Säulen aufwies. In den steilen Felswänden oberhalb des Theaters ist eine Reihe von zum Teil mehrräumigen Grabkammern zu erkennen. Wer den Weg bis hierher erklommen hat, findet westlich davon die aus dem 4. Jahrhundert v.Chr. stammenden Reste der Stadtmauer und kann einen weitgehend ungestörten Blick auf die immer weiter ausufernde

Stadt sowie das Meer und die darin liegenden fernen Inseln werfen. Von hier aus erkennt man auch recht gut das am Hafen liegende und bereits erwähnte Johanniterkastell aus der ersten Hälfte des 15. Jahrhunderts (mit späteren Erweiterungen), das im Wesentlichen aus einem hoch gelegenen Kernbau und angrenzenden Türmen, von denen die beiden ältesten der französische und italienische (1441) sind, sowie Wehrmauern besteht.

Abb. 96: Theater von Halikarnassos

Die Burg beherbergt heute ein sehenswertes Museum, in dem unter anderem das berühmte Schiffswrack von Uluburun mit den dort gefundenen Objekten ausgestellt ist. Das Schiff sank gegen 1300 v.Chr. und seine Ladung bezeugt umfangreiche Kulturkontakte zwischen der westägäischen mykenischen Welt und den Hochkulturen Ägyptens sowie des Vorderen Orients.

10.3 Das Mausoleum: Kritische Gedanken des Kynikers Diogenes

Das Mausoleum galt als eines der sieben Weltwunder. (Strabon, 14, 16). Bis in das 12. Jahrhundert n.Chr. blieb es erhalten. Dann wurde es durch ein Erdbeben zerstört. Als die Johanniter im zweiten Jahrzehnt des 15. Jahrhunderts die Johannesburg St. Peter errichteten, diente ihnen die Ruine als Baumaterial.

Diogenes, der kynische Philosoph, der im 4. Jahrhundert v.Chr. gelebt hat und dem ein Fass als Behausung genügt hat, würde es noch nicht einmal für bedauerlich halten, dass so wenig von diesem einstmals so bedeutenden Monument erhalten ist, Der Satiriker Lukian, der im 2. Jahrhundert n.Chr. gelebt hat (ca. 120–nach 180), lässt ihn in einem seiner *Totengespräche* in der Unterwelt mit dem König Maussolos zusammentreffen. Der Halikarnasser ist noch immer stolz auf die Macht, die er besaß, die Schönheit, die ihn auszeichnete, und

> *auf das ungeheure Grabmal, das an Größe und Schönheit seinesgleichen in der ganzen Welt nicht hat und das mit den herrlichsten Bildern von Menschen und Pferden ausgemalt ist, alles aus Marmor, wie man es nicht leicht an einem Tempel finden wird.*

Diogenes weist den Toten auf die Vergänglichkeit der Schönheit hin:

> *Was aber dein Grabmal betrifft und die kostbaren Steine, woraus es verfertigt ist, so mögen die Einwohner von Halikarnass gewiss Ursache haben, sie den Fremden zu zeigen und sich groß damit zu machen, dass sie ein großes Werk der Kunst in ihren Mauern besitzen; was aber du, mein schöner Herr, für einen Genuss davon hättest, sehe ich nicht. Du müsstest denn nur sagen, dass du doch eine größere Last trägst als wir anderen, da du einen so ungeheuren Steinhaufen auf dir liegen hast. ...*
> *Maussolos spricht von dem Grabmal, das ihm Artemisie, seine Gemahlin und Schwester, errichten ließ, Diogenes weiß nicht einmal, ob sein Leichnam irgendwo ein Grab bekommen hat und kümmert sich auch nicht darum.*
> *Dafür hat er hingegen den Besten der Menschen als Andenken hinterlassen, das Leben eines Mannes gelebt zu haben, und dies Denkmal, o du Bester unter allen deinen sklavischen Kariern, ist höher und ruht auf einem festeren Grund als das deinige.*
> (24. Totengespräch. Übers.: nach Chr.M. Wieland).

10.4 Herodot, *der Vater der Geschichtsschreibung*

Herodot ist seit dem 1. Kapitel in diesem Buch präsent. Für die Geschichte des 6. und 5. Jahrhunderts v.Chr. ist sein Werk eine unverzichtbare Quelle. *Vater der Geschichtsschreibung* hat ihn Cicero genannt (Abb. 97).

Abb. 97: Herodot, römische Marmorkopie im Neapler Nationalmuseum nach einem Original des 4. Jh. v. Chr. (Gipsabguss Klassische Archäologie JGU Mainz)

Er stammte aus einer einflussreichen Familie. Väterlicherseits hatte er karische Wurzeln. Er wurde ca. 485 v.Chr. in Halikarnassos geboren. 466 musste er wegen eines Putschversuchs gegen Lygdamis II. auf die Insel Samos fliehen. 455/54 kehrte er zurück, um an dem Sturz des Tyrannen mitzuwirken. Es folgten Wander- und Lehrjahre. Vermutlich hat er längere Zeit in Athen gelebt. 444 hielt er sich in Thurioi in Unteritalien auf. Ca. 425 ist er gestorben.

Sein großes Geschichtswerk über die Perserkriege in neun Büchern beginnt folgendermaßen:

Dies ist die Darlegung der Erkundung (historíe) des Herodot aus Halikarnassos,
damit weder das, was Menschen geleistet haben, mit der Zeit verblasst,
noch große und bewundernswerte Taten,
sei es, dass sie von Griechen,
sei es, dass sie von Barbaren vollbracht wurden,
ihren Ruhm verlieren.
Insbesondere ist es die Darlegung der Ursache/Schuld (aitía), die sie zum Krieg gegeneinander veranlasste.

Herodot steht in der Tradition der epischen Dichtung Homers. Wie in der Ilias geht es auch in Herodots Werk um den Krieg zweier Völker, wie dort darum, den Ruhm der Taten nicht verblassen zu lassen. (Ilias, 9, V. 189). Und er ist ein Nachfolger des Hekataios aus Milet. Ebenso selbstbewusst wie dieser stellt er sich vor. Nicht, was die Muse singt, berichtet er, sondern das, was er selbst erkundet hat.

Seine Aufgabe sieht er darin, Leistungen von Menschen, seien es Griechen oder Barbaren, im kollektiven Gedächtnis zu bewahren, sie nicht dem Vergessen anheimfallen zu lassen. Die Geschichtsschreibung erwächst aus dem Bewusstsein der Vergänglichkeit. Barbaren sind Menschen, die nicht Griechisch sprechen. Herodot verwendet den Begriff wertneutral.

Der Blick des Historikers richtet sich auf die Menschheit allgemein und auf alle Bereiche ihres Wirkens, auf die Geschichte, die Zivilisation, die Kultur und Religion. Sein Anspruch ist universal. Er entdeckt die Vielfalt der Kulturen, er bemüht sich darum, sie zu verstehen, und beurteilt sie als gleichwertig:

> *Wenn einer allen Menschen den Vorschlag machte und sie aufforderte, sich von allen Wertordnungen (nómoi) die besten auszuwählen, so würde jedes Volk nach reiflicher Überlegung die eigenen wählen. Die Menschen erachten nämlich ihre eigenen Wertordnungen jeweils als die weitaus besten.*
>
> (3,38).

Am Schluss des Proömiums geht es um die Konflikte zwischen Griechen und Barbaren und deren Ursache(n), um das Thema des Werks. Herodot hat als Erster den Antagonismus Asiens und Europas, des Ostens und des Westens, des Orients und des Okzidents, des Despotismus und der Freiheit zum Thema gemacht.

Der Krieg der Griechen und Perser im ersten Drittel des 5. Jahrhunderts ist bedeutungsvoll, weil seine Folgen bis in Herodots Zeit ausstrahlen. Geschichtsschreibung erzählt Vergangenes, weil es für die Gegenwart relevant ist.

Herodot ist viel in der Welt herumgereist, er hat sich umgesehen und umgehört, hat Informationen gesammelt und sie im Hinblick auf ihre Glaubwürdigkeit kritisch geprüft. Er hat seine Quellen genannt. Er hat die Ereignisse nach Maßgabe der Kategorien von Ursache und Wirkung, Schuld und Strafe verknüpft. Dem einen längeren Zeitraum überblickenden Betrachter enthüllt sich ein dem Geschehen immanenter Sinn: Staaten steigen zu Großmächten auf und sinken zur Bedeutungslosigkeit herab, weil die verantwortlichen Herrscher, Staatsmänner, Politiker keine Grenzen der Machterweiterung und -steigerung kennen. *Hybris* nennen die Griechen die Maßlosigkeit, die den Keim des Untergangs schon in sich birgt.

Die Geschichte verläuft nicht zielgerichtet, teleologisch, sondern sie vollzieht sich in ständigem Wandel, in Aufstieg und Niedergang.

> *Die meisten Städte, die früher groß waren, sind klein geworden, die zu meiner Zeit groß waren, waren früher klein. Da ich also weiß, dass das menschliche Glück niemals gleich bleibt, werde ich beider in gleicher Weise gedenken.* (1,5).

Wie die Vorsokratiker mit ihren Gedanken den kosmischen Raum durchmessen haben, um sein Wesen zu erkennen, so durchmisst Herodot die Zeit, um in den geschichtlichen Abläufen die in ihnen waltende Gesetzmäßigkeit zu begreifen.

Weltoffenheit und Neugier zeichnen ihn aus und die Gabe, Geschichten zu erzählen und aus Geschichten die große Erzählung der Geschichte zu formen. Er verknüpft Novellistik und sachlichen Bericht.

Die kritische Forschung hat ihm zahlreiche Fehler nachgewiesen. Wen wundert es bei einem Mann, der sich als Erster daranmacht, Universalgeschichte zu schreiben, ohne über das Rüstzeug moderner Gelehrsamkeit zu verfügen? Vieles, anfangs als falsch zurückgewiesen, hat sich im Nachhinein als richtig erwiesen.

Der polnische Schriftsteller und Journalist Ryszard Kapuściński schreibt in seinem Buch *Meine Reisen mit Herodot*:

> *Die Art, wie er schrieb, ließ ihn als jemanden erscheinen, der den Menschen wohlgesinnt war und der Welt neugierig gegenüberstand, der immer viele Fragen hatte und bereit war, Tausende von Kilometern zurückzulegen, um wenigstens auf ein paar Fragen eine Antwort zu finden.* (a.a.O., S. 62).

Herodot zu lesen, nützt und erfreut gleichermaßen: *prodest et delectat.*

10.5 Dionysios von Halikarnassos: Römische Geschichte in griechischer Sprache

Dionysios ist ca. 60 v.Chr. in Halikarnassos geboren worden. Seit ca. 30 v.Chr. lebte er in Rom. Er wäre wohl keiner Erwähnung wert, wenn er nicht außer Schriften zur Rhetorik eine *Römische Urgeschichte* von den mythischen Anfängen bis zum Jahr 264 in griechischer Sprache geschrieben hätte. Von diesem Werk sind immerhin zehn Bücher vollständig erhalten. Dionysios geht davon aus, dass die meisten Griechen die römische Geschichte gar nicht oder nur aus unzureichenden Schriften kennen. Er will ihnen zeigen, wie viele bedeutende Männer Rom hervorgebracht hat und dass es sich als der Weltherrschaft durchaus würdig erweist.

So sehr sich die römische Elite darum bemühte, Griechisch zu lernen und mit der griechischen Kultur zu wetteifern, so wenig interessierten sich offenbar die griechischen Intellektuellen dafür, sich mit der lateinischen Sprache und der römischen Kultur und Geschichte zu beschäftigen. Der lateinische Westen und der griechische Osten blieben sich fremd, auch wenn sie Teile des einen Römischen Reiches waren.

Literaturverzeichnis

1.–2. Geschichte Kleinasiens

Badisches Landesmuseum Karlsruhe: Imperium der Götter. Isis – Mithras – Christus. Kulte und Religionen im Römischen Reich, Darmstadt (WBG), 2013

Helmut Berve: Griechische Geschichte, 3 Bände, Freiburg (Herder), 1959/60

Angelos Chaniotis: Die Öffnung der Welt. Eine Globalgeschichte des Hellenismus. Darmstadt (WBG), 2019

Eric H. Cline: Die Katastrophe am Ende der Spätbronzezeit. Überblick über die möglichen Ursachen und die Komplexitätstheorie, in: Antike Welt, Band 46, 2015, H. 4, S. 8–16

Alexander Demandt: Marc Aurel. Der Kaiser und seine Welt, München (Beck), 2019, S. 328–334

Werner Eck: Das römische Heer und die kleinasiatischen Provinzen während der hohen Kaiserzeit, in: Joseph Fischer (Hrsg.): Der Beitrag Kleinasiens zur Kultur- und Geistesgeschichte der griechisch-römischen Antike, Wien (Österreichische Akademie der Wissenschaften), 2014, S. 87–91

Benedikt Eckhardt: Rezension des Buches von Babett Edelmann-Singer: Koina und Concilia, in: Gymnasium 2018/1, S. 79f.

Alfred Heuss: Römische Geschichte, Paderborn (Schöning), 2007[10]

Wolfram Hoepfner: Ionien – Brücke zum Orient, Darmstadt (WBG), 2011

Ingemar König: Der römische Staat, Stuttgart (Reclam), 2007

Detlef Lotze: Griechische Geschichte. Von den Anfängen bis zum Hellenismus, München (Beck), 2007[7]

Christian Marek: Geschichte Kleinasiens in der Antike, München (Beck), 2010

Theodor Mommsen: Weltreich der Cäsaren, Kevelaer (Phaidonverlag), 1955

Krzysztof Nowicki: Der Untergang der spätbronzezeitlichen Siedlungstätigkeit auf Kreta und die „Seevölker“, in: Antike Welt, Band 46, 2015, H. 4, S. 28–34

Kurt Roeske: Der göttliche Kaiser, Isis, Mithras und Christus – Polytheismus im Römischen Reich, in: Wege in die Welt der Antike, Würzburg (Königshausen & Neumann), 2014, S. 95–118

Peter Scholz: Der Hellenismus. Der Hof und die Welt, München (Beck), 2015

Elmar Schwertheim: Kleinasien in der Antike: Von den Hethitern bis Konstantin, München (Beck), 2011[2]
Michael Sommer: Der römische Orient. Zwischen Mittelmeer und Tigris, Stuttgart (Theiss), 2007
Konrad Stauner/Mustafa Adak: Im Dienste der Stadt und des Kaisers. Der verstorbene Sohn im Glanz väterlicher Leistungen, in: Antike Welt, Band 46, 2015, H. 1, S. 49–55
Wilhelm Tarn: Die Kultur der hellenistischen Welt, Darmstadt (WBG), 1966[3]
Karl-Wilhelm Welwei: Die griechische Frühzeit 2000 bis 500 v.Chr., München (Beck), 2002
Lisa Yehuda: Zwischen Ägypten und Seevölkern, in: Antike Welt, Band 46, 2015, H.1, S. 64

3. Troja

Archäologisches Landesmuseum Baden-Württemberg: Troia: Traum und Wirklichkeit, Darmstadt (WBG), 2001
Cyprian Broodbank: Die Geburt der mediterranen Welt. Von den Anfängen bis zum klassischen Zeitalter, München (Beck), 2018
Dieter Hertel: Troia. Archäologie, Geschichte, Mythos, München (Beck), 2008[3]
Volker Höhfeld (Hrsg.): Stadt und Landschaft Homers, Mainz (Zabern), 2009
Manfred Klinkott: Troia als Schlachtfeld der Gelehrten, in: Koldewey-Gesellschaft: Bericht über die 42. Tagung für Ausgrabungswissenschaft und Bauforschung vom 8.–12. Mai 2002 in München, S. 240–247
Frank Kolb: *Tatort „Troia"*. Geschichte, Mythen, Politik, Paderborn (Schöningh), 2010
Manfred Korfmann: Troia im Lichte der neuen Forschungsergebnisse, in: Reden an der Universität Trier 2/2004
Manfred Korfmann/Dietrich Mannsperger: Troia. Ein historischer Überblick und Rundgang, Stuttgart (Theiss), 1998
Joachim Latacz: Troia und Homer. Der Weg zur Lösung eines alten Rätsels, München/Berlin (Koehler & Amelang), 2001
Wulf Raeck: Ilios als Stein des (Denk)Anstoßes. Bemerkungen zu Frank Kolbs Buch *Tatort „Troia"*, in: Gymnasium, Band 118, 2011, S. 383ff.
Kurt Roeske: Achills Zorn und die Heimkehr des Odysseus. Eine Einführung in die Dichtung Homers, in: Kurt Roeske: Wege in die Welt der Antike, Würzburg (Königshausen & Neumann), 2014, S. 121–141
Elmar Schwertheim: Die Beinahe-Hauptstadt des Römischen Reiches. Neue Forschungen und Ausgrabungen in Alexandreia Troas (Türkei)

erhellen die Geschichte der Stadt. In: Antike Welt, Band 26, 2005, H. 4, S. 63–68

Elke Stein-Hölkeskamp: Das archaische Griechenland. Die Stadt und das Meer, München (Beck), 2015

Thomas A. Szlezák: Homer oder die Geburt der abendländischen Dichtung, München (Beck), 2014

Christoph Ulf: Der neue Streit um Troia. Eine Bilanz, München (Beck), 2003

Martin Zimmermann (Hrsg.): Der Traum von Troia. Geschichte und Mythos einer ewigen Stadt, München (Beck), 2006

4. Assos

Nurettin Arslan/Beate Böhlendorf-Arslan: Assos. An Archaeological Guide, Istanbul (Homer Kitabevi), 2010

Beate Böhlendorf-Arslan: Repräsentieren und Wohnen in Byzanz. Neues zum Alltagsleben im frühbyzantinischen Assos, in: Antike Welt, Band 36, 2015, H. 3, S. 61–66

Hellmut Flashar: Aristoteles. Lehrer des Abendlandes, München (Beck), 2013

Bernhard Linke: Antike Religion. Enzyklopädie der griechisch-römischen Antike, München (Oldenbourg), 2014

Anthony A. Long/David N. Sedley: Die hellenistischen Philosophen, Stuttgart/Weimar (Metzler), 2000

Christian Mueller-Goldingen: Aristoteles. Eine Einführung in sein philosophisches Werk, Hildesheim (Olm), 2003

Walter F. Otto: Die Götter Griechenlands. Das Bild des Göttlichen im Spiegel des griechischen Geistes, Frankfurt am Main (G. Schulte-Bulmke), 1956[4]

Kurt Roeske: Venus und Aphrodite. Von Homers lockender Hera bis zu Petrons verführter Witwe, Würzburg (Königshausen & Neumann), 2008, S. 53–55

Veit Rosenberger: Religion in der Antike, Darmstadt (WBG), 2012

Erika Simon: Die Götter der Griechen, München (Hirmer), 1969

5. Pergamon

Walter Conrad: Christliche Stätten in der Türkei, von Istanbul bis Antakya, Stuttgart (Katholisches Bibelwerk), 1999

Ralf Grüßinger/Volker Kästner/Andreas Scholl (Hrsg.): Pergamon. Panorama der antiken Metropole. Begleitbuch zur Ausstellung, Berlin (Michael Imhof Verlag), 2011

Lothar Haselberger: Der Pergamonaltar und der Architekt Hermogenes. Schatten, Raum und Wahrnehmung, Darmstadt (WBG), 2020

Wolfgang Radt: Pergamon, Geschichte und Bauten einer antiken Metropole, Darmstadt (WBG), 2011

Gerhard Ruhbach: Ausgewählte Märtyrerakten, Tübingen (Mohr/Siebeck), 1965

Welt und Umwelt der Bibel 57 3/2010: Türkei, Land der frühen Christen, Zürich (Schweizerisches Katholisches Bibelwerk)

Martin Zimmermann: Pergamon, Geschichte, Kultur, Archäologie, München (Beck), 2011

Isis

Martin Bommas: Heiligtum und Mysterium. Griechenland und seine ägyptischen Gottheiten, Mainz (Zabern), 2005

Kathrin Kleibl: Iseion – Raumgestaltung und Kultpraxis in den Heiligtümern gräco-ägyptischer Götter im Mittelmeerraum, Worms (Werner), 2009

Hans Kloft: Mysterienkulte der Antike, München (Beck), 1999

Asklepios

Hellmut Flashar: Hippokrates, Meister der Heilkunst, München (Beck), 2016

Antje Krug: Heilkunst und Heilkult – Medizin in der Antike, München (Beck), 1993[2]

Jürgen W. Riethmüller: Asklepios – Heiligtümer und Kulte, Heidelberg (Verlag Archäologie & Geschichte), 2005

Florian Steger: Asklepios, in Antike Welt, 2020/2, S. 16–25

6. Ephesos

Falko Daim und Sabine Ladstätter (Hrsg.): Ephesos in byzantinischer Zeit, Mainz (Verlag des Römisch-Germanischen Zentralmuseums), 2011

Winfried Elliger: Ephesos, Geschichte einer antiken Weltstadt, Stuttgart (Kohlhammer), 1992[2]

Josef Fischer (Hrsg.): Redner, Sophisten und Philosophen im römischen Ephesos, in: J. Fischer: Der Beitrag Kleinasiens zur Kultur- und Geistesgeschichte der griechisch-römischen Antike, Wien (Österreichische Akademie der Wissenschaften), 2014, S. 125–151

Ernst Haenchen: Die Apostelgeschichte, Göttingen (Vandenhoek und Ruprecht), 1977[7]

Helmut Heit: Frühgriechische Philosophie, Stuttgart (Reclam), 2015

Friedmund Hueber: Ephesos. Gebaute Geschichte, Mainz (Zabern), 1997

Geoffrey S. Kirk/John E. Raven/Malcolm Schofield: Die Vorsokratischen Philosophen. Eine Einführung. Texte und Kommentare. Studienausgabe, Stuttgart/Weimar (J.B. Metzler), 2001

Sabine Ladstätter: Das Hanghaus 2 in Ephesos. Ein archäologischer Führer, Istanbul (Ege Yayinlari), 2012

Sabine Ladstätter: Ephesos – Archäologie und Geschichte einer antiken Weltstadt, Darmstadt (Wissenschaftliche Buchgesellschaft/Zabern), 2016

Wolfram Letzner: Ephesos. Eine antike Metropole in Kleinasien: Kulturführer zur Geschichte und Archäologie, Mainz (Zabern), 2010

Walter Müri (Hrsg): Der Arzt im Altertum. Geschichte und lateinische Quellenstücke von Hippokrates bis Galen mit Übertragungen ins Deutsche, München (Heimeran), 1979[4]

Öcal Özeren: Ephesos, Ankara/Istanbul, 1998

Rudolf Pesch: Die Apostelgeschichte, Neukirchen-Vluyn (Neukirchner Verlagsgesellschaft), 2014[2]

Kurt Roeske: „Es gibt keinen Grund, warum der Gott lügen sollte.“ (Platon). Die Gottheit in der vorsokratischen Philosophie, in: Kurt Roeske: Wege in die Welt der Antike, Würzburg (Königshausen & Neumann), 2014, S. 67–93

Peter Scherrer (Hrsg.): Ephesos – Der neue Führer: 100 Jahre österreichische Ausgrabungen 1895–1995, Wien (Österreichisches Archäologisches Institut), 2000

Patrick Schollmeyer: Die „Amazone“ Roma. Ein Sinnbild antiker Städteherrlichkeit, in: Antike Welt 5/10, S. 15–19

Claude Tresmontant: Paulus, Hamburg (Rowohlt), 1959

Lilli Zabrana: Im heiligen Bezirk der Artemis. Neue Erkenntnisse zur sog. „Tribüne“ in Ephesos, in: Antike Welt 2012/5, S. 74–81

7. Priene

Suzan Bayhan: Priene, Miletos, Didyma, Ankara/Istanbul (Keskin Color), 2000

Arnd Hennemeyer: Das Athenaheiligtum von Priene. Die Neubauten – Altar, Halle und Propylon – und die bauliche Entwicklung des Heiligtums, Wiesbaden (Reichert), 2013

Wolfram Hoepfner: Ionien, Brücke zum Orient, Darmstadt (WBG), 2011

Jürgen Kleine (Hrsg.): Führer durch die Ruinen von Milet, Didyma, Priene, Ludwigsburg (Karawane), 1980

Frank Rumscheid/Wolfgang Koenigs: Priene. Führer durch das „*Pompeji Kleinasiens*“, Istanbul (Ege Yayinlari), 1988

Martin Schede: Die Ruinen von Priene, Berlin (Walter de Gruyter), 1964[2]

8. Milet

Renate Bol u.a.: Milet. Ergebnisse der Ausgrabungen und Untersuchungen seit dem Jahre 1899, Band 5, 2. Marmorskulpturen der römischen Kaiserzeit aus Milet, Berlin (Walter de Gruyter), 2011

Ortwin Dally (Hrsg.). ZeitRäume. Milet in Kaiserzeit und Spätantike [anlässlich der Ausstellung „ZeitRäume – Milet in Kaiserzeit und Spätantike“ der Antikensammlung und des Deutschen Archäologischen Instituts im Pergamonmuseum auf der Berliner Museumsinsel, 6. Mai 2009–10. Januar 2010], Regensburg (Schnell + Steiner), 2009

Jürgen Kleine (Hrsg.): Führer durch die Ruinen von Milet, Didyma, Priene, Ludwigsburg (Karawane), 1980

Gerhard Kleiner: Die Ruinen von Milet, Berlin (Walter de Gruyter), 1968

Philipp Niewöhner (Hrsg.): Milet/Balat. Städtebau und Monumente von archaischer bis in türkische Zeit, Istanbul (Ege Yayinlari), 2016

Kurt Roeske: Nachgefragt bei Sokrates. Ein Diskurs über Glück und Moral. Text und Interpretation der Apologie Platons, Würzburg (Königshausen & Neumann), 2004

Carlo Rovelli: „Die Geburt der Wissenschaft“, Anaximander und sein Erbe, Hamburg (Rowohlt), 2019

9. Didyma

Suzan Bayhan: Priene – Miletos – Didyma, Ankara/Istanbul (Keskin Color), 2000

George E. Bean: Kleinasien I: Die ägäische Türkei von Pergamon bis Didyma, Stuttgart (Kohlhammer), 1975[2]

Joseph Eddy Fontenrose: Didyma – Apollo´s oracle, cult and companions, Berkeley (University of California Press), 1988
Wolfgang Günther: Das Orakel von Didyma in hellenistischer Zeit. Eine Interpretation von Steinurkunden, Tübingen (Ernst Wasmuth), 1971
Richard Harder: Inschriften von Didyma Nr. 217 Nr. 4, in: Kleine Schriften, München (Beck) 1960, S. 137–147
Jürgen Kleine (Hrsg.): Führer durch die Ruinen von Milet, Didyma, Priene, Ludwigsburg (Karawane), 1980
Christian Oesterheld: Göttliche Botschaften für zweifelnde Menschen. Pragmatik und Orientierungsleistung der Apollon–Orakel von Klaros und Didyma in hellenistisch-römischer Zeit, Göttingen (Vandenhoeck & Ruprecht), 2008
Veit Rosenberger: Griechische Orakel, eine Kulturgeschichte, Darmstadt (WBG), 2001
Klaus Tuchelt: Branchidai – Didyma. Geschichte und Ausgrabung eines antiken Heiligtums, Mainz (Zabern), 1992
Bertold K. Weis: Das Orakelheiligtum des Apollon von Didyma, Ludwigsburg (Karawane), 1983

10. Halikarnassos

José Miguel Alonso-Nunez: Geschichtsbild und Geschichtsdenken im Altertum, Darmstadt (WBG), 1991
Hartmut Erbse: Fiktion und Wahrheit im Werke Herodots, Göttingen (Vandenhoeck & Ruprecht), 1991
Wolfram Hoepfer/Ernst-Ludwig Schwandner: Haus und Stadt im klassischen Griechenland, München (Deutscher Kunstverlag), 1994[2], S. 226–234
Wolfram Hoepfner: Halikarnassos und das Maussolleion. Die modernste Stadtanlage und der als Weltwunder gefeierte Grabtempel des karischen Königs Maussollos, Darmstadt/Mainz (Zabern), 2013
Martin Hose: Herodot. Der Vater der Geschichtsschreibung im Horizont der Globalisierung, in: Gymnasium, Band 121/2014, S. 109–130
Markus Janka: Der Vater der Metahistory, Konstrukte des Eigenen und Fremden in Herodots Historiographie des Vergleichs, in: Gymnasium Band 117/2010, S. 317–344
Kristian Jeppesen (Hrsg.): The Maussolleion at Halicarnassos. Reports of the Danish Archaeological Expedition to Bodrum, Bände 1–7, Aarhus (University Press), 1981–2002
Ryszard Kapuściński: Meine Reisen mit Herodot, Frankfurt/Main (Eichborn), 2005

Walter Marg: Herodot. Eine Auswahl aus der neueren Forschung, Darmstadt (WBG), 1965[2]
Michel Meier-Brügge: Das Rätsel der alten Karer, in: Antike Welt, Band 50/2019, Heft 4, S. 6/7
Heinz-Günther Nesselrath: Fremde Kulturen in griechischen Augen – Herodot und die *Barbaren*, in: Gymnasium, Band 116/2009, S. 307–330
Walter Nicolai: Versuch über Herodots Geschichtsphilosophie, Heidelberg (Carl Winter), 1986
Kurt Roeske: Das göttliche Wirken in der Geschichte: Die Begründung der Geschichtsschreibung durch Herodot und Thukydides, in: Dialog mit der Antike, Würzburg (Königshausen & Neumann), 2018, S. 65–92
Ludwig Ross: Kleinasien und Deutschland, Halle, 1850
Albert Schlögl: Herodot, Reinbek (Rowohlt), 1988
Wolfgang Will: Herodot und Thukydides. Die Geburt der Geschichte, München (Beck), 2015

Abbildungsverzeichnis

Abb. 1: Wolfgang Radt: Pergamon: Geschichte und Bauten, Funde und Erforschung einer antiken Metropole, Köln (DuMont), 1998, Umschlagkarte vorne

Abb. 2: © Klassisch-Archäologische Sammlungen JGU Mainz (Angelika Schurzig)

Abb. 3: commons.wikimedia.org

Abb. 4: commons.wikimedia.org

Abb. 5: © Klassisch-Archäologische Sammlungen JGU Mainz (Angelika Schurzig)

Abb. 6: numid.online: http://www3.hhu.de/muenzkatalog/ikmk/object?id=ID6687

Abb. 7: commons.wikimedia.org

Abb. 8: © Archäologisches Institut der Universität Göttingen, Foto Stephan Eckardt

Abb. 9: Manfred Korfmann /Dietrich Mannsperger. Troia. Ein historischer Überblick und Rundgang, Stuttgart (Theiss), 1998, Umschlagkarte hinten

Abb. 10: © Fotoarchiv Klassische Archäologie JGU Mainz (Thomas Maria Weber-Karyotakis)

Abb. 11: Manfred Korfmann /Dietrich Mannsperger. Troia. Ein historischer Überblick und Rundgang, Stuttgart (Theiss), 1998, S. 45 Abb. 65

Abb. 12: Manfred Korfmann /Dietrich Mannsperger. Troia. Ein historischer Überblick und Rundgang, Stuttgart (Theiss), 1998, S. 37 Abb. 58

Abb. 13: commons.wikimedia.org

Abb. 14: Wolf Koenigs: Westtürkei – Von Troia bis Knidos, München (Artemis & Winkler), 2. Auflage 1993, S. 48

Abb. 15: Bonna Daix Wescoat: The Temple of Athena at Assos, Oxford (University Press), 2012, S. 14 Abb. 7

Abb. 16: Wolf Koenigs: Westtürkei – Von Troia bis Knidos, München (Artemis & Winkler), 2. Auflage 1993, S. 50

Abb. 17: Wolf Koenigs: Westtürkei – Von Troia bis Knidos, München (Artemis & Winkler), 2. Auflage 1993, S. 51

Abb. 18: © Klassisch-Archäologische Sammlungen JGU Mainz (Angelika Schurzig)

Abb. 19: © Klassisch-Archäologische Sammlungen JGU Mainz (Angelika Schurzig)

Abb. 20: commons.wikimedia.org

Abb. 21: © Klassisch-Archäologische Sammlungen JGU Mainz (Angelika Schurzig)

Abb. 22: commons.wikimedia.org

Abb. 23: Wolfgang Radt: Pergamon: Geschichte und Bauten, Funde und Erforschung einer antiken Metropole, Köln (DuMont), 1998, S. 78 Abb. 8

Abb. 24: Wolf Koenigs: Westtürkei – Von Troia bis Knidos, München (Artemis & Winkler), 2. Auflage 1993, S. 57

Abb. 25: © Fotoarchiv Klassische Archäologie JGU Mainz (Thomas Maria Weber-Karyotakis)

Abb. 26: Patrick Schollmeyer: Handbuch der antiken Architektur, Darmstadt (Wissenschaftliche Buchgesellschaft), 2013, Abb. 147

Abb. 27: Patrick Schollmeyer: Handbuch der antiken Architektur, Darmstadt (Wissenschaftliche Buchgesellschaft), 2013, Abb. 106

Abb. 28: © Fotoarchiv Klassische Archäologie JGU Mainz (Thomas Maria Weber-Karyotakis)

Abb. 29: Wolf Koenigs: Westtürkei – Von Troia bis Knidos, München (Artemis & Winkler), 2. Auflage 1993, S. 68

Abb. 30: Wolfgang Radt: Pergamon, Geschichte und Bauten einer antiken Metropole, Darmstadt (WBG), 2. Auflage 1997, S. 250 Abb. 197

Abb. 31: commons.wikimedia.org

Abb. 32: © Fotoarchiv Klassische Archäologie JGU Mainz (Thomas Maria Weber-Karyotakis)

Abb. 33: Wolfgang Radt: Pergamon, Geschichte und Bauten einer antiken Metropole, Darmstadt (WBG), 2. Auflage 1997, S. 202 Abb. 144

Abb. 34: © Klassisch-Archäologische Sammlungen JGU Mainz (Angelika Schurzig)

Abb. 35: Wolf Koenigs: Westtürkei – Von Troia bis Knidos, München (Artemis & Winkler), 2. Auflage 1993, S. 81

Abb. 36: © Klassisch-Archäologische Sammlungen JGU Mainz (Angelika Schurzig)

Abb. 37: Wolf Koenigs: Westtürkei – Von Troia bis Knidos, München (Artemis & Winkler), 2. Auflage 1993, S. 122–123

Abb. 38: © Fotoarchiv Klassische Archäologie JGU Mainz (Thomas Maria Weber-Karyotakis)

Abb. 39: Patrick Schollmeyer: Handbuch der antiken Architektur, Darmstadt (Wissenschaftliche Buchgesellschaft), 2013, Abb. 268

Abb. 40: Patrick Schollmeyer: Handbuch der antiken Architektur, Darmstadt (Wissenschaftliche Buchgesellschaft), 2013, Abb. 269

Abb. 41: Wolf Koenigs: Westtürkei – Von Troia bis Knidos, München (Artemis & Winkler), 2. Auflage 1993, S. 145

Abb. 42: Wolf Koenigs: Westtürkei – Von Troia bis Knidos, München (Artemis & Winkler), 2. Auflage 1993, S. 125

Abb. 43: Wolf Koenigs: Westtürkei – Von Troia bis Knidos, München (Artemis & Winkler), 2. Auflage 1993, S. 128

Abb. 44: © Fotoarchiv Klassische Archäologie JGU Mainz (Thomas Maria Weber-Karyotakis)

Abb. 45: commons.wikimedia.org

Abb. 46: Patrick Schollmeyer: Handbuch der antiken Architektur, Darmstadt (Wissenschaftliche Buchgesellschaft), 2013, Abb. 475

Abb. 47: © Fotoarchiv Klassische Archäologie JGU Mainz (Thomas Maria Weber-Karyotakis)

Abb. 48: Wolf Koenigs: Westtürkei – Von Troia bis Knidos, München (Artemis & Winkler), 2. Auflage 1993, S. 135

Abb. 49: commons.wikimedia.org

Abb. 50: commons.wikimedia.org

Abb. 51: Wolf Koenigs: Westtürkei – Von Troia bis Knidos, München (Artemis & Winkler), 2. Auflage 1993, S. 187

Abb. 52: Patrick Schollmeyer: Handbuch der antiken Architektur, Darmstadt (Wissenschaftliche Buchgesellschaft), 2013, Abb. 420

Abb. 53: Martin Schede: Die Ruinen von Priene, Berlin (Walter de Gruyter), 2. Auflage 1964, S. 64 Abb. 77

Abb. 54: © Fotoarchiv Klassische Archäologie JGU Mainz (Thomas Maria Weber-Karyotakis)

Abb. 55: Wolf Koenigs: Westtürkei – Von Troia bis Knidos, München (Artemis & Winkler), 2. Auflage 1993, S. 189

Abb. 56: Kleopatra Ferla (Hrsg.): Priene, Athen (Foundation of the Hellenic World), 2005, S. 167

Abb. 57: Martin Schede: Die Ruinen von Priene, Berlin (Walter de Gruyter), 2. Auflage 1964, S. 26 Abb. 27

Abb. 58: © Fotoarchiv Klassische Archäologie JGU Mainz (Thomas Maria Weber-Karyotakis)

Abb. 59: Patrick Schollmeyer: Handbuch der antiken Architektur, Darmstadt (Wissenschaftliche Buchgesellschaft), 2013, Abb. 146

Abb. 60: Patrick Schollmeyer: Handbuch der antiken Architektur, Darmstadt (Wissenschaftliche Buchgesellschaft), 2013, Abb. 273

Abb. 61: Patrick Schollmeyer: Handbuch der antiken Architektur, Darmstadt (Wissenschaftliche Buchgesellschaft), 2013, Abb. 499

Abb. 62: Patrick Schollmeyer: Handbuch der antiken Architektur, Darmstadt (Wissenschaftliche Buchgesellschaft), 2013, Abb. 500

Abb. 63: Martin Schede: Die Ruinen von Priene, Berlin (Walter de Gruyter), 2. Auflage 1964, S. 110 Abb. 130

Abb. 64: Frank Rumscheid/Wolf Koenigs: Priene. Führer durch das „Pompeji Kleinasiens", Istanbul (Ege Yayinlari), 1998, S. 182 Abb. 160

Abb. 65: © Fotoarchiv Klassische Archäologie JGU Mainz (Thomas Maria Weber-Karyotakis)

Abb. 66: Patrick Schollmeyer: Handbuch der antiken Architektur, Darmstadt (Wissenschaftliche Buchgesellschaft), 2013, Abb. 446

Abb. 67: Martin Schede: Die Ruinen von Priene, Berlin (Walter de Gruyter), 2. Auflage 1964, S. 90 Abb. 103

Abb. 68: Wolf Koenigs: Westtürkei – Von Troia bis Knidos, München (Artemis & Winkler), 2. Auflage 1993, S. 203

Abb. 69: © Fotoarchiv Klassische Archäologie JGU Mainz (Thomas Maria Weber-Karyotakis)

Abb. 70: Gerhard Kleiner: Die Ruinen von Milet, Berlin (Walter de Gruyter), 1968, S. 74–75 Abb. 48–49

Abb. 71: commons.wikimedia.org

Abb. 72: Wolf Koenigs: Westtürkei – Von Troia bis Knidos, München (Artemis & Winkler), 2. Auflage 1993, S. 211

Abb. 73: Gerhard Kleiner: Die Ruinen von Milet, Berlin (Walter de Gruyter), 1968, S. 102 Abb. 74

Abb. 74: Gerhard Kleiner: Die Ruinen von Milet, Berlin (Walter de Gruyter), 1968, S. 58 Abb. 34

Abb. 75: © Fotoarchiv Klassische Archäologie JGU Mainz (Thomas Maria Weber-Karyotakis)

Abb. 76: Gerhard Kleiner: Die Ruinen von Milet, Berlin (Walter de Gruyter), 1968, S. 55 Abb. 31

Abb. 77: Gerhard Kleiner: Die Ruinen von Milet, Berlin (Walter de Gruyter), 1968, S. 91 Abb. 63

Abb. 78: Patrick Schollmeyer: Handbuch der antiken Architektur, Darmstadt (Wissenschaftliche Buchgesellschaft), 2013, Abb. 482

Abb. 79: Gerhard Kleiner: Die Ruinen von Milet, Berlin (Walter de Gruyter), 1968, S. 136 Abb. 104

Abb. 80: Patrick Schollmeyer: Handbuch der antiken Architektur, Darmstadt (Wissenschaftliche Buchgesellschaft), 2013, Abb. 180

Abb. 81: Patrick Schollmeyer: Handbuch der antiken Architektur, Darmstadt (Wissenschaftliche Buchgesellschaft), 2013, Abb. 419

Abb. 82: Patrick Schollmeyer: Handbuch der antiken Architektur, Darmstadt (Wissenschaftliche Buchgesellschaft), 2013, Abb. 152

Abb. 83: Gerhard Kleiner: Die Ruinen von Milet, Berlin (Walter de Gruyter), 1968, S. 47 Abb. 114

Abb. 84: Gerhard Kleiner: Die Ruinen von Milet, Berlin (Walter de Gruyter), 1968, S. 49 Abb. 27

Abb. 85: commons.wikimedia.org

Abb. 86: Patrick Schollmeyer: Handbuch der antiken Architektur, Darmstadt (Wissenschaftliche Buchgesellschaft), 2013, Abb. 266

Abb. 87: Patrick Schollmeyer: Handbuch der antiken Architektur, Darmstadt (Wissenschaftliche Buchgesellschaft), 2013, Abb. 270

Abb. 88: © Fotoarchiv Klassische Archäologie JGU Mainz (Thomas Maria Weber-Karyotakis)

Abb. 89: © Fotoarchiv Klassische Archäologie JGU Mainz (Thomas Maria Weber-Karyotakis)

Abb. 90: Patrick Schollmeyer: Handbuch der antiken Architektur, Darmstadt (Wissenschaftliche Buchgesellschaft), 2013, Abb. 196

Abb. 91: Patrick Schollmeyer: Handbuch der antiken Architektur, Darmstadt (Wissenschaftliche Buchgesellschaft), 2013, Abb. 195

Abb. 92: Wolfram Hoepfner – Ernst-Ludwig Schwandner (Hrsg), Haus und Stadt im klassischen Griechenland, München (Deutscher Kunstverlag), 2. Auflage 1994, S. 227

Abb. 93: Patrick Schollmeyer: Handbuch der antiken Architektur, Darmstadt (Wissenschaftliche Buchgesellschaft), 2013, Abb. 553

Abb. 94: Wolfram Hoepfner: Halikarnassos und das Maussolleion. Die modernste Stadtanlage und der als Weltwunder gefeierte Grabtempel des karischen Königs Maussollos, Darmstadt/Mainz (Zabern), 2013, S. 73 Abb. 36

Abb. 95: Wolfram Hoepfner: Halikarnassos und das Maussolleion. Die modernste Stadtanlage und der als Weltwunder gefeierte Grabtempel des karischen Königs Maussollos, Darmstadt/Mainz (Zabern), 2013, S. 81 Abb. 39

Abb. 96: © Fotoarchiv Klassische Archäologie JGU Mainz (Thomas Maria Weber-Karyotakis)

Abb. 97: © Klassisch-Archäologische Sammlungen JGU Mainz (Angelika Schurzig)

Register